Vorsicht

Wahrheit

Nicht für jeden geeignet

André Raguse

BUS Verlag

www.busverlag.de

Ein Buch aus dem BUS Verlag

1. Auflage 🕮

ISBN: 978-3-944909-83-7

Die Rechte für die deutsche Ausgabe liegen beim

BUS Verlag

Pankstraße 11,

13357 Berlin

Der BuS Verlag ist eine eingetragene Marke.

Coverentwurf: Olaf Kostbar

Druck
Books on Demand GmbH
BoD
In de Tarpen 42,
22848 Norderstedt

Inhaltsverzeichnis

VORWORT

Jedem, der versucht, ein bisschen mehr hinter die Kulissen der *offiziellen* Informationen der Mainstream-Medien zu schauen, fällt auf, dass es eine ganz andere Realität gibt, als uns vorgegaukelt wird. Präsidenten irgendwelcher Länder, mit denen wir Jahrzehnte Geschäfte machten, werden schlagartig, in kürzester Zeit, im Namen der Demokratie zum bösen Diktator abgestempelt und militärisch sanktioniert. In was für einer Welt leben wir eigentlich, in der es normal ist, dass die Mehrheit der Menschen ständig in Not und Kriege leben. «Wenige» fast «Alles» besitzen und Entscheidungen über den gesamten Planeten treffen. Entscheidungen, die für die Mehrheit aller Menschen die totale Ausbeutung bedeutet. Zeigt sich nicht tagtäglich, dass wir unentwegt belogen werden und wir den Medien überhaupt nicht mehr trauen können? Die unterschiedlichen politischen Gruppierungen überhaupt keine Rolle mehr spielen, egal welche man wählt und dass die Parteiprogramme lediglich nur für jede Generation, neu verpackt, wiederholt werden? Wir leben in einer Welt, in der Gift zur Normalität geworden ist. Trotz angeblichen Fortschritts werden immer mehr Menschen krank. Kann es sein, dass wir *vorsätzlich* durch falsche Medikamente, durch übermäßig viele Pestizide und Lebensmittelzusätze, sowie Impfungen und Gifte aus der Luft (Chemtrails) bewusst geschwächt und krank gemacht werden sollen? Wo Medien nur dafür da sind, uns mit Propaganda und geistigem Schwachsinn zu betäuben? Wenn dem so sei, wem könnte eine kranke, geschwächte und dumme Gesellschaft dienen? Eine Gesellschaft in der die meisten Menschen nicht mehr eigenständig denken und handeln können. Eine Umwelt, die biologisch und chemisch immer mehr verseucht wird. Besteht die Möglichkeit, dass es einen viel größeren Plan gibt, als die Menschheit *nur* ausbeuten zu wollen? Wer sind *Die*, die dafür verantwortlich sind und seit wann existiert deren Plan? Ist unser Planet, die Erde, etwas Besonderes oder vielleicht nur ein gewöhnlicher Planet, von denen es unzählige gibt. Unzählige zum Ausbeuten? Existiert vielleicht eine ganz andere Technologie, die für uns Menschen nicht bestimmt sein soll. In der wir, quasi nur als auszubeutendes Fußvolk, nichts von dem erfahren dürfen. Leben wir in einer von Fremden geschaffenen Matrix, einer Scheinwelt, quasi fremdgesteuert und bewegen wir uns lediglich nur in unserem eigenen Hamsterrad?

Inwieweit sind die uralten Gesetze des Karmas mit den kosmischen Gesetzen miteinander vereinbar? Und besteht die Chance, aus diesen Erkenntnissen einen persönlichen Gewinn zu ziehen? Kann unser Bewusstsein von solch ein Wissen profitieren? Befinden wir uns vielleicht gerade in einer kosmischen Phase der Bewusstseinserweiterung?

Kapitel I.

SCHEINWELT

Mit dem Wachwerden beginnt alles!

Wachwerden bedeutet, die Augen zu öffnen, die Ohren zu spitzen und sein Umfeld wahrnehmen zu wollen. Ich fühle die Temperatur um mich herum, die Beschaffenheit, in der ich mich wiederfinde, z.B. das weiche Bett oder den unbequemen Sessel oder Stuhl. Ich nehme akustisch wahr, was mich umgibt. Ich höre das Radio oder sehe und höre den Fernseher, den ich gewohnter Weise täglich wahrnehme. Ich glaube nun wach zu sein und schaue auch mal aus dem Fenster, um das Wetter zu betrachten. Ich nehme die Stimmen meiner Kinder, Partner, Freunde oder anderer Personen wahr, die um mich herum sind.

Ja ich bin wieder da!

Nun kehrt der Alltag zurück und ich weiß, was mein Plan ist, ich weiß, was ich zu tun habe. Ich widme mich meinen Aufgaben und beginne meinen Tag. Ich befinde mich wieder im Hier und Jetzt.

Sicher? Kommt uns das nicht bekannt vor? Inwiefern können wir sicher sein, dass wir uns in dem *Hier und Jetzt* befinden, bzw. dass das *Hier und Jetzt* wirklich die wahre Realität ist. Besteht die Möglichkeit, dass die angebliche bewusste Wahrnehmung ein Traum, oder eine künstlich angelegte Fiktion ist?

Eines Tages wird man offiziell zugeben müssen, dass das, was wir Wirklichkeit getauft haben, eine noch größere Illusion ist, als die Welt des Traumes. *Salvador Dali*

Inwieweit sind wir wirklich in der Lage, erkennen zu können, was Realität ist und was nicht. Wir werden täglich über die Massenmedien mit unzähligen Informationen konfrontiert und das nonstop, aber auch durch signalstarke Werbeimpulse in Geschäften und Straßen. Diese ständig, sich gebetsmühlenartig wiederholenden überreizten Impulse könnte man mit einem Dauerfeuer auf unser Nervenkostüm vergleichen. Dieses Dauerfeuer lähmt und reizt sogleich unser gesamtes Nervensystem so sehr, dass unsere Wahrnehmung nicht mehr in der Lage ist, die wirkliche Realität zu erkennen. Eine permanente Reizung führt zwangsläufig zu einer Überreizung und diese Störung wiederum führt früher oder später zu einer Vegetativen Dystonie. Eine Vegetative Dystonie verändert das Empfinden und das Denken eines Menschen, dieser leidet dann u.a. unter Atemnot, hohen Blutdruck, Verdauungsproblemen und anderen Wahrnehmungsparametern. Wir sind dann erst einmal vom schlechten Wohlempfinden her abgelenkt. So dass wir nicht mehr in der Lage sind, uns Zeit für uns selbst zu nehmen. Kommt uns das nicht bekannt vor? Wir sind dann nur noch damit beschäftigt, wie wir aus dieser Zwickmühle herauskommen können. Gefangen in einem Dasein, aus dem es schwer ist, herauszukommen. Zusätzlich zu dem ganzen Dilemma werden wir noch mit Frequenzmanipulationen konfrontiert, die auf uns täglich einwirken. Diese erhalten wir u.a. durch unser Smartphone, dem Computer und dem Fernsehen.

Dazu ein kleiner Auszug aus einer sehr interessanten Studie über unseren geliebten Fernseher:

aus dem Internet:

»Big Brother is watching you - aus dem TV-Kasten.«

Unsere Beeinflussung durch das Fernsehen geht viel weiter, als wir es uns träumen ließen.

Der 30. April 1939 ist kein Datum, das in unseren Geschichtsbüchern speziell hervorgehoben wird. Dennoch streckte eine Krake aus der Zukunft ihre Fangarme aus, um mit einer neuen Erfindung Menschen zu umgarnen, eine Krake, die mit jedem Tag mächtiger wurde und heute das Bewusstsein von Milliarden Menschen okkupiert: Das Fernsehen.

»Die Welt von morgen« war der sinnschwere Titel der Weltausstellung von New York, deren Eröffnungsfeier die allererste in den USA übertragene TV-Sendung gewidmet war. Tagelang standen Tausende von Menschen Schlange vor den wenigen Fernsehkästen, um die Demonstrationen des neuen Wundergerätes zu sehen Es war nur zu offensichtlich: Die Hypnose der Menschheit durch das Fernsehen hatte begonnen.

Es hat den Kern unserer privaten Welt gesprengt und verstrahlt unsere Realität mit Millionen von Bildern, die unser Leben unbedeutend werden lassen. Was gedenken Sie gegen den Krieg in Bosnien-Herzegowina zu unternehmen? Gegen den in Tschetschenien? Anders als unsere Vorfahren lassen wir uns täglich mit dem Elend der Welt konfrontieren und bei den allermeisten Menschen ist die Reaktion darauf

Gleichgültigkeit, geboren aus dem Gefühl totaler Hilflosigkeit. Was kann ich schon dagegen tun? Wie klein und unbedeutend ich doch bin! Früher mochte die Erfahrungswelt des Menschen wohl kleiner gewesen sein, doch war sie seinen Einflussmöglichkeiten angepasst. Das Fernsehen zeigt uns täglich Menschen, die erfolgreicher, cleverer, schöner sind als wir. Wo finde ich mich noch in diesem nimmer endenden Zirkus der Eitelkeiten? Wie definiere ich mich, wie bleibe ich Ich? Als Mitte der 70er Jahre die Erfolgsserie »Drei Engel für Charlie« lief, ließen sich Hunderttausende Amerikanerinnen die gleiche wilde Haarmähne färben und schneiden wie Farrah Fawcett-Major. Sicher, Idole gab es schon in archaischen Gesellschaften. Doch sind die Idole des Fernsehens keine spirituellen mehr, sondern visuelle.

Das Fernsehen hat uns zu Sklaven des Auges gemacht. Unser Hauptaugenmerk gilt nicht mehr den inneren Werten, nein, es gilt dem Tonus unserer Muskeln, der faltenfreien Haut, dem Glanz der Mähne, dem Porzellanweiß der Zähne und der Schlankheit der Figur. Über 100 000 deutsche Frauen und 10 000 deutsche Männer (Tendenz stark steigend) lassen sich jährlich für die Schönheit operieren. Mindestens jede fünfte Frau ist magersüchtig, und der Wunschtraum der Teenie-Mädchen ist es, Model zu werden. Die Model-Mania unserer Tage steht für den totalen Triumph der hohlen Hülle über die seelenvolle Innerlichkeit. Wobei wir immer dann ein wenig in Not geraten, wenn wir möchten, dass die Göttinnen mit uns ihr Innerstes teilen, denn da ist nichts, was bewundert werden könnte (wie auch, bei ihrem jugendlichen Alter?) Außer vielleicht der Fähigkeit, sich selbst für viel Geld zu verkaufen.

Vor hundertfünfzig Jahren noch machte ein ländlich lebender Mensch vielleicht die Bekanntschaft von zwei- bis dreihundert Menschen in seinem ganzen Leben. So vielen Menschen begegnet der heutige Fernsehkonsument in ein oder zwei Wochen. Sie sind wohl nicht physisch anwesend, und doch dringen sie alle in sein »Allerheiligstes«, seine Wohnung, ein und drängen sich mit ihren Ansichten und Eigenheiten dem passiven Zuschauer ins Gemüt. Kein Wunder, nennen Wissenschaftler den heutigen Menschen, multiphren' oder entkernt. Der Mensch ist nicht mehr Ausdruck eines starken, kernartigen Innern, aus dem er seine Kraft bezieht, sondern irrlichterödes Spiegelbild all jener höchst verschiedenartigen TV-Gestalten, die ihn beständig und ungefragt mit ihrer Scheinexistenz reizen und irritieren.

Nicht nur die Menschenmassen, die via Bildschirm in unser Leben drängen, tragen zur Verwirrung des modernen Menschen bei. Das ganze Programm ist ein Gewitter von Eindrücken: Eine durchschnittliche Kameraeinstellung dauerte 1984 auf den großen amerikanischen TV-Kanälen 3,5 Sekunden. Die durchschnittliche Länge einer Nachrichtenmeldung sollte bei deutschen Privatsendern 45 Sekunden nicht überschreiten. Was erreicht uns da noch an News, wenn man bedenkt, dass ohnehin von den nationalen Nachrichtenagenturen nur zehn Prozent aller Meldungen weitergeleitet werden, die international hereinkommen? Das Gefühl, nach einer Tagesschau über den Lauf der Welt informiert zu sein, entbehrt jeglicher Grundlage. Umso mehr, als 51 Prozent der Zuschauer einer Nachrichtensendung sich gleich nach Ende der Sendung an keine einzige der Meldungen mehr erinnern können (Untersuchung von A. Stern, »A

Study for the National Association for Broadcasting« in M. Barrett, The Politics of Broadcasting, New York 1973) und nur jeder Fünfte überhaupt den Inhalt der Meldungen begreift!

Welche Welten trennen uns von jenen Amerikanern, die sich am 16. Oktober 1854 in Peoria, Illinois, zu einem Rededuell der beiden Politiker Abraham Lincoln (Republikaner) und Stephan A. Douglas (Demokrat) einfanden. Douglas hatte zuerst das Votum. Nach drei Stunden war er mit seinen Auslegungen fertig und Lincoln war an der Reihe. Da es schon fünf Uhr nachmittags sei und er gewiss nicht weniger lange als sein Vorredner für die Erwiderung brauchen werde, bat er die Zuhörer, doch nach Hause zu gehen und zu Abend zu essen. Man tat, wie geheißen, und am Abend ging der Diskurs vier Stunden lang weiter. Der ganze Meinungsstreit dauerte also volle sieben Stunden ohne Werbung dazwischen für die Sandwich- oder Pipipause. Die beiden Politiker waren nicht etwa Präsidentschaftskandidaten und solche politischen Anlässe normale, gut besuchte Gelegenheiten zur Meinungsbildung für das Volk. 1984 durften sich die beiden Bewerber um das amerikanische Präsidentenamt, Walter Mondale und Ronald Reagan, jeweils fünf Minuten zu einem komplexen politischen Thema äußern. Der Gegner durfte dann nochmals eine Minute Replik geben.

Im Zeitalter des Fernsehens sieht Medienkritiker Neil Postman einen Zusammenhang zwischen dem Niedergang der Parteien und der Hochblüte des prominenten Politikers. Die Message ist der TV-bekannte Kopf und sie ist kurz wie ein Videoclip: »He is simply the best« war die Wahlkampfbotschaft für Helmut Kohl. Der Tina-Turner-Ohrwurm verführte, wie vorausgesehen. Wozu nach einem Regierungsprogramm fragen, das Kopfzerbrechen bereiten könnte, wo ein simples kleines Liedchen doch den zuverlässigeren Dienst tut?

Das Fernsehen hat aus uns passive Konsumenten gemacht. Die tägliche Dosis Berieselung ist längst zu einem, »Menschenrecht« geworden. Der Fernseher wird so sehr als Grundbedürfnis des Menschen angesehen, dass ihn nicht einmal mehr der Betreibungsbeamte pfänden darf. In einem Experiment des Schweizer Fernsehens boten junge TV-Mitarbeiter zufällig ausgewählten älteren Menschen 100 000 Franken bar auf die Hand an, wenn sie ihr Fernsehgerät mitnehmen dürften und diese sich verpflichteten, ein Jahr lang TV-abstinent zu leben. Kein einziger, der allesamt in bescheidenen Verhältnissen lebenden Senioren, ließ sich auf den Handel ein. Dabei: Wie viel Lebenszeit die Flimmerkiste doch frisst! Am Abend könnte man einem Hobby oder Handwerk oder dem Studium eines guten Buches nachgehen, könnte musizieren oder Spiele in der Familie machen, Freunde besuchen oder Spaziergänge unternehmen. Stattdessen sitzen ganze Nationen unbeweglich und wie hypnotisiert vor flimmernden, kleinen Kästen durchschnittlich um die vier Stunden am Tag. Die Folge davon ist, dass wir mehr und mehr glauben, das ganze Leben müsse aus Unterhaltung und Nervenkitzel bestehen. Wir erfreuen uns nicht mehr an oder über etwas. Stattdessen macht es uns Spaß. Wenn ich mich freue, dann bin ich aktiv beteiligt und mein Herz lacht. Macht es mir Spaß, dann lasse ich mir meine

Sinne kitzeln. Doch dies sind nur die leicht durchschaubaren Mutationen, die das Fernsehen an den Menschen vollzogen hat. In Wirklichkeit ist die Manipulation der Masse in Gebiete vorangeschritten, die die Masse selbst noch in den Bereich der Science-Fiction verbannt.

Todesstoß für die suchende Seele?

Die Rosenkreuzer sehen im Fernsehen den bewusst gesteuerten Missbrauch des Fohat-Lichtes, ein vergeblicher Versuch, dem wiederkehrenden Licht des Christus zu widerstehen. Für sie ist das »ausgesprochen bösartige Ziel des Fernsehens die Seelenverschmutzung. Fernsehen wurde als Todesstoß für die suchende Seele geplant«. Dies mag fanatisch anmuten, und sicherlich möchten wir Ihnen nicht das Fernsehen verbieten. Doch ist es gut, wenn man weiß, welche Effekte man langfristig damit hervorruft.

Wie man inzwischen erkannt hat, ist Licht die Nahrung unserer Zellen. Das Sonnenlichtspektrum hält alle Elemente bereit, die unsere Körper (der fest- wie die feinstofflichen) benötigen. Setzen wir unseren Körper künstlichem Licht aus, treten Veränderungen in den Zellen auf, die Degenerationsprozesse im menschlichen Körper und in seinen feinstofflichen Bereichen verursachen. Dies ganz besonders, wenn, wie beim Fernsehen der Fall, eine Elektronenkanone Elektronen in einem konzentrierten Strahl auf das Raster hunderttausender fluoreszierender Punkte abschießt, aus dem sich unser Fernsehbild zusammensetzt. Dieses fluoreszierende TV-Licht, das über unsere Augen in unseren Körper eindringt, greift die endokrinen Drüsen und die empfindlichen feinstofflichen, Organe an, die für uns unerlässlich sind, wenn wir uns auf eine höher schwingende Lebensebene transformieren wollen.

Epiphyse (Pinealis) und Hypophyse (Hirnanhangdrüse) erfüllen in diesem Prozess der Transformation äußerst wichtige Funktionen. Diese feinen Organe reagieren auf jede Lichtart, die über die Netzhaut des Auges in uns eindringt. Unsere Augen dienen nicht nur dazu, Bilder über den Sehnerv ans Gehirn weiterzuleiten. Sie nehmen auch über die neuro-chemischen Kanäle Lichtenergie in die Pinealis und die Hypophyse auf, von wo sie ins Gesamtsystem der endokrinen Drüsen (Lichtabsorption oder Photosynthese) gelangen. Die Fernseh-Strahlung beeinflusst unser endokrines Drüsensystem negativ.

„Die Lüge über die Sparlampen habe ich u.a. in meinem Buch »*Diktatur als Chance*« angesprochen.“

Die Lichtnahrung, die unsere Augen vom Fernsehen empfangen, gleicht einem Fast Food- Fraß. Sie bewegt sich in den engen Frequenzbereichen Rot, Blau und Grün. Dass einseitige Lichtbestrahlung gravierende Auswirkungen auf die Funktionstüchtigkeit von Organismen hat, wurde mehrfach nachgewiesen. Beim Menschen zeigten sich überdies psychische Veränderungen, veränderte Rotationsgeschwindigkeit der Chakras und eine Reizung oder Erschöpfung der feinstofflichen Körper. Dr. Ben Feingold fand heraus, dass die Lichtausstrahlung des Fernsehens in Resonanz tritt mit künstlichen Farbstoffen in Nahrungsmitteln, die für Hyperaktivität von Kindern und allergische Reaktionen verantwortlich sind. Man setzt also ein hyperaktiv gefährdetes

Kind, das Nahrungsmittel mit Phosphaten zu sich genommen hat, vor den Fernseher und ein Ausbruch von Hyperaktivität ist wahrscheinlich, da die TV-Strahlung die Wirkung der Phosphate im Körper verstärkt.

Ein heutiges TV-Gerät gibt in fünf Zentimetern Abstand ca. 0,5 Millirem Strahlung pro Stunde ab. Das Schlimme daran ist, dass die Strahlung, die auf diese Weise in unseren Körper eindringt, ihn nicht wieder verlassen kann. Sie summiert sich über die Jahrzehnte. Irgendwann ist das Ausmaß erreicht, das im Körper Krebs erzeugt. In knapp drei Jahren mit durchschnittlich vier Stunden Fernsehen täglich nimmt man zwei Rems auf, genug, um in Embryos Krebs zu erzeugen. Je größer der Bildschirm, desto stärker das von ihm erzeugte elektromagnetische Feld. Die Strahlung dringt durch Holz und andere Baumaterialien. Stellen Sie niemals ein Kinderbett an eine Wand, hinter der ein TV-Gerät steht! Dr. John Ott, Gründer des Environmental Health and Light Research Institute (Umweltforschungsinstitut für Strahlung und Gesundheit) in Sarasota, Florida, behauptet, dass sogar die gegenwärtige Toleranzstrahlung für TV-Strahlung von 0,5 Millirem pro Stunde zu hoch sei. Die Wurzeln von Bohnenpflanzen, die er vor Farbfernsehern stellte, wuchsen aus der Erde heraus. Eine andere Pflanzengruppe zeigte monströse und verformte Auswüchse. Mäuse bekamen Krebsgeschwüre. Ott kam zum Ergebnis, dass im Grunde jede Dosis Fernsehstrahlung für den Menschen zu viel und schädlich ist. Rainer Patzlaff, Autor des Buches, *Medienmagie oder die Herrschaft über die Sinne*, glaubt, dass Fernsehen unsere Imaginationskraft pervertiert. Genaugenommen finde nämlich die TV-Realität nicht auf dem Bildschirm statt, sondern erst auf der Netzhaut unseres Auges, erst dort würden wir aus der halben Million Bildpunkte, die mit 1/50 Sekunde Geschwindigkeit auf dem Bildschirm aufleuchten, ein zusammenhängendes Bild komponieren. »Das Fernsehbild ist also, genaugenommen, gar nicht mehr ein äußeres Bild, das im Sinnesraum anzutreffen ist, sondern führt schon herüber in einen inneren Raum, den jeder in sich selbst trägt; es bewegt sich an der Grenze des Raumes und stellt somit unausgesprochen eine Art Schwellenerlebnis dar, wenn auch nur auf physischer Ebene.« Patzlaff fährt fort: »Wonach die Menschen sich im Tiefsten sehnen, und was sie eigentlich mit den Augen des Geistes in ihrer Seele erleben möchten, das schießt ihnen der Kathodenstrahl ins sinnliche Auge, und sie bemerken gar nicht, dass ihr berechtigtes, für die Weiterentwicklung der Kultur so notwendiges Streben nach Wahrbildern auf raffinierte Weise getäuscht, ja pervertiert wird. Echte Imaginationen entstehen durch gesteigerte Aktivität eines sich selbst erziehenden Ich, Fernsehbilder empfängt man in totaler Passivität. Echte Imaginationen offenbaren höhere, übersinnliche Welten, Fernsehbilder ketten das Bewusstsein an die materielle Welt. Die Seele glaubt sich ernährt und wird mit einer Pseudonahrung betrogen.«

Damit nicht genug. Vor dem monoton flackernden Bildschirm schaltet der Organismus auf Entspannung der Ziliarmuskeln, so dass die Augachsen sich nicht mehr kreuzen, der Blick ins Leere geht und trotz wachem Bewusstsein körperlich ein schlafähnlicher Erschlaffungszustand eintritt (Dieser zeigt sich übrigens im EEG an der drastischen Reduzierung der Gehirnstromtätigkeit.) Milliarden von Menschen lassen sich allabendlich freiwillig paralysieren und ihrer Imaginationskraft schleichend, doch sicher berauben. Was wartet uns, wenn wir bedenken, dass Imaginationskraft Schöpferkraft ist? Dass jede Idee erst in unseren Gedanken bestehen muss, bevor sie Verwirklichung finden kann? Könnte jemand Interesse haben an Menschen, die nicht mehr selber denken, sondern sich nur noch mit fremdproduzierten Bildern füttern lassen? Eine ganze Flut von Studien weisen nach, dass Augenbewegungen und Denken unmittelbar zusammenhängen. Bewegen sich die Augen nicht (wie vor dem Fernseher), sind die Denkfunktionen herabgesetzt. Der Emery-Report (Fred und Merrely Emery, A Choice of Futures: To Enlighten or to Inform?, Canberra 1975) stellte fest, dass bereits »das fortwährende Fixieren des Fernsehzuschauers keine Aufmerksamkeit ist, sondern ein Zustand, der dem Tagträumen oder dem Abwesendsein verwandt ist.« Der Zuschauer schließt forciert die Nervenleitungen zwischen den visuellen Bildern und dem autonomen Nervensystem ab, die sonst Bewegung und Aufmerksamkeit stimulieren würden. Auch die Verbindung zwischen rechter und linker Gehirnhälfte ist unterbrochen. Verständnis, Erkenntnis und analytisches Denken sind blockiert, während der Tagtraum weitergeht. Die Information dringt ein und wird ohne Verarbeitungsprozess durch die Seele des Menschen robotergleich gespeichert. (Siehe dazu Kasten »Auf dem Weg zum Roboter?«)

Und was ziehen wir da einem Joint gleich in unsere Gefühls- und Gedankenwelt, sprich unsere Seele? Der deutsche Medienforscher Jo Groebel zählte in einer TV-Woche 2.745 Gewaltszenen. Aneinandergereiht sind dass 25 Stunden pure Gewalt. Ein amerikanischer Jugendlicher, so wurde ermittelt, hat mit 16 Jahren bereits 16.000 Morde intus. Einen neuen Höhepunkt erklomm Regisseur Oliver Stone mit seiner zynisch brutalen Medien-Abrechnung, *Natural Born Killers*. In dem zweistündigen Kinofilm werden 52 Menschen ermordet! Ein Augsburger Pädagoge schätzt, dass mindestens jedes zehnte Gewaltverbrechen, das Jugendliche begehen, aufs Konto der Medien geht.

Wie der sonst unzimperliche, Spiegel zur Schlagzeile, *Ein Volk im Schweinestall* kam, wird jedem klar, der an einem ganz gewöhnlichen Montagabend durch die Programme zappt. Am 31. Oktober 1994 begegneten wir so innerhalb einer Stunde einer Partnervermittlung für Seitenspringer, einer jungen Frau, die sich angeblich freiwillig als Sklavin einem Mann »verkauft« hat, Bi-Sex-Partys, FKK-Single-Clubs, die »Titten« (pardon) der Playboy-Play-Mates und einer sehr geschäftlich-seriös aussehenden Talk-Runde, wo es um multiple Orgasmen für den Mann geht und jeder freimütig aus dem Schlafzimmer plaudert, mit der gleichen beflissenen Ernsthaftigkeit, wie wenn es um die besten Anlagemöglichkeiten für Kleinsparer ginge. Soviel tun wir uns freiwillig an mit Effekten, wie wir sie uns nicht wirklich wünschen können: Zunehmende Ängste, zunehmende Gewaltbereitschaft, zunehmende Gefühle von Ohnmacht und Depression, abnehmende sexuelle Lust und die Sucht nach immer mehr, immer verrückteren Bildern. Der verstorbene Forscher Erich Körbler machte zudem eine Entdeckung, die er *ungeheuerlich* nannte: »Gleichzeitig mit der sichtbaren Handlung eines harmlosen Fernsehspiels könnte unsichtbar, aber auf den Organismus des Zuschauers sehr wirksam, die Übertragung der homöopathischen Information einer Krebskrankheit erfolgen!« Körbler ermittelte in Tests, dass, wenn der TV-Kommentator eine auf dem Bildausschnitt nicht sichtbare Zigarette in der Hand hält, augenblicklich unsere Immunabwehr geschwächt wird. Hält der TV-Moderator einen Apfel für uns nicht sichtbar in Händen, werden wir nicht beeinträchtigt. Dies ermittelte er mit dem kinesiologischen Arm-Test, wo die Versuchsperson ihre ganze Kraft aufwendet, gegen Druck ihren ausgestreckten Arm oben zu behalten. Ist das, was sie über den Sehnerv in den Körper aufnimmt, schwächend, gelingt es ihr trotz der Aufbietung aller Kräfte nicht, dem zugefügten Druck standzuhalten. »Es kommt aber noch ärger«, äußerte Körbler in einem Artikel in, *Raum und Zeit'* (60/92). »Bei weiteren Tests verzichtete ich darauf, in der linken Hand etwas zu halten. Ich dachte mit lächelndem Gesicht nur an ein Wort, das für mich eine negative Bedeutung hat. Die Wirkung war die gleiche. Bei allen Seminarteilnehmern, die vor dem Bildschirm saßen, war die Immunkraft herabgesetzt. Ich konnte also auch mit meinen Gedanken den körperlichen Zustand der Fernsehzuschauer via Bildschirm beeinträchtigen!« Man bedenke, welchen Manipulationstechniken diese Erkenntnisse Tür und Tor öffnen.

Doch auch, wenn kein übler Wille uns an die Gesundheit will, beeinträchtigen alle möglichen destruktiven Informationen via TV unser Wohlbefinden. Ein Forscher der Cooperative global ermittelte, dass, wenn auf dem Bildschirm der Film einer Atombombenexplosion erscheint, wir augenblicklich über den Schirm radioaktive Strahlung in die gute Stube erhalten. Dies gilt für alle übrigen TV-Bilder genauso:

Die Schwingung der Schauspieler, ihrer Gedanken und der verfilmten Handlung überträgt sich aufs Auge und damit die Seele des Beschauers.

TV-Signal verursacht Leukämie

Nicht nur der TV-Bildschirm allein gefährdet durch sein elektromagnetisches Feld unser Wohlbefinden und unsere Gesundheit. Al Bialek, berühmter Vortragsredner zum Philadelphia-Experiment, zum Montauk-Projekt und Zeitreisen, ist punkto Technik bestimmt einer der bestinformierten Menschen dieses Planeten. (Bücher mit seinem Wissen sind im Michaels-Verlag erschienen). Er sagt, dass die TV-Stationen mit ihrer gepulsten Übertragung, (Klasse D, um ein besseres Bild zu erzeugen) sehr zerstörerisch auf die Physiologie des Körpers einwirken. Menschen, die in der Nähe eines TV-Senders wohnen, seien extrem in ihrer Gesundheit gefährdet. Bialek: »Es gibt dafür ein gutes Beispiel. Man hat in Portland, Oregon, Messungen davon gemacht. Oregon ist vielleicht deshalb einzigartig, weil sie alle ihre FM-, AM- und TV-Sender auf dem Mount Olympia stehen haben, und es ist wirklich eine teuflische Ballung von Sendestationen an einem Ort. In unmittelbarer Umgebung dieser Sender befinden sich alle möglichen Wohnungen. Menschen leben dort. Die Leukämierate in diesem Gebiet von Portland ist sehr hoch. Ein Privatarzt führte eine private Studie durch, um zu korrelieren, was passiert. Er schaute sich die Kranken- und Familiengeschichten an, etc. Dabei fand er heraus, dass die Leute, die in der Nähe dieser Sendeanlagen lebten, an dieser besonders bösartigen Art von Leukämie erkrankten, und stellte letztendlich fest, dass,

wenn sie lange genug dort gelebt hatten, die Erkrankungsrate an Leukämie 100 Prozent war! Es gab keine Ausnahmen. Wenn sie aus dem Gebiet wegzogen, erholten sie sich, außer, die Krankheit hatte bereits ein ernstes Stadium erreicht.« Ein Freund von ihm arbeite in einer Station, berichtet Bialek. »Er sagt, er hasse es, da hinaufzugehen: ›Du bist da eine halbe Stunde oben, und dein Gehirn zerbröselt einfach, du kannst nicht mehr klar denken.‹« Über der Tür des Sendeturms hängt Tag und Nacht eine fluoreszierende Röhre, die mit absolut nichts verdrahtet ist. Sie leuchtet beständig, so viel RF kommt aus diesem Gebäude. Ab und zu verschmort sich die Ausrüstung selbst. Er sagte zu Bialek: »Du wirst hier nicht sehr lange oben sein wollen. Ich auch nicht. Ich muss hierher, um Wartungsarbeiten durchzuführen. Wenn ich nach Hause gehe, dauert es eine Weile, bis ich darüber hinweg bin. Es braucht die ganze Nacht.« Bialek: »Die Strahlung bringt einfach die normale Funktionsweise seines Gehirns durcheinander. Er kann nicht mehr darüber nachdenken, was er tut, weswegen er herkam, welches Werkzeug er nehmen soll, woran er eigentlich arbeitet. Die Kontinuität des Denkens geht verloren.«
So viel zu dem Auszug aus dem Internet.
mongos-weisheiten.blogspot.com/ Big Brother is watching

Leider ist das aber nicht alles! Es gibt noch vieles mehr, was uns manipuliert und uns von der wahren Realität fernhält. Auch die Chemie sorgt dafür, dass wir permanent fehlgesteuert werden. Z.B. Lebensmittelzusätze, Pestizide, Impfungen und auch die sogenannten Chemtrails sorgen ebenfalls für eine negative Beeinflussung unserer Wahrnehmung. Darauf werde ich jedoch in einem anderen Kapiteln genauer eingehen. Aber all das führt dazu, dass die Menschen in einer Scheinwelt gepresst werden und dies nicht einmal mitbekommen.

Unsere Unterhaltungsbranche, angefangen mit dem alltäglichen Fernsehsendungen, dem Radio und den unterschiedlichsten Zeitungen und Journalen, den aktuellen Apps auf den Smartphons und den Anbietern wie Facebook, Twitter u.a. im Internet, sorgen ebenfalls für eine totale Entfremdung der wahren Realität. Sie sind inzwischen darauf spezialisiert, den Menschen eine Scheinwelt vorzugaukeln. »Sogenannte« Freundschaften bei Facebook oder Twitter lenken von echten Kontakten, von realen Freundschaften völlig ab. So dass die Mitglieder sich stundenlang mit virtuellen Freunden beschäftigen. Ohne zu merken, dass sie den realen Bezug zur wirklichen Freundschaft immer mehr verlieren.

Kommen wir nun zur großen Filmbranche á la Hollywood und Co. Hier wird dem Menschen, seit Generationen, die Geschichte, in all ihren Facetten, erlogen und instrumentalisiert dargestellt. Verpackt in spektakuläre Filmszenen wird die wahre Realität deformiert. Spezialeffekte sorgen für einen gewaltigen »Aha-Effekt« und lenken von einer realen Wahrnehmung total ab. Krieg und Zerstörung werden zwar mit Staunen, aber auch mit einer gewissen Selbstverständlichkeit und emotionaler Abstumpfung aufgenommen. Sodass die existierende Grausamkeit nicht mehr wahrgenommen wird. Reale Kriege werden nicht mehr bewusst registriert, weil sie in den Nachrichten, journalistisch, in hollywoodähnlicher Manier präsentiert werden. All das trägt dazu bei, dass unser Blick die Realität nicht mehr wirklich wahrnehmen kann. Von alledem geblendet, leben wir in einer Scheinwelt. Geprägt von unzähligen Unwahrheiten, die für die meisten Menschen als wahr angesehen werden. Mehr zu Hollywood später in einem anderen Kontext. Um die Matrix besser zu verstehen werde ich hier erst einmal zu den großen weltbestimmenden Lügen kommen. Danach wird die Matrix noch einmal beschrieben.

Kapitel II.

LÜGEN BIS SICH DIE BALKEN BIEGEN

Eine Welt, die auf Lügen aufgebaut ist, ist permanent zu verteidigen. Das heißt, die eine Lüge muss durch eine andere geschützt (gestützt) werden. Hier einige Beispiele:

Jeder weiß dass die Geschichte prinzipiell von den Siegern geschrieben wird. Das heißt, egal welche Zeitepoche wir auch näher betrachten, sie wurde immer von den jeweiligen Siegern der damaligen und heutigen Zeit geschrieben. Denn unsere menschliche Geschichte prägt sich nun mal durch unzählige Kriege, die lediglich nur territorialen Machtansprüche beinhalten. Was Recht oder Unrecht war, spielte nie eine Rolle. Lügen und Propaganda gehen prinzipiell eng einher und gehören zusammen. Verfolgen wir nur die letzten 500 Jahre, offenbart sich uns ein gewaltiges Netz aus Lügen ohnegleichen. Selbstverständlich könnten wir auch die letzten 1000 oder auch 2000 Jahre zurückverfolgen und kämen mit Sicherheit nur auf weitere Lügen. Wobei sich, je weiter wir in die Vergangenheit gehen, die geschichtlichen Indizien mehr und mehr vernebeln. Man denke an die Evolutionslüge, mehr dazu in einem anderen Kapitel. Auf Grund dessen sollten uns die letzten 500 Jahre voll und ganz ausreichen, um ein Bild unserer heutigen Matrix zu verstehen. Dennoch, hier kurz ein wenig weiter zurück.

Betrachten wir hierzu Mitteleuropa vor ca. 1000 Jahre, um die letzten 500 Jahre besser zu verstehen. Das damalige Europa bestand aus unzähligen Fürstentümern (Kleinstaaten), die alle um ihre Machterhaltung kämpften. Es war üblich, dass der direkte männliche Erbe Thronfolger wurde, also der neue König. Um das Jahr 1000 kam es aber immer wieder zum Dynastiewechsel, da viele Könige keinen direkten männlichen Erben hinterließen. In den Jahren 1002, 1024, 1125, 1137 und 1152 wurden Könige gewählt, die zwar eng mit ihren jeweiligen Vorgängern verwandt, aber nicht deren Söhne waren. So setzte sich langsam ein Wahlrecht durch und es entstand ein Kurfürstenkollegium, bestehend aus Reichsfürsten. Diese sollten nun den jeweiligen neuen König wählen. Den meisten Einfluss in diesem Kollegium hatten aber die »vornehmsten« Fürsten, die an Rang und Würde dem König am nächsten kamen. (Also Kapital und Einfluss). Lügen und Intrigen waren an der Tagesordnung. Gekaufte Stimmen und Zugeständnisse waren die Norm und aus diesem Grunde ließ Kaiser Karl IV. 1356 die genauen Rechte und Pflichten der Kurfürsten, sowie das Verfahren der deutschen Königswahl in der Goldenen Bulle endgültig rechtlich fixieren. Die Bulle erfüllte ihre befriedende Wirkung und bildete bis 1806 die Grundlage der Verfassungsordnung des alten Reiches.

Anhand dieser kleinen Einführung zeigt sich schon, dass der Hang nach Macht seit Anbeginn nur durch Lügen geprägt wurde. Da gab es den Hochadel wie z.B. die Hohenzollern und andere. Diese waren privilegiert, das Volk zu führen und dann gab es u.a. Familien, wie die Fuggers und etwas später die Rothschilds, die mit allem Handel trieben was gewinnbringend war. Durch ihren erworbenen Reichtum hatten sie sehr großen Einfluss. Sie verliehen an Könige und Fürsten Geld für Kriege und anderen Aktivitäten und waren so indirekt an allen politischen Geschehen unterschiedlichster Länder beteiligt. Sie verstanden es, das Geld, aber auch den Glauben der damaligen Menschen, zu instrumentalisieren. Sie bildeten Geheimkasten, Organisationen und Bünde, die nur für Eingeweihte Mitglieder waren. Das Bildungsniveau der Familien war prinzipiell sehr hoch. Nur so konnten sie ihre Pläne weiterführen.

Hier möchte ich einen kurzen Cut machen, denn es liegt mir sehr viel daran, dass meine Leser zum einen informiert, aber zum anderen nicht mit zu viel Daten zugeknallt werden. Ein freier Geist ist stets bemüht, neue Informationen durch eigene Recherchen zu hinterfragen. Das Abtriften, durch unzählige Aufzählungen von Daten, lässt einen schnell den Faden verlieren. Daher möchte ich jedem nur raten, das eine oder andere Thema, das einen mehr interessiert, selbst zu verfolgen.

Nun verfolgten diese einflussreichen Familien weiter ihren Plan. Einen Plan nach mehr Macht, mächtiger als alle Könige, die letztendlich nur Schuldner waren, zu sein. Sie sorgten für Intrigen, Zwiespalt, Neid, Hass, Ängste und Probleme um ihren Plan durchzuziehen. Dafür wurde gelogen, infiltriert, denunziert und eliminiert. Alles war Recht, um weiterzukommen. Eine besondere Technik, die sie anwandten war das Spalten von Gruppen, Ideen, Religionen, Meinungen, Ideologien und Interessen der Menschen.

Und da kam Martin Luther gerade recht. Er verfolgte mit Recht und großer Sorge die römisch-katholische Kirche mit ihren gnadenlosen Ablassgeschäften. Schon 1483 erschlossen die Fugger in Holland das große Geschäft des Ablasshandels. Also wurden mit dem Glauben und der Naivität des einfachen Menschen dicke Geschäfte gemacht. Gleichzeitig war man spezialisiert auf das doppelseitige Geschäft. An Pro und Contra könnte man schließlich am besten verdienen. So wurde Martin Luther lediglich zum Instrument, es war die erste große Spaltung des Glaubens in der Geschichte des alten Europas. Das 100 Jahre später (1618) zu einen gewinnträchtigen 30jährigen Krieg führte. War dies nur ein Probelauf für weitere sogenannte Religionskriege? Der Krieg begann als Glaubenskrieg und endete als Machtkampf zwischen den katholischen Habsburger Kaisern, die Spanien, Österreich, Italien, Böhmen und ein Großteil der südlichen Niederlande kontrollierten, und mit Hilfe der katholischen deutschen Fürsten um ihre traditionelle Macht in Deutschland kämpften. Und den Franzosen und Schweden, mit der Hilfe der protestantischen deutschen Fürsten.

Die Folgen des Krieges: Zerstörung und Verarmung der deutschen Länder. Frankreich baute seine Vorherrschaft aus und wurde das mächtigste Land in Europa. Das Heilige Römische Reich verliert an Bedeutung und ein neu sortiertes Europa entstand.

War das nun ein Glaubenskrieg oder wurde der Glaube nur zum Instrument für diesen Krieg? Werden Kriege nicht prinzipiell geführt, um eine imperiale Macht zu vergrößern? Wir kennen die Antwort. Unabhängig von angeblich geschichtlichen Fakten wissen wir aus dem Bauch heraus, was Recht und Unrecht ist. Intuitiv fühlen wir, dass vieles so nicht stimmen kann, dass vieles erlogen und erstunken ist. So ziehen sich die lügnerischen Ereignisse durch die Geschichte, und eine ehrliche Betrachtung des Vergangenen verliert sich immer mehr im Sand. Die Macht der wenigen, aber mächtigen Familien wurde vom Geschehenen zum nächsten Geschehenen immer raffinierter und größer. Auf Grund ihrer gesammelten Erfahrungen und konzentrierten Bildung gelang es ihnen, die entscheidendsten wirtschaftlichen, kulturellen, kommunikativen, militärischen und religiösen Interessen mehr und mehr zu kontrollieren. Ihre Infiltration übte immer mehr Einfluss auf das alltägliche Geschehen in Europa und anderen Teilen der damaligen Welt aus. Jedes Mittel war Recht, um das Ziel zu verfolgen. Und da gehörten Lügen eben zur Tagesordnung. Sie waren und sind heute noch legitim, um Kriege und andere Aktivitäten zu rechtfertigen. Ansonsten würde das unmündige Volk nicht mitmachen. Diese Strategie zieht sich durch alle Jahrhunderte und funktionierte vorbildlich. Unzählige Lügen trugen dazu bei, kleine und große Entscheidungen zu beeinflussen. Doch immer wieder gab es sog. epochale Lügen, diese sorgten stets für große geschichtliche Veränderungen. Hier ein paar entscheidende epochale Lügen.

Die Erschaffung einer neuen Währung! Hierzu ein Auszug aus meinem Buch *Diktatur als Chance.*

»Jeder Staat hatte von Anbeginn an eine Tauschwährung, ein Zahlungsmittel, das meistens aus Münzen bestand. Man nannte es auch Geld; dieses stand bis zu einer gewissen Zeit immer adäquat im Verhältnis zum Goldvorrat des jeweiligen Landes. Eine Überzahlung war so niemals möglich, entweder das Land hatte genug Zahlungsmittel, also eine akzeptable Tauschwährung, die auf Grund des eigenen Landesvermögens gestützt war, oder nicht. Ein Zwischending gab es nicht. Nun kommen wir wieder zu den Familienclans, die Geschäfte mit Waffen, aber auch mit Geld machten. Stellen wir uns vor, damalige Herrscher wollten/mussten ihr Militär so aufrüsten, dass ihre Staatskasse dennoch nicht ausreichte. Auch die Zwangseinnahmen vom gebeutelten Volk reichten einfach nicht aus; das gesamte Vermögen stützte sich auf den Goldvorrat des Landes. Die Waffenhändler bzw. Banker gaben selbstverständlich Waffen auf Pump (Kredite). Dafür bekamen sie auch etwas mehr als gegeben zurück; man nannte es dann Zinsen. Dies sollte zur Normalität werden. So konnten sie noch mehr Geschäfte machen. Das Verleihen wurde zur neuen lukrativen Einnahme. Die Geschäfte der Geld- und Waffenhändler wuchsen weiter. Der Gewinn stieg stetig an. Dennoch nicht in einem Tempo, das sich die Clans wünschten. Jedes Land konnte nur bedingt Schulden machen, auch wenn es das eigene Volk noch mehr ausbeutete. Alles ging nur über die Größe der Goldmenge, die eine ultimative Zahlungsfähigkeit darstellte. Das Gold wurde so zur Last der Banker und Waffenhändler (die im Laufe der Zeit ein- und dasselbe waren). Etwas Neues musste her, etwas Ökonomischeres.

Eine neue Epoche des Geldsystems sollte entstehen. Das Gold war also im gewissen Sinn ein Handicap, wenn es um das noch schnellere Verdienen (Abzocken) ging. Jedes Land konnte letztendlich nur so viel ausgeben, wie es adäquat an eigenem Goldvorrat besaß. Danach war es nicht mehr zahlungsfähig; dieses Reglement war eine Gewähr für jedes Land. Eine Verschuldung bzw. eine Entwertung der Zahlungsmittel war unmöglich; Inflation war ein Fremdwort. Dieses Prinzip, diese Gesetzmäßigkeit hielt mehr als 2000 Jahre ohne eine Entwertung des Geldes, ohne jegliche Art der Inflation. Die Preise der einfachsten Dinge waren fast unverändert, und das mehr als zwei Jahrtausende. Dem etwas entgegenzusetzen war nur möglich, wenn das Gold abgeschafft bzw. aufgekauft und eine neue Währung geschaffen wird; eine Währung, die völlig unabhängig und frei ist von irgendwelchen Goldmengen. Der Plan ging auf, es wurden weitere Kriege inszeniert und natürlich finanziert, Hunger und Entbehrung für das Volk waren wie immer die Folge. Erst bot man den Menschen an, ihr bisschen Goldschmuck für Lebensmittelkarten und andere Scheine als neues Zahlungsmittel in der Not abzutreten; der Tausch war natürlich die reinste Abzocke. Später waren es keine Angebote mehr, sondern patriotische Aufrufe, in denen es dann u.a. hieß, wer mehr als fünf Gramm Gold zu Hause hortet, ist nicht staatstreu und kann sogar haftbar gemacht werden.

Es funktionierte, so wurde sogar das wertvolle Gold zu Spottpreisen aufgekauft und den Bürgern ein schlechtes Gewissen eingeredet. Die Familienclans saßen in sämtlichen Gremien, so dass sie es leicht hatten, die damaligen Banken zu unterlaufen und Kredite, die nicht pünktlich bezahlt werden konnten, sogleich in Goldbürgschaften abzusichern. Mit anderen Worten, plötzlich wurde das Gold als Sicherheit für nicht bezahlte Kredite aus den Schatzkammern des jeweiligen Landes sicher in Gewahrsam genommen. So verlor das Gold offiziell an Währung. Dafür bekam jedes Land im Laufe der Zeit ein neues Zahlungsmittel. Frisch gedrucktes Geld, hergestellt von einer Notenzentralbank. Dieses Geld hatte nur einen Haken, es gab nichts Adäquates an Wert, was dessen Stabilität sicherte. Mit anderen Worten, das Geld konnte nach Belieben von den Notenbanken gedruckt werden. Je mehr Geld gedruckt wurde und in Umlauf

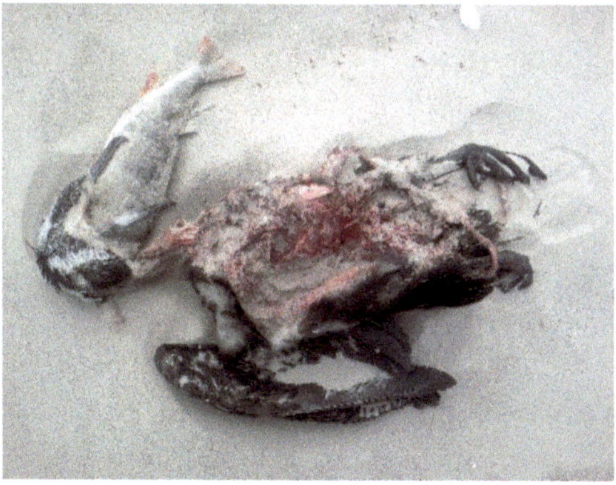

kam, desto weniger hatte es Wert; was bedeutet, man konnte mit den Preisen und den Zinsen, die man für geborgtes Geld verlangen konnte, machen, was man wollte. Nach Belieben konnte man den Zins anheben, ohne dies offiziell anzukündigen. Preissteigerungen fielen erst einmal überhaupt nicht auf. Großzügig wurden Kredite vergeben und mit Geld Geschäfte gemacht, obwohl dieses Geld überhaupt nicht existierte. Mit imaginärem Geld konnte man ganze Ländereien kaufen, obwohl es kein wirkliches Kapital dafür gab. Erinnern wir uns daran: Jedes Land hatte einen eigenen Goldvorrat, der die Stärke seiner Zahlungsmittel ausmachte. Diese Währung spiegelte adäquat das Kapital ihres Landes wider. Man konnte nicht mehr ausgeben, als man hatte, es war eine natürliche Finanzkontrolle. Nach der Abschaffung des Goldes als Währungssicherheit und der Einführung des neuen instabilen Geldes war jede Art von Stabilität verloren.«

Auszug aus dem Buch *Diktatur als Chance.*

Eine neue Ära der Geldschöpfung wurde kreiert. Eine weitere Strategie der Rothschilds: Napoleon und die Macht des Goldes. Die Londoner Börse war in heller Aufregung, denn es ging um die, bei Waterloo am 18. Juni 1815, letzte große Schlacht Napoleons. Der Wert und die Steigerung der englischen Staatspapiere hingen nämlich vom Sieg des Generals Wellington mit seinen Truppen ab, Napoleon zu schlagen. Nachdem nun der englische General Wellington über die Franzosen bei dieser Schlacht von Waterloo gesiegt hatte, machte sich der Rothschild-Agent Rothworth auf den Weg nach London, um Nathan Rothschild, der in London wartete, von dem Sieg der Engländer zu berichten. Die Rothschilds hatten damals ein hocheffizientes Kuriersystem über ganz Europa aufgebaut. In einer Zeit ohne Fernsehen, Telefon und Internet dauerte es mehrere Tage, bis Nachrichten vom europäischen Festland England erreichten. Die Agenten und Kuriere der Rothschilds waren schneller als die Kuriere der englischen Regierung, wodurch Nathan in

London als Allerersten von Napoleons Niederlage erfuhr. Was tat nun Nathan Rothschild?

Wie jeden Tag eilte er zur Börse, wo er seinen Platz einnahm. Da es innerhalb der Londoner Börse ein offenes Geheimnis war, dass Rothschild prinzipiell alles zuerst wusste, richtete man sich nach seinen Kaufentscheidungen. Nathan wusste, dass alle Börsenhändler sich nach ihm orientieren würden. Er tat deshalb so, als habe Napoleon die Schlacht gewonnen. Mit ernster Miene und gesenktem Kopf verkaufte er seine englischen Staatsanleihen. Dies war ein klares Signal für eine Niederlage Wellingtons, das sich wie ein Lauffeuer über die Börse verbreitete. Bei einem Sieg Frankreichs wären alle englischen Staatspapiere wertlos geworden. Deshalb verkauften die Aktienhändler schnellstmöglich ihre Papiere, bevor es zu spät war. Nach wenigen Stunden war der Wert der Papiere um 95 Prozent gefallen. Nathan hatte für diesen Augenblick bereits seine verdeckten Agenten in der Börse postiert und diese kauften nun für ihn die billig ausgerufenen Papiere auf. Kurze Zeit später verbreitete sich die Nachricht des englischen Sieges bei Waterloo in ganz London und die Aktien, die Nathan gerade fast umsonst bekommen hatte, schossen ins unermessliche nach oben. Durch die vorsätzliche Irreführung hatte Rothschild das größte Geschäft der englischen Börsengeschichte gemacht. Ab dieser Stunde wurden die Rotschilds zur reichsten Familie Europas. Die Höhe ihres Vermögens wird ab diesem Tage mehr als der des englischen Königshauses bewertet. Von dieser Stellung aus bestimmten sie fortan das Finanzgeschehen Europas und den Rest der Welt. Stets mit der Strategie, zwei Seiten, die sie selbst organisieren ließen, zu finanzieren und zu unterstützen. Linke wie Rechte. So haben sie zwei oppositionelle Parteien ins Leben gerufen, finanzieren die Propaganda, die Wahlen, Aktionen und wussten dadurch immer genauestens über deren Pläne Bescheid. Das heißt, sie kontrollieren beide. Wollen Sie, dass eine der Parteien im Vorteil ist, schießen Sie ihr einfach mehr Geld zu als der anderen. Beide Führer glauben, dass Sie auf deren Seite stehen und Sie sind damit beider »Freund«. Das Volk wird jedoch von diesem hin und her zwischen »links« und »rechts« so gefangen sein, dass es niemals dahinterkommen wird, dass Sie als der König die Ursache des Zwistes sind. Das Volk wird Sie sogar noch um Hilfe und Rat fragen.

Ein anderes Beispiel:
Der amerikanische Sezessionskrieg (1861-1865), da kämpften die Nordstaaten (gegen Sklavenhaltung) gegen die Südstaaten (für Sklavenhaltung). In den gängigen Geschichtsbüchern wird geschrieben, dass dieser Krieg ein Freiheitskrieg innerhalb der noch jungen USA war. Abraham Lincoln wollte die Sklaverei abschaffen. Natürlich ging es in diesem Krieg nicht um die Rechte der Sklaven sondern, wie auch immer, um wirtschaftlich-geostrategische Interessen.

Hier ein Auszug von Abraham Lincoln aus einer seiner Reden zum Sezessionskrieg (1862): Quelle - weltonline.de

»Mein oberstes Ziel in diesem Krieg ist es, die Union zu retten; es ist nicht, die Sklaverei zu retten oder zu zerstören«, schrieb Lincoln im August 1862, kurz vor der Schlacht am Antietam: «Könnte ich die Union retten, ohne auch nur einen Sklaven zu befreien, so würde ich es tun; könnte ich sie retten, indem ich alle Sklaven befreite, so würde ich es tun; und könnte ich die Union retten, indem ich einige Sklaven befreite und andere nicht, so würde ich auch das tun. Alles, was ich in Bezug auf die Sklaverei und die Schwarzen tue, geschieht, weil ich glaube, dass es hilft, die Union zu retten.«

Die damalige Situation in den Vereinigten Staaten war äußerst prekär. Die Südstaatler verachteten die Nordstaatler. Neun Millionen Einwohner, davon 3,5 Millionen Sklaven, umfasste die Bevölkerung des Südens, der durch und durch agrarisch geprägt war und dessen Kultur von einer gebildeten Pflanzer-Elite geprägt wurde. Sie schaute voll Verachtung auf die ungebildeten Tagelöhner, Lohnsöldner der 23 Nordstaaten herab, deren Bevölkerung (22 Millionen) schnell wuchs und die auf dem besten Weg waren, zu den großen Industrienationen aufzuschließen. Die Baumwolle z.B. wurde im Süden angepflanzt und geerntet und in den Norden zur Weiterverarbeitung verschifft. Da aber die Regierung den Hals nicht voll genug bekommen konnte, erhoben die Nordstaaten Einfuhrzölle auf die Rohwaren aus dem Süden. Der Süden versuchte daraufhin die Weiterverarbeitung selbst in die Hand zu nehmen, was aber aufgrund mangelnder Fachkräfte wohl nicht recht funktionierte. Daraufhin exportierten die Südstaaten viele Rohwaren nach England, wo diese auch mit Kusshand angenommen wurden. Im Norden waren auf einmal die Spinnereien nicht mehr ausgelastet und entließen ihre Arbeiter. So war sich jeder selbst der Nächste und die Spannungen wuchsen, bis hin zur Sezession der Südstaaten.

Auch hier waren die Rothschilds wieder sehr aktiv im Geschehen. Vor dem Krieg ließ die Familie durch ihre Agenten die »Pro-Union«-Einstellung der Nordstaaten schüren. Gleichzeitig schürten aber andere Rothschild-Agenten die »Contra-Union«-Einstellung der Südstaaten. Als der Krieg dann ausbrach, finanzierte die Rothschild-Bank in London die Nordstaaten und die Pariser Rothschild-Bank den Süden. Die einzigen, die diesen Krieg wirklich gewonnen hatten, waren die Rothschilds.

Eine weitere epochale Lüge: Einführung des Impfens durch Edward Jenner 1790. Jenner war davon überzeugt, dass wir unser Immunsystem durch eine künstliche Infektion (Inokulation) stärken, bzw. uns dadurch vor Infektionen (Ansteckung) schützen können. Seine Inspiration dazu erhielt er u.a. durch den Arzt Timoni, der 1714 in London der Königlichen Gesellschaft der Wissenschaften Ähnliches Vortrug.

Dazu ein Auszug aus dem Internet-Forum „Pravda TV“

»In jener Zeit also lebte Edward Jenner und war überzeugt, dass es dennoch ein Mittel gegen die Pocken geben müsse. Die Landbevölkerung glaubte damals, wer die harmlosen Kuhpocken überstanden habe, könne nicht mehr an den echten Pocken erkranken. Da der Versuch mit menschlichen Pockenviren so kläglich fehlgeschlagen hatte, versuchte sich Jenner also an Kuhpockenvieren. Dazu entnahm er dem Melkerknoten einer Kuhmagd Eiter und ritzte diesen in die Haut seiner Versuchspersonen. Einer von ihnen war der fünf Jahre alte Junge John Baker. Er starb kurz nach der Impfung. Ebenfalls geimpft wurde eine junge

Frau im achten Schwangerschaftsmonat. Sie gebar ein totes Baby, dessen Gesicht über und über mit Pockenblasen bedeckt war. Dennoch verschickte Jenner seine Proben, die er mittlerweile auch aus tierischen Kuhpocken entnahm, an die europäischen Fürstenhöfe und hatte innerhalb weniger Monate 20.000 Eiterentnahmen ins Ausland versandt. Damit wurden vorwiegend Waisenkinder geimpft, die als lebende Eiterproduzenten missbraucht wurden. Diesen Eiter verkaufte man als Impfstoff weiter. Bereits 1807 führte Hessen als erstes deutsches Land eine gesetzliche Zwangsimpfung durch. Doch selbst Maßnahmen dieser Art konnten der Bevölkerung keinen Schutz vor Pocken bieten. Edward Jenner wurde gegen Ende seines Lebens Zeuge großer Pockenepidemien, denen auch viele Menschen zum Opfer fielen, die er geimpft hatte. Dies ließ ihn ernsthaft an seinem Lebenswerk zweifeln. Vielleicht war ihm nicht einmal bewusst, wie teuer er selbst für seine Methode der Pockenimpfung hatte bezahlen müssen: Jenner impfte nämlich auch seinen zehn Monate alten Sohn, der später schwachsinnig wurde und mit nur 21 Jahren starb. Ein sehr hoher Preis für eine Impfung, die nichts nutzte, wie sich später herausstellen sollte.«

»Ich weiß nicht, ob ich nicht doch einen furchtbaren Fehler gemacht und etwas Ungeheuerliches geschaffen habe.« Waren wohl eine seiner letzten Worte. **Edward Jenner**

180 Jahre später. Die Virenlüge: Bekanntgabe einer neu entdeckten Spezies, das Virus. Der Begriff »Virus« wurde 1981 in einem Gespräch zwischen Dr. Fred Cohen und Professor Leonhard M. Adlemann das erste Mal verwendet. Das Virus, lat. soviel wie Schleim, Gift, Geifer oder Gestank soll angeblich für die unterschiedlichsten Infektionen verantwortlich sein.

Hierzu ein wirklich interessanter Auszug aus dem Internet. www.vaccsecure.com:

»Ein Virologe und Bakteriologe namens Dr. Stefan Lanka machte sich auf, die Menschen über die Wahrheit der Vogelgrippe aufzuklären. Er behauptet ›frech‹, dass es keine krankmachenden Viren gibt. Er behauptet, dass es auf der ganzen Welt keine einzige, wirklich wissenschaftlich bewiesene Publikation über irgendein krankmachendes Virus gibt. 10.000,- Euro hat er demjenigen versprochen, der einen einwandfreien, wissenschaftlichen Nachweis eines Pockenvirus daher bringt. 100.000,- Euro werden an die/den ausbezahlt, die/der den wissenschaftlich korrekten Nachweis des Masern-Virus benennen kann. (www.klein-klein-verlag.de) 20.000,- Euro bietet der Verein ›Impffreiheit für Tiere e.V.‹ demjenigen, der den Nachweis des Tollwuterregers bringt. 1.000.000,- sfr hat ein Schweizer Verlag demjenigen geboten, der als erster eine wissenschaftlich korrekte Publikation bringt, in der das Vogelgrippevirus nachgewiesen wurde.

Trotz intensiver Suche hat bis heute niemand einen dieser Preise eingefordert. Warum nicht? Für einen Wissenschaftler müsste es doch ein leichtes sein die entsprechende Publikation zu nennen. 1.000.000,- sfr sind kein Pappenstiel. Die Wissenschaftler des Friedrich-Löffler-Institutes (FLI) weisen doch ständig Vogelgrippe-Viren in toten Vögeln nach. Sind denen 1.000.000 sfr für einen Hinweis auf eine wissenschaftlich korrekte Publikation zu wenig? Eine Reihe von Privatpersonen machte sich daraufhin auf, um die Aussagen des Dr. Lanka zu widerlegen. Sie gründeten die klein-klein-aktion und schrieben die zuständigen Behörden (Gesundheitsamt, Gesundheitsministerium, Paul-Ehrlich-Institut und Robert-Koch-Institut) an und fragten nach dem wissenschaftlichen Nachweis für verschiedene Viren. Sie erhielten immer die gleiche stereotype Antwort:

Impfen sei die wirksamste Möglichkeit sich vor verschiedenen ansteckenden Krankheiten zu schützen. Bla, bla, bla. Keinem der Fragesteller, darunter viele Ärzte, konnte eine Auskunft zu einer Publikation gegeben werden, die eines der behaupteten Viren wissenschaftlich korrekt nachgewiesen hätte. Vielfach bekamen die Fragesteller nicht mal eine Antwort. Die Pharmaindustrie bietet uns Impfstoffe an, die angeblich abgeschwächte oder abgetötete Viren enthalten. In diesen Impfstoffen müssten Viren in so großer Zahl vorhanden sein, dass es für einen Wissenschaftler ein leichtes sein müsste, diese Viren zu isolieren, die Hüllproteine mittels Elektrophorese zu bestimmen und Fotos im Elektronenmikroskop zu machen. Aber weder aus unserem Körper, noch aus den Impfstoffen wurden jemals Viren isoliert und wissenschaftlich korrekt nachgewiesen. Es kursieren einige Fotos von angeblichen Viren im Internet. Diese wurden jedoch von Kennern sehr schnell als Fälschungen entlarvt. Viren, sofern es sie gibt, müssten immer dasselbe Aussehen haben.

Aber einmal hat das angebliche Grippevirus eine längliche Form, einmal ist es rund und ein anderes Mal ist es oval.

Wissenschaftler, die diese Tatsache akzeptiert haben, gehen heute davon aus, dass Viren, Bakterien, Bazillen und Co., Teile unseres Immunsystems sind, die der Körper selbst erzeugt, um Reparaturmechanismen in Gang zu setzen. So ist es auch nicht verwunderlich, dass das Tetanusbazillus auch in uns auftaucht, und nur dort, wo die Verletzung ist - wenn wir nur eine stumpfe Verletzung mit abgestorbenem Gewebe haben. Der Körper erzeugt dieses Bazillus, das ja nicht von außen in uns eindrang, um das abgestorbene Gewebe abzubauen, damit neues Gewebe aufgebaut werden kann. Das, was wir als Krankheit bezeichnen, ist in Wirklichkeit schon der Gesundungsprozess. Der Körper hat den Reparaturmechanismus angeworfen. Wird dieser durch unsinnige Medikamentengabe unterdrückt, sucht sich die Krankheit einen anderen Weg.«
www.vaccsecure.com

Dazu noch die Meinung von Dr. Zoebl, ebenfalls ein sehr interessanter Beitrag den es lohnt, ergänzend zum Vorherigen, zu lesen.

www.vaccsecure.com
»Durch das Impfen versucht man eine durch einen Erreger ausgelöste Krankheit, die man nicht hat, vorsorglich dadurch nicht zu bekommen, dass man dem Impfling genau diesen Erreger einimpft. Wichtig wäre es auch auf **http://agenda-leben.de** den Beitrag über Viren-Existenz und die Diplom-Arbeit von Dr. Lanka zu lesen. Dort kann man sich auch die Diplomarbeit des Dr. Lanka als PDF herunterladen, in der er als Erster den korrekten wissenschaftlichen Nachweis von Viren (Phagen) in marinen Braunalgen

publiziert. Diesen konnten jedoch keine krank-machende oder zerstörenden Funktionen nachgewiesen werden. Solch einen Nachweis von z.B. Masern- Röteln-, Mumps-, Grippe-, HIV-, Hepatitis- oder Ebola-Viren ist uns die medizinische Wissenschaft bis heute schuldig geblieben. Das gesamte Ansteckungskonzept ist nur ein wissenschaftlicher Konsens. Das heißt, die Wissenschaftler haben sich in Ermangelung anderer Beweise darauf geeinigt, dass es nur so sein kann.

Beweise dafür sind uns die Wissenschaftler bis heute schuldig geblieben. Und weil uns schon so lange Angst vor Ansteckungen gemacht wurde, glauben wir das auch und hoffen, dass wir durch die Impfung nicht krank werden. Die Nachweise von Viren werden immer nur indirekt durchgeführt. Es wird der sogenannte Titer bestimmter Antikörper bestimmt, der angeblich anzeigt, ob ein bestimmtes Virus vorhanden ist. In Wirklichkeit zeigen Antikörper nur an, dass der Körper momentan mit der Reparatur einer Störung beschäftigt ist.

Wie kann behauptet werden, dass ein Antikörper wegen eines Virus auftritt, wenn noch nie ein solches Virus nachgewiesen wurde? Die Antikörper konnten noch nie auf ein Virus geeicht werden. Diese Antikörper können genauso gut wegen der vielen Hilfsstoffe gebildet werden, die in jeder Impfdosis vorhanden sind.

Das sind Stoffe wie

· Quecksilbersalz
· Aluminiumhydroxid
· Formaldehyd

· Antibiotika

Reste der Zuchtgewebe von

· Affennieren
· Hundenieren
· Hühnereiweiß
· menschlichen Krebszellen
· etc. etc.

Würden sie sich oder ihrem Kind diese Stoffe freiwillig geben? Bei einer Impfung führen sie sich oder ihrem Kind diese Giftstoffe freiwillig zu! Auf was reagiert wohl das Immunsystem mit Antikörpern? Die Antikörper-Theorie wird von der med. Wissenschaft selbst ad absurdum geführt. Bei Impfungen gilt ein hoher Titer, als Immunität. Bei HIV bedeutet ein hoher Titer dass man infiziert ist, also keine Immunität besitzt. Was ist nun richtig? Unter **www.melhorn.de** fand ich folgende interessante Informationen: Die National Academy of Science schrieb 1985 über Therapien in der Medizin, dass nur etwa 16-20% aller medizinischen Therapien wissenschaftlich gesichert sind und legte diese Ergebnisse dem amerikanischen Kongress vor. Diese Untersuchung war eine Wiederholung der Studie, die schon 1978 das Büro des Technology Assessment durchgeführt hat und damals schon zu diesem Ergebnis gekommen war.

Das heißt, dass ca. 80% aller Therapien nur Versuche sind und wir alle sind die Versuchskaninchen. Die Impfungen gehören mit Sicherheit nicht zu den 16-20% wissenschaftlich gesicherten Therapien. Das angesehene schulmedizinische Fachmagazin "Journal of the American Medical Association" veröffentlichte im Jahre 2003, dass in den USA-Krankenhäusern jährlich 225 000 Personen wegen

(Anmerkung: nicht trotz!) medizinischer Eingriffe sterben - und dies hauptsächlich an den Folgen schulmedizinischer Medikamente. Mediziner nennen diese Erkrankungen vornehm: „iatrogene Krankheiten“. Inzwischen wurden hierzu erstmals auch die Schäden in allen medizinischen Bereichen der USA erfasst. Nach dieser Studie sterben in den USA jährlich über 750 000 Personen wegen der sog. Schulmedizin. In der Sendung "tödliche Pillen" (ARD, Nov. 2005) sagte Prof. Fröhlich, Chef der Pharmakologie an der Uni Hannover, dass in Deutschland ca. 60.000 Menschen jährlich an den Folgen von Arzneimittel-Nebenwirkungen sterben. Das sei nur die Spitze des Eisberges.

DER SPIEGEL (Nr. 39/1982, S. 248/249) berichtete von einer großen amerikanischen Bluthochdruck-Langzeitstudie: »Die Behandelten verstarben häufiger als die Unbehandelten! Daran hat sich nichts geändert! «

Denken Sie mal darüber nach.
Liebe Leser, an dieser Stelle möchte ich sie nochmals darauf hinweisen, dass ein Buch mit ihnen an Wert gewinnt oder verliert. Selbstverständlich fällt es uns konditionierten Menschen schwer, Dinge in Frage zu stellen, die uns von klein an als Weltbild eingetrichtert wurden. Mehr zur Medizinischen Weltverschwörung in einem späteren Kapitel in »Der Flexner Report!«

Die nächste epochale Lüge

Sind die Menschen allein im All!?

Sind wir allein? Oder sind die Anderen nur so weit weg, dass ein Kontakt zu ihnen so gut wie unmöglich ist?

Jedes Kind weiß, dass die Sonne heiß ist und dass je näher wir uns ihr nähern, es an Temperatur zunimmt. In den gängigen Physik- und Schulbüchern ist die Rede von ca. 15 Millionen Grad im inneren der Sonne und 5700 Grad an der Sonnenoberfläche. Uns wird beigebracht, je näher ein Planet sich an der Sonne befindet, desto heißer ist seine Oberfläche. All das klingt auch logisch, wenn man von »dieser« Erkenntnis ausgeht. Also der Merkur, als sonnennächster Planet, ist am heißesten und der Pluto (der nicht mehr als Planet eingestuft wird und inzwischen aus der astronomischen Liste gestrichen wurde), weil er am weitesten ist, ist am kältesten. Soviel dazu. All das klingt in sich logisch und niemand würde auch nur im Geringsten darauf kommen, dass da etwas faul sein könnte. Aber auch hier haben wir eine unglaubliche Täuschung mit großer epochaler Wirkung, die unser Weltbild in eine bestimmte Richtung lenken soll. Jedem ist bekannt, dass die astronomischen Entfernungen von einem Sonnensystem zum anderen unwahrscheinlich groß sind. Es werden Planeten klassifiziert und nach erdähnlichen Bedingungen bzw. Temperaturen, auf denen sich evtl. Leben entwickelt haben könnte eingestuft. Es werden Planetensysteme katalogisiert und prinzipiell kommen wir zu dem Ergebnis, dass es unvorstellbare Entfernungen sind, auf dem es evtl. intelligent entwickeltes Leben geben kann. Fazit: Eine mögliche Begegnung der dritten Art ist so gut wie unmöglich. Nun gut, so ist es nun mal. Könnte man argumentieren. Aber, so ist es eben nicht. Beginnen wir mit Viktor Schauberger. (geb. 30. Juni 1885 – gest. 25 September 1958) Schauberger war ein österreichischer Förster, ein genialer Naturforscher und Erfinder. Hier ein sehr interessanter Auszug eines Beitrages aus dem Internet. Aber beurteilen sie selbst.

Das Geheimnis unserer eiskalten Sonne oder warum unser Universum eiskalt und dunkel ist. Ein Autodidakt fordert die Wissenschaften heraus!

Auszug aus: Versuch eines neuen Denkansatzes! von Matthias Härtel

»Vorwort: Bevor Sie nun anfangen meinen Aufsatz zu lesen, noch einen Hinweis: Ein kleines Kind, dass noch kein Wissen durch eine Schule erworben hat, ist auf seinen klaren Verstand, sein Auffassungsvermögen und auf das, was es mit seinen Augen sehen kann, angewiesen! Selbst wenn ein Kind dann in die Schule geht, bewahrt es sich – Gott sei Dank – noch lange, lange seine eigene kindliche Sichtweise! Eines Tages fragte mich meine Tochter: ›Papa, warum ist das Weltall so dunkel und kalt, wenn doch in ihm so viele Sonnen sind?‹ Kindermund tut Wahrheit kund! Lesen Sie meinen Aufsatz bitte in diesem Sinne! Vorab möchte ich auch noch versichern, dass ich kein erklärter Gegner der Wissenschaft bin. Ganz im Gegenteil! Ich halte mich strikt an die gewonnenen Erkenntnisse der Wissenschaft, wenn ich sie für richtig erachte und so zweifle ich zum Beispiel nicht daran, dass unser Universum eiskalt ist! Ich vertraue hier voll den angegebenen Werten, im Sinne von eiskalt, also - 270 Grad Celsius! Aber, ich muss dennoch, dank meiner

Tochter, die nachfolgende Frage stellen: Warum ist unser Universum eiskalt und dunkel, wenn doch Billiarden Sonnen es eigentlich, im Laufe der Jahrmilliarden, nach und nach hätten aufheizen und sowieso von Anfang an durch ihr Licht hätten erhellen müssen? Diese, anfangs naiv und dumm klingende Frage, die mir meine Tochter gestellt hatte, hat einen tieferen Sinn, den ich nun mit meinem Aufsatz zu klären versuchen möchte! Stellen Sie doch mal die oben gestellte Frage einem siebenjährigen Kind und hören Sie sich die Antwort sehr aufmerksam an! Diese Frage beschäftigte mich eine sehr, sehr lange Zeit. Noch mehr Zeit kostete es mich, wenigstens ansatzweise zu versuchen, Antworten zu erarbeiten! Um das von mir geschilderte Problem, den anscheinenden Widerspruch, aufzuklären, tat ich das, was wohl jeder an meiner Stelle auch tun würde! Ich wälzte also mir zugängliche Fachliteratur en Masse, allein ich fand noch nicht einmal ansatzweise eine plausible Erklärung dafür, dass der Weltenraum eben eiskalt ist. Jedenfalls waren die Erklärungen, die ich fand, in meinen Augen nicht schlüssig und schon gar nicht logisch, da grob dargestellt, auf der einen Seite behauptet wird, dass der Weltenraum ein Vakuum ist und auf der anderen Seite, dass Wärme und Licht von der Sonne zur Erde transportiert wird! Eben der festgestellte Widerspruch!«
Mathias Härtel

Dieser kleine Auszug soll zum Thema des jetzigen Kapitels werden. Härtel spricht etwas an, dass schon der geniale Nikola Tesla und der außergewöhnliche Viktor Schauberger vor knapp hundert Jahren ansprachen. Nikola Tesla war wohl der genialste Physiker aller Zeiten über den ich, in einem anderen Kapitel näher eingehen werde. Viktor Schauberger, Sohn eines Försters, war ein Autodidakt. Er besuchte nie eine Universität und hatte somit auch keinen akademischen Grad. Dennoch oder gerade deswegen war Schauberger ein genialer Entdecker und Forscher, er befasste sich u.a. intensiv mit dem Wasser. Außerdem war er ein außergewöhnlicher Erfinder, der mit Luft und Wasserstrudeln experimentierte. In einem seiner Aufsätze schrieb er 1933: »Und über allem steht seit Anbeginn die Sonne und sieht mit eisigem Schweigen diesem wahnsinnigen Tun und Treiben der Menschen zu, die da meinen - und könnte es bei ihrer unmittelbaren Einstellung denn auch anders sein - sie sei ein Glutball.« Ein weiteres Zitat von Schauberger sollte die damaligen Gelehrten (aber auch den heutigen) zu denken geben. »Was dient nun dieser Sonne als Träger für Licht und Wärme, wenn doch nach Ansicht unserer Gelehrten der Weltenraum luftleer ist?« Zum einen wird gelehrt, dass die Wärme einen Träger benötigt, um sich auszubreiten, zum anderen heißt es, dass die Sonne unseren Planeten erwärmt. Dieser Widerspruch an sich sollte einem zum Denken anregen. Dieses eiskalte Vakuum soll nun die warmen Lichtstrahlen bis zur Erde transportieren und diese erwärmen? Da stellt sich nun automatisch die Frage: Was also transportiert das Licht und die Wärme der Sonne bis zu unserer Erde? Hier eine wissenschaftliche Definition von Online - Lexikon Wikipedia: „Licht ist der Bereich der elektromagnetischen Strahlung, der vom menschlichen Auge wahrgenommen werden kann. Das sind die elektromagnetischen Wellen im Bereich von etwa 380-780 Nanometer (nm) Wellenlänge.“ Diese elektromagnetischen Wellen transportieren also, laut Wissenschaft, Licht und Wärme! Nur, wie machen sie das? Das ist die alles entscheidende Frage, vor allem in Hinsicht auf die Erklärungen der Astronomie zur Sonne und zum Weltall! Also fassen wir noch mal kurz zusammen. Unsere Sonne hat eine Oberflächentemperatur von ca. 5.700 Grad Celsius. Das Weltall hat eine Temperatur von ca. -270 Grad Celsius. Das Licht (Sonnenstrahl) benötigt im Vakuum ca. 7,5 Minuten von der Sonne bis zur Erde, mit einer Geschwindigkeit von ca. 300.000 Km pro Sekunde (Lichtgeschwindigkeit). Bei genauer Betrachtung dieser Kriterien sollte uns eigentlich bewusst werden, was Schauberger mit seiner Aussage meinte. Bei einer siebeneinhalbminütigen Reise, eines ca. 5700 Grad-Celsius heißen Sonnenstrahles, durch einen -270 Grad-Celsius frostigen Raum würde nichts Warmes mehr auf unsere Erde ankommen. Um das zu verstehen muss ich kein Physiker oder Mathematiker sein. Dieser Logik setzt nun die sog. »Wissenschaft« argumentativ etwas dagegen. Sie behauptet, dass der heiße Sonnenstrahl keine Wärme an das eiskalte Vakuum abgeben kann, da in einem Vakuum nichts da ist, was die Wärme aufnehmen könnte! Dies klingt im ersten Moment nicht unlogisch. Doch beim genaueren Hinsehen wird dies zum Eigentor für die »Wissenschaft«. Bekanntlicher Weise benötigt Wärme und auch das Licht einen Träger, um sich fortbewegen zu können. Denn wenn die Wärme nicht an das Vakuum abgegeben werden kann, wie kann sich dieselbe Wärme dann durch dieses Vakuum bewegen, wenn nichts da ist, was die Wärme zur Bewegung benutzen kann? Ohne ein Medium sind Wärme und Licht rein gar nichts! Warum ist der Weltraum konstant -270 Grad Celsius, bei so vielen, unzähligen, heißen Sonnen? Sonnen die Wärme und Licht aussenden sollen, müssten den Weltraum erwärmen und erhellen. So können wir nur zu dem Schluss kommen, zu dem u.a. Tesla und Schauberger kamen. Von dem Begriff der eiskalten Sonne. Wenn wir von dieser eiskalten Sonne ausgehen, dürfen wir den Begriff Wärme, auf die Sonne bezogen, nicht mehr erwähnen. Schauberger stellte auch die Frage: »Warum ist es an den Bergspitzen, also näher der Sonne, so kalt?« Das ist die Erklärung für die eiskalte Sonne! Es ist wohl schon jedem aufgefallen, dass je höher wir uns auf der Erde befinden, desto kälter es wird! Oder anders gesagt: Wenn die Sonne heiß wäre und tatsächlich eine Hitzestrahlung aussenden würde, dann wäre es auf den höchsten Bergen der Welt wunderbar warm, ja sogar unerträglich heiß, während wir an den schönen Stränden des Mittelmeeres frieren würden! So müsste es in den flachen Ebenen unerträglich kalt sein! Ein beruhigtes Klima würden wir demzufolge wohl in einer Höhe von 2000 – 4000 Metern haben! Da es aber so ist wie wir es kennen, je höher wir kommen, desto kälter wird es, herrscht nun das Gegenteil von dem, was physikalisch eigentlich sein sollte. Mathias Härtel fragt zu Recht in seiner Abhandlung, warum die Sonne es nicht schafft einen Bergsee, der sich in einer Höhe von 2500 Meter befindet, nicht erwärmen zu können, obwohl es dort eigentlich wärmer sein sollte. Und zu guter Letzt stellt er die Frage warum es der Vegetation immer schwerer fällt zu gedeihen, je höher ihr Standort ist, obwohl sie in dieser Höhe mehr Sonnenstrahlen abbekommen. Man sollte an dieser Stelle bedenken dass Pflanzen Wärme benötigen und keinen Sauerstoff, denn sie liefern uns den Sauerstoff. Und ein letztes Beispiel: Warum grünt und blüht es in den Ebenen, die doch weiter weg sind von der Sonne und warum stirbt das pflanzliche Leben auf der Höhe der Berge unaufhaltsam ab (Vegetationsgrenze), obwohl es da doch der Sonne näher ist? Noch einmal: Pflanzen erzeugen Sauerstoff, sie benötigen keinen Sauerstoff, sondern Wärme. Wenn die Sonne heiß wäre, müsste es doch auf den Gebirgen grünen und blühen, während in den Tälern und Ebenen, weit und breit kein Grashälmchen zu sehen sein dürfte - oder? Dies entspricht aber den entgegengesetzten Verhältnissen, wie sie nun mal auf unserer Erde gegeben sind. Zum einen soll die angebliche Wärme der Sonne durch den eiskalten Weltraum problemlos bis zur Erde gelangen, aber auf unserer Erde sollen ein paar tausend Meter ausreichen, um diese Wärme abzukühlen. Schon wieder so ein Widerspruch! Härtel vergleicht Schauberger mit einen denkenden Querkopf und suchte nach einen Querkopf aus der Wissenschaft, der eine ähnliche Theorie verfolgt. Nach langen recherchieren entdeckte Härtel einen Wissenschaftler namens Ludwig Kaul, der in einem hervorragendem Buch „Atomenergie und Weltraumkräfte / erschienen 1929 im Waldemar Hoffmann Verlag, Berlin – Steglitz“ sich nicht scheute, die Relativitätstheorie eines Einsteins zu bezweifeln und z.B. die heute so wichtige Rotlichtverschiebung - die damals noch in den Kinderschuhen steckte - als ausgemachten Unsinn zu bezeichnen! Das allein zeigt schon das Kaliber dieses bemerkenswerten Wissenschaftlers, der heutzutage den meisten Menschen wohl vollkommen unbekannt ist!

Kaul bringt erstmals den Sauerstoff als eventuellen Grund der Wärme, bzw. der Vegetation ins Spiel der Gedanken.

Auch er stellte sich die Frage, warum es in den oberen Bergregionen kälter ist, obwohl die Sonne eigentlich mehr Intensität ausüben kann und auch die Vegetation abnimmt, obwohl sie der Sonne näher ist. Fragen die sich auch Viktor Schauberger stellte. Über eine kalte Sonne schrieb Kaul nichts aber dennoch bezog er die Sonnenintensität mit dem Sauerstoffgehalt in Zusammenhang. Kaul äußert sich so: »Weil dort oben der Sauerstoff rar ist! Weil alle Sonnenenergie nichts fruchtet, wenn sie sich nicht des Mediums des Sauerstoffs bedient!« Wenn man nun diese Feststellung Kauls richtig interpretiert, so geht er davon aus, dass keine Wärme - in diesem Sinne - von der Sonne zur Erde gelangt, sondern, dass nur die Energie der Sonne in der Verbindung mit Sauerstoff auf der Erde Wärme erzeugt, von der wir dann also fälschlicherweise annehmen, sie (die Wärme) komme von der Sonne! Hierzu ein Aufsatz von Schauberger: Zitat: »Daraus folgert sich auch die Frage: Was ist also Sonnenenergie? Zweifellos nur die Wärme, die entsteht, wenn der überpositiv geladene Sauerstoff seinen Gegenpartner, die Abstrahlung der irdischen Energiestoffkonzentrate verzehrt (bindet).« Hier haben wir gleiche Aussagen zweier Querdenker. Ein weiteres Zitat von Kaul auf Seite 43 lautet: »Eine Wirkung der Sonnenenergie ist die Lieferung von Wärme aus dem Luftsauerstoff. Wo kein Sauerstoff ist, wird auch keine Wärme sein.« Obwohl Kaul keine kalte Sonne erwähnte, beschrieb er quasi das, was Tesla und Schauberger als ›die kalte Sonne‹ beschrieben haben. Interessant ist in diesem Zusammenhang ist, dass es niemals zu einer größeren Publikation in den wissenschaftlichen Medien kam. Niemand in der Öffentlichkeit sollte darüber erfahren. Es gab immer eine klare Informationsquelle, die für das breite Volk bestimmt war. Und diese verfolgte prinzipiell ein und das gleiche Ziel. Eine falsche Welt (Matrix) vorzugaukeln. Kaul und Schauberger kommen zum gleichen Ergebnis, ohne Sauerstoff können die Sonnenstrahlungen keine Wärme und kein Licht erzeugen. Man denke da ein offenes Feuer, dass voll und ganz auf Sauerstoff angewiesen ist. Ein Schmied z.B. erhöht die Temperatur seiner Flamme dadurch, dass er mit einem Blasebalg Luft in das Feuer hineinpumpt. Er fügt der Glut immer mehr Sauerstoff hinzu. Im umgekehrten Fall können wir Feuer durch den Entzug des Sauerstoffs quasi ersticken. Nicht anders ist es mit der Vegetation. ›Laut Kaul kommt also die Vegetationsgrenze zustande, da mit zunehmender Höhe der Sauerstoff immer knapper wird und ohne Sauerstoff, trotz gleichbleibender Sonnenenergie, keine Wärme mehr erzeugt wird und somit die Grundvoraussetzung für Pflanzen, also die Wärme schlechthin, nicht mehr entstehen kann!‹

Hier sind eindeutige Zusammenhänge von Wärme und dem Medium Sauerstoff zu erkennen. Mathias Härtel erwähnte in seinem Aufsatz: »Hier fand ich auf Seite 87 folgende Äußerungen. Zitat: Von den Sternen, wie von der Sonne her, strömt vermöge ihrer Verfassung, ..., Kraft aus, die ihren Weg in den Äther nimmt und zwar so, dass sie sich der Luft -Einheiten oder der atmosphärischen Gase als Transportmedien bedient. Kaul spricht hier also abermals nicht etwa von einer Licht/Wärmestrahlung, sondern von einer Kraft, die dann in eine - wie auch immer geartete - Wechselwirkung mit den Medien, ganz offensichtlich, der irdischen Lufthülle tritt! Auf derselben Seite erklärt Kaul dann

auch freundlicherweise gleich, was das für eine Kraft ist. Zitat: ....die von den Sternen ausgehende elektrogalvanische Energie.... Und da war es wieder! Kein Licht/Wärmestrahl, sondern eine Energie! Wie schon gesagt, mehr als nur erstaunlich, da der Gelehrte in seinem Buch doch von einer heißen Sonne ausgeht! Wie die oben genannten Beispiele verdeutlichen, gibt es also ganz offenbar keinen Träger für Wärme, da gar keine Wärme vorhanden ist und somit auch nicht transportiert werden kann! Ein Sonnenstrahl ist also eiskalt und laut Kaul: eine elektrogalvanische Energie!«
Mathias Härtel

Der Sonnenstrahl transportiert also keine Wärme! Was ist aber mit dem Licht? Ist Licht und Wärme gleichzusetzen? In dem Zitat von Wikipedia finden wir gleich einen Widerspruch zu den Erkenntnissen Kauls, Schauberger und Tesla, über den später mehr berichtet wird. Wikipedia: Licht ist der Bereich der elektromagnetischen Strahlung, der vom menschlichen Auge wahrgenommen werden kann. Das sind die elektromagnetischen Wellen im Bereich von etwa 380-780 Nanometer (nm) Wellenlänge. Kaul definiert die Sonnenstrahlen als elektrogalvanische und nicht als elektromagnetische Wellen. Was nach dem bisher Geschriebenen auch als logisch anzusehen wäre. Kaul war nicht nur ein Querdenker wie Schauberger, sondern beide hielten von Albert Einstein und seinen »Lehren« recht wenig.

In einem späteren Kapitel werden Albert Einstein, Sigmund Freud, Charles Darwin und Karl Marx inhaltlich zum Hauptthema werden. Widmen wir uns aber nun weiter der eiskalten Sonne und dem Licht. Obwohl Kaul das Kind nicht beim Namen nannte beschrieb er die Sonne ebenfalls als kalt. Haben Licht und Wärme nun den gleichen Ausgangpunkt? Was hatte es nun mit dem Licht der Sonne auf sich? Benötigt nun Licht einen Träger, um von A (Sonne) nach B (Erde) zu kommen? Hierzu ein Auszug aus dem Wikipedia, wenn es um die Ausbreitung des Lichtes im Universum geht. Zitat: »Das im Weltraum im interstellaren Raum oder im intergalaktischen Raum auftretende Vakuum ist, im Allgemeinen dünner als jedes auf der Erde herstellbare Vakuum. Allerdings ist auch der Weltraum nicht völlig leer, sondern enthält durchschnittlich ein Teilchen pro cm^3 und ist ›Träger‹ von statischen elektromagnetischen und gravitativen Feldern sowie von Photonen. Und weiter: Licht, Teilchen, Festkörper, elektrische, magnetische und Gravitationsfelder breiten sich im Vakuum aus; Licht breitet sich also, laut Wissenschaft, im Vakuum aus! Wird also, von der Sonne zur Erde transportiert!«

David Wilcock beschreibt in seinem Buch »Der Synchronizitäts-Schlüssel«, wie das Licht (Photonen = die männliche Kraft) und die Gravitation (die weibliche Kraft) die Bausteine des Universum (des göttlichen Daseins) darstellen. Beide - das Männliche und das Weibliche - benötigen für ihren Balztanz eine Bühne, eine Projektionsfläche, um sich vereinen zu können. Nicht anders stellt der Raum mit seinen Sonnen und Planeten die Lebensbühne dar. Vergleichen wir die Photonen mit den männlichen Spermien und die Planeten mit deren weiblichen Gravitation, dann entsteht eine Befruchtung, wenn die gesunden Umstände vorhanden sind. Wenn quasi das Milieu stimmt. Planeten benötigen Sauerstoff (die richtige Frequenz), damit die Photonen zu Licht werden. Die Sonnen spenden unendlich viele (laut Kaul: elektrogalvanische) Energiewellen, die erst mit Sauerstoff verbunden, Wärme und Licht darstellen. Diese beiden sind die Bausteine für das wirkliche Leben. Über David Wilcock wird in späteren Kapiteln mehr zu lesen sein.

Kommen wir zurück zum Phänomen Licht. Betrachten wir in einer kristallklaren Nacht den Himmel und befinden wir uns außerdem auch noch in einer Umgebung außerhalb der Stadt, also frei von Gegenlicht. Vielleicht sogar auf einer Anhöhe, werden wir aus dem Staunen nicht mehr herauskommen. Es offenbart sich uns ein wunderschöner Himmel, voll von unzähligen, leuchtenden Sternen. So gut wie jeder, hat solch ein Ereignis schon erlebt. Voller Bewunderung tauscht man die fantastischsten Ideen aus. Man philosophiert in solch einem Moment über das Leben und den Weltraum. Ob es wohl Leben woanders gäbe und so weiter. Inspiriert durch die Optik geht unser Geist auf Reisen.

Auf Grund des klaren Himmels, des geringen / oder gar keinen Gegenlichts haben wir eine super Optik. Wir sind in der Lage, unzählige leuchtende Sterne am Himmelsfirmament zu sehen. Warum aber wundern sich viele Kampfpiloten, die sich mit ihrer Maschine immer höher bewegen, dass das Licht der Sterne abnimmt, wenn sie sich dem Orbit nähern. Eigentlich müssten sie unzählige leuchtend-funkelnde Sterne am Himmelsfirmament sehen. Aber genau das Gegenteil offenbart sich ihnen. Der Weltraum wird immer finsterer. Nicht anders ist es mit den Aufnahmen den angeblichen Mondlandungen oder den Aufnahmen die man

uns im Fernsehen zeigt, die aus der Raumstation stammen. Immer das gleiche Bild, ein »Rabenschwarzer Weltall«.
Warum?
Haben Tesla, Schauberger und Kaul recht? Sind Sonnen in Wirklichkeit kalt und senden weder Wärme noch Licht - im herkömmlichen Sinne - aus. Sondern >nur< Energiewellen, die quasi lediglich im Zusammenhang mit Sauerstoff (der richtigen Frequenz) eine Symbiose eingehen, die wir dann als Licht und Wärme wahrnehmen. Vielleicht sollten wir an dieser Stelle erst einmal näher darauf eingehen, was Sauerstoff überhaupt ist! Hierzu ein paar wissenschaftliche Fakten:

Chemie, Bützer, Juni 2014

Auf der Erde kommt Sauerstoff häufiger als jedes andere Element vor - hauptsächlich in der Luft, im Wasser und in der Erdkruste. Als Element wurde Sauerstoff durch den schwedischen Apotheker und Chemiker Carl Wilhelm Scheele 1771/72 beim Erhitzen von Silber- und Quecksilbercarbonat, Quecksilberoxid, Kalium- und Magnesiumnitrat entdeckt und 1777 in der „Chem. Abhandlung von der Luft und dem Feuer" ausführlich beschrieben. Ag_2CO_3 ◊ 4 Ag + O_2 + 2CO_2 Unabhängig davon stellte auch der englische Geistliche und Chemiker Joseph Priestley 1774 Sauerstoff durch Erhitzen von Quecksilberoxid mit durch eine Linse gebündelte Sonnenstrahlen dar. HgO ◊ 2Hg + O_2 Scheele bezeichnete den Sauerstoff als Feuerluft, Priestley nannte ihn im Anklang an die damals herrschende Phlogiston-Theorie dephlogistierte Luft - Scheele und Priestley waren Anhänger der Phlogiston-Theorie.

1 Sauerstoff, Römpp Lexikon Chemie – Version 2.0, Stuttgart/New York: Georg Thieme Verlag 1999 2 Pauling L., Chemie eine Einführung, Verlag Chemie GmbH, Weinheim, 1962, 98 3 Phlogiston (griechisch phlogistos: „verbrannt"), ein hypothetischer „Feuerstoff", der im späten 17. Jahrhundert von den deutschen Chemikern Johann Becher und Georg Stahl postuliert wurde, um den Vorgang der Verbrennung zu erklären - bei vielen Verbrennungen nahm das Gewicht der brennenden Stoffe ab (z.B. bei einer Kerze). Nach der Phlogiston Theorie enthalten alle brennbaren Stoffe Phlogiston. Man nahm an, dass Stoffe wie Kohle und Schwefel danach fast ganz aus Phlogiston bestehen. Da aber bei Oxidationen Sauerstoff gebunden wird, hat Phlogiston eine negative Masse!

Antoine Laurent de Lavoisier (1743–1794), ein Privatgelehrter in Paris, Mitglied der französischen Akademie, Inspektor für Pulver und Salpeter war der Erste, der nach der Widerlegung der Phlogiston Theorie die Vorgänge bei der alkoholischen Gärung, Verbrennung und Atmung richtig deutete. Er bestimmte die Zusammensetzung der Luft und führte Versuche mit reinem Sauerstoff durch – der eigentliche Einstieg in die chemischen Erkenntnisse über Sauerstoff. Eine richtige Deutung der Verbrennungsvorgänge wurde erst durch Lavoisier gegeben. Er leitete damit den Fall der Phlogiston Theorie ein. Lavoisier soll den lateinischen Namen Oxygenium (Säurebildner) gegeben haben, weil er annahm, dass Sauerstoff in allen Säuren enthalten und für deren charakteristische Eigenschaften verantwortlich sei. In der Natur kommt Sauerstoff in drei Isotopenformen vor: $_{16}O$ (zu etwa 99,76 Prozent), $_{17}O$ (zu etwa 0,04

Prozent) und ^{18}O (zu etwa 0,2 Prozent). Die natürlichen Sauerstoffisotope mit den Massenzahlen 17 und 18 wurden 1929 durch den amerikanischen Physikochemiker William Francis Giauque mit Hilfe der Spektroskopie entdeckt (NP 1949). Darüber hinaus sind auch nur künstlich erzeugbare Sauerstoffisotope bekannt (von ^{12}O bis ^{24}O) 4. Sauerstoff ist zu 21 Volumenprozent bzw. 23,15 Gewichtsprozent in der Atmosphäre enthalten. Ungefähr 85,8 Gewichtsprozente des Meerwassers bestehen aus Sauerstoff (reines Wasser enthält 88,8 Gewichtsprozente Sauerstoff). Außerdem ist Sauerstoff ein Bestandteil fast aller Gesteine und Mineralien - meist in Form von Oxiden. Er macht etwa 46,7 Gewichtsprozente der Erdkruste aus. Der menschliche Körper enthält rund 60 Prozent Sauerstoff (ebenfalls in gebundener Form). Gemische von flüssigem Sauerstoff mit Kohlepulver oder anderen oxidierbaren Substanzen (z.B. Sägemehl im 1. Weltkrieg) sind explosiv: Oxyliquitsprengstoffe.

http://www.buetzer.info/fileadmin/pb/pdf-Dateien/Sauerstoff.pdf

Das interessante an Sauerstoff ist, dass es für das Gedeihen von Leben und das Zerstören von Organischem gleichfalls wichtig ist. Sauerstoff entsteht u.a. durch eine Synthese der Pflanzen. Neben der zweiatomigen Form (O_2) tritt unter natürlichen Bedingungen auch die dreiatomige Form des Sauerstoffs, das Ozon (O_3), auf. Der sehr reaktionsfähige atomare Sauerstoff bildet sich aus O_2 bei einer Glimmentladung oder aus Ozon durch Photolyse, z. B. in der Erdatmosphäre oder bei der Photosynthese. Die Voraussetzungen dafür sind eine chemisch-biologische Symbiose. Biosynthese und Metabolismus. Unsere Luft zum Atmen verdanken wir der photosynthetischen Leistung der Pflanzen und Bakterien. Vor etwa drei Milliarden Jahren begannen Cyanobakterien, über die ich etwas später unbedingt etwas näher eingehen möchte, die Energie des Sonnenlichtes einzufangen und für die Synthese organischer Verbindungen zu nutzen. Als »Abfallprodukt« entstand - und entsteht noch heute - Sauerstoff O_2 (zwei gebundene Sauerstoffatome). Man bedenke, dass im Weltraum Sauerstoff O_1 (einzelne Sauerstoffatome) nach Wasserstoff und Helium das dritthäufigste Element ist. Zurück zu den Cyanobakterien. In deren Zellmembran sind zwei Photosysteme gleich hintereinander geschaltet, die in der Reihenfolge ihrer Entdeckung als Photosystem I und Photosystem II bezeichnet werden. Photosystem II spaltet nach der Lichtabsorption Wasser in Protonen, Elektronen und molekularen Sauerstoff. Die angeregten Elektronen gelangen zum nachgeschalteten Photosystem I. Hier werden sie durch Photonen (Licht) zum zweiten Mal angeregt, an ein eisenhaltiges Protein weitergegeben und schließlich zusammen mit den Protonen in der Verbindung NADPH gespeichert. »Anmerkung von mir: Nichts wird dem >Zufall< überlassen«. Diese Substanz nutzen die Cyanobakterien als Reduktionsmittel für die Zuckersynthese. Sauerstoff ist für uns Menschen so wichtig, dass der Metabolismus (Stoffwechsel) direkt mit dem Sauerstoffverbrauch verknüpft ist (VO_2). Der normale O_2-Bedarf des Erwachsenen unter Ruhebedingungen beträgt ca. 250-300 ml pro Min.

An dieser Stelle macht es Sinn noch einmal kurz auf die Cyanobakterien einzugehen. Denn diese kleinen Meister des

Lebens scheinen eine wichtige Schlüsselrolle für das Leben eines jeden Planeten zu sein. Hier ein kleiner Auszug aus der »Bioökonomie«, einer Plattform für biologische Forschung, die sich genau mit diesen kleinen >Lebenshelfern< beschäftigt.

»Es gibt sie schon ewig und überall: in Seen, Meeren, Wüsten, Polarregionen, an Häuserwänden und in Symbiosen. Seit ihrem Ursprung hat sich eine Heterogenität innerhalb der Cyanobakterien entwickelt, die außergewöhnlich ist. Das herausragendste Merkmal ist sicher die Fähigkeit zur oxygenen Photosynthese. Sie können Wasser und Kohlendioxid mithilfe von Sonnenlicht (Sonnenfrequenzen) in organische Substanzen umsetzen. Mit den vielen Stoffwechselwegen sind diese Lebewesen fähig, nahezu alles Organische selbst zu produzieren.
Cyanobakterien können Farbpigmente, essentielle Aminosäuren, Öle und Vitamine für die Ernährungsindustrie herstellen. Sie liefern hochwertige Extrakte oder können als Rohstofflieferant mit ihrer Gesamtbiomasse nützlich sein. „Ihr Potenzial ist bei Weitem noch nicht ausgeschöpft", sagt Prof. Dr. Annegret Wilde von der Abteilung für Molekulare Genetik der Universität Freiburg, „auch was Toxine und bioaktive Substanzen betrifft." Selbst neue Antibiotika finde man immer wieder, daher seien Cyanobakterien „eine Superressource", meint auch Prof. Dr. Wolfgang Hess von der Abteilung Genetik und Experimentelle Bioinformatik der Freiburger Universität. Will man sie nutzen, sind diese evolutionär ursprünglichen Bakterien auch noch recht anspruchslos. Sie brauchen nur Licht und Wasser und wenige

anorganische Nährstoffe, da sie Kohlenstoff und einige auch Stickstoff aus der Luft fixieren können«.
https://www.biooekonomie-bw.de

Ist es nicht faszinierend, wie alles funktionierend (göttlich durchdacht) aufgebaut ist? Ein einzelnes Sauerstoffatom O_1 besteht aus einem Kern und acht Elektronen. Ein Sauerstoffmolekül, das was wir zum Atmen benötigen besteht aus zwei Sauerstoffatomen O_2, also aus 16 Elektronen. Dieses Molekül erweist sich jedoch als sehr instabil (reaktiv), was für das organische Leben optimal geeignet ist. Die äußeren Elektronen können physikalisch nicht lange gebunden werden, so dass es schnell zu einer Veränderung der Stoffe kommt. Quasi ein Gedeihen und Verfallen.

Wenn die Sonne keine Wärme und kein Licht im herkömmlichen Sinne ausstrahlt, was strahlt sie dann aus? Physikalisch betrachtet wissen wir, dass sie (die Sonne) Frequenzen ausstrahlt, die sich in einem Bereich von ca. 100 – über 800 nm (Nanometer) befinden. Unsere Augen können 400 – 800 nm als (VIS) sichtbaren Bereich (also als Licht) wahrnehmen. Alles was darüber ist, sind die längeren Wellenlängen. Diese werden als Infrarot (IR) bezeichnet. Infrarot dringt geringfügig in unsere Haut ein und wird als Wärme wahrgenommen. Alles was unterhalb der 400 nm ist, wird als UV Licht bezeichnet. Unterhalb der sichtbaren Bereiche liegt das ultraviolette (UV) Licht. Um die biologische Wirkung dieser Lichtquanten besser einordnen zu können, wird der Ultraviolettbereich nochmals unterteilt: Zwischen 320 und 400 nm liegt der UV-A Bereich. Darunter schließt sich von 280 bis 320 nm der UV-B-Bereich an. Unterhalb von

280 nm wird das Licht mit UV-C bezeichnet. Da diese Einteilung des UV-Lichts nicht einheitlich ist, sollte beim Vergleich von Untersuchungsergebnissen immer auf die jeweilige Einteilung geachtet werden. Je nach der gewählten Ausdehnung des UV-B-Bereichs, der von besonderem biologischen Interesse ist, kann die Wirkung pro eingestrahlter Energie größer oder geringer ausfallen. Die Energie, die das kurzwellige ultraviolette Licht (UV-B) unterhalb von 310 nm Wellenlänge enthält, reicht aus, um die komplexen Moleküle, die Proteine und Aminosäuren, aus denen die organische Materie aufgebaut ist, zu zerstören. Die Sonne strahlt Energie bis unterhalb von 100 nm aus. Also zerstörerische Strahlungen für jedes Leben. Aber im Bereich bis 240 nm wird diese Energie durch die beiden Hauptbestandteile der Luft, Sauerstoff (O_2) und Stickstoff (N_2), zurückgehalten, so dass es die Erdoberfläche nicht erreicht (240 nm entspringen ca. 500 kJ/Mol Energie). Es bleibt also noch die Strahlung im Wellenlängenbereich zwischen 240 und 310 nm, vor der die Lebewesen auf der Erde geschützt werden müssen (500 bis 380 kJ/mol). Genau in diesem Bereich liegt die größte Absorption durch das Ozon, das wie ein Schutzschirm wirkt. Oberhalb von 50km Höhe wirkt nur der Sauerstoff als Filter gegen die biologisch schädliche Sonnenstrahlung, aber bei 15km ist schon alles Licht unterhalb von 290 nm vom Ozon absorbiert worden. Und am Erdboden liegt die UV-Kante des Lichts bei 300 nm. Dabei spaltet die energiereiche Sonnenstrahlung Sauerstoffmoleküle in energiereiche Sauerstoffatome auf. Diese Radikale sind chemisch instabil und verbinden sich sofort wieder mit anderen Luftsauerstoffmolekülen. Es entsteht Ozon. Wie vielseitig ist doch das Sauerstoffatom in verschiedenen Varianten, O_1

(einzelnes Atom) im Weltraum, O_2 (als nützliches Sauerstoffmolekül zum Atmen) und O_3 (Ozon) als Schutzschirm für die biologische Entwicklung. Scheinbar benötigen die Sauerstoffatome O_1 ein gravitationsgebundenes Milieu, um sich in O_2 und O_3 zu entwickeln. Hier ist ein geniales System zu erkennen, das nötig ist, um eine lebensbejahende Atmosphäre zu schaffen. Ist das nur Zufall?

Eine sehr wichtige Erkenntnis aus diesen Daten sollte uns unbedingt zum Denken anregen. Bekannt ist, dass sich unser optischer Wahrnehmungsparameter, sich zwischen 400 bis 800 nm befindet. Die Wärmeempfindung, bzw. Wärmewahrnehmung beginnt ab 780 nm. Und jetzt kommt der wesentliche Aspekt: Diese Wahrnehmung der Optik und Wärme ist überhaupt nur durch den Sauerstoffgehalt in unserer Atmosphäre möglich. Ohne Sauerstoff wären wir überhaupt nicht in der Lage, die Wärme (400-800 nm) und das Licht (über 780 nm) überhaupt wahrzunehmen. Es wäre uns unmöglich beides, (Licht und Wärme) zu empfinden. Hinzu kommt noch, dass die gleichen Atome (O_1) in einer anderen molekularen Zusammensetzung (O_3) - als Ozon - einen Schutzschirm für jegliches Leben bildet. Dieser Ozon-Schutzschirm schützt jede biologische Lebensform vor den so schädlichen, zerstörerischen kurzwelligen UV Strahlungen. Ein genial durchdachtes Konzept. Sauerstoff ist quasi die Grundvoraussetzung für die Schöpfung und der Zerstörung. Jedes Lebewesen benötigt, um zu leben Sauerstoff zum Atmen. Und gleichzeitig sorgt Sauerstoff für den Zerfall verstorbenen Lebens. Es sorgt für die Oxidation von Metallen und anderen Stoffen. Lebensmittel werden durch Sauerstoff kurzfristig zum Genuss, danach verfallen und verschimmeln sie. Ohne Sauerstoff hätten wir nicht diese biologische Ordnung. Einfach und genial. Erinnern wir uns daran, dass Sauerstoffatome (O_1) vereinzelt im Weltall vorkommen, (1 Atom pro cm^3). Und das diese, meiner persönlichen Annahme nach, sich erst durch die »weibliche Gravitation« von Planeten und anderer Himmelskörper vereinen, um Sauerstoff- und Ozonmoleküle zu bilden. Die Voraussetzung für ein lebensfreundliches Milieu. Die Wahrnehmung von Licht und Wärme ist also 100% vom Sauerstoff abhängig - ohne Wenn und Aber. Diese Aussage sollte nun experimentell bewiesen bzw. belegt werden.

Betrachten wir hierfür eine gewöhnliche Glühbirne. Eine, die ebenfalls aus dem alltäglichen Sortiment verschwinden soll. Hierzu näheres in einem späteren Kapitel.

Eine Glühbirne ist ähnlich aufgebaut wie unser Universum. Im Zentrum befindet sich die Sonne (der Wolframfaden). Durch diesen fließt eine Energie (Strom), die den Wolframfaden energetisch aktiviert. Wir sehen diese Energie als Licht und wenn wir die Glühbirne anfassen, fühlen wir deutlich deren Wärmeenergie. Genauso wie im Universum ist die Glühbirne im inneren leer, es befindet sich ein Vakuum im Inneren der Glühbirne. Eigentlich sollte die Energie des Wolframfaden (Sonne) nicht durch das Luftleere (Vakuum) bis an die Innenseite des Glases der Glühlampe gelangen, um beides sichtbar werden zu lassen. Doch hier haben wir, bedingt durch den Sauerstoff in unserer Luft erst die Möglichkeit, beides wahrzunehmen. Quasi haben wir es dem Sauerstoff auf unserer Erde zu verdanken, dass wir das Licht aus dem Miniuniversum der Glühbirne wahrnehmen und nutzen können. Tesla wollte vielleicht mit der Glühlampe, die wir ihm zu verdanken haben, zeigen wie es wirklich mit unserer Sonne steht. Wie würde es aussehen wenn wir eine normale Glühbirne in einem totalen Vakuum benutzen würden. Man stelle sich hierfür einen absoluten Sauerstoff-Luftleeren Raum vor und in diesen Raum würde man eine normale Glühlampe als Lichtquelle benutzen. Oder man würde den Wolframfaden nicht in einer Glühlampe sondern in einem absoluten Vakuum, mit gleicher Energie versorgen. Nichts würde an Licht und Wärme zu sehen oder spüren sein. Denn alles ist abhängig von einer gesunden Mischung von der Atmosphäre die aus Sauerstoff besteht. Anmerkung: Vielleicht ist das der Grund warum man uns der normalen Glühbirne beraubt, und uns dafür mit künstlichen, völlig ungesunden Licht zudeckt.

Warum ist es so wichtig den Unterschied der Sonnenstrahlungen (Sonnenenergie) so detailliert zu umschreiben. Diese Strahlungen deutlich zu unterscheiden von den herkömmlichen- wissenschaftlichen-, schulischen Wissen und deren Beschreibung? Ist es so wichtig, ob die Sonne nun Wärme und Licht durchs All schickt oder ob die Sonne (die Sonnen allgemein), energetische Wellen durchs All schicken, die nur durch eine Sauerstoffatmosphäre Licht und Wärme zu dem werden lassen, so wie wir sie glauben wahrzunehmen?

Der Unterschied liegt klar auf der Hand. Würde die Sonne, oder prinzipiell alle Sonnen wirklich Wärme und Licht, im herkömmlichen Sinne, durch den >eiskalten< Weltraum schicken, quasi nach dem Weltbild was uns beigebracht wird, würde es kein Leben existieren. Es gäbe auch keinen vereinzelten Planeten im gesamten Universum, auf denen sich evtl. Leben entwickeln könnte. Unsere Erde würde keine Ausnahme im gesamten Kosmos darstellen, so wie man uns versucht weis zu machen. Dieses Weltbild soll uns suggeriert werden weil es zu dem Gesamtbild passt auf das ich noch später genauer eingehen werde.

Anders wäre es, wenn die Sonnen prinzipiell, spezielle energetische Frequenzen aussenden, die erst abhängig von den Sauerstoffgegebenheiten eines Planeten, zum Tragen bringen. Mit anderen Worten, jeder Planet kann, unabhängig von der Entfernung der Sonne, wenn er Sauerstoff entwickelt, diese Energie in Licht und Wärme umwandeln. Das würde bedeuten das, egal wie weit ein Planet von einer Sonne entfernt ist, jeder Planet Leben entwickeln kann und das entscheidendste daran ist, das die Entfernung eines Planeten zur Sonne völlig irrelevant ist. Ein Planet der näher an einer Sonne ist muss deswegen nicht unbedingt heißer sein, weil es eben nicht um Wärme (heiße Sonne) geht, sondern um eine Sonnenstrahlung die Kaul als elektrogalvanische-, und nicht als elektromagnetische Wellen definiert.

Das epochalste daran ist, das es grundsätzlich und ausnahmslos über<u>all</u> im All (Universum) Leben existieren kann. Und genau hier liegt der entscheidende Ansatz in der Schul- und Wissenschaftsbildung für das gemeine Volk. Wir werden vorsätzlich in die Irre geführt.

Fassen wir dies alles noch einmal dem Verständnis wegen zusammen. Unser konstant eiskaltes (-270°) Universum beinhaltet <u>unzählige</u> Sonnen verschiedenster Größen die alle eine unvorstellbare Hitze ausstrahlen sollen. Unsere (relativ kleine) Sonne hat eine Oberflächentemperatur von ca. +5700°. Diese Hitze soll nun durch das eiskalten Universum dringen, ohne dieses auch nur im geringsten aufzuwärmen, aber gleichzeitig soll diese Wärme dann, den Planeten, wenn der, die zufällig richtige Entfernung haben sollte, so aufwärmen das sich dort Leben und alles weitere was dazu gehört entwickelt. Planeten die der Sonne zu nahe sind, sind nach der klassischen Theorie zu heiß und die Planeten die zu weit entfernt sind, wären nach diesem Weltbild einfach zu kalt. Hier haben wir es mit dem traditionellen-, wissenschaftlichen Weltbild zutun, welches uns als allgemeine Bildung (eben heißer Sonnen) eingeflößt wird. Diesem klassischen Weltbild entgegen stellen sich Nikolas Tesla, Viktor Schauberger und Ludwig Kaul. Mit Sicherheit existieren noch weitere Wissenschaftler und Denker die sich dem ebenfalls entgegenstellen. Obwohl das derzeitige Weltbild keinen ernstzunehmenden wissenschaftlichen Untersuchungen standhält, wird an Diesem krampfhaft festgehalten. Jede, auch so ernstzunehmende, Hinterfragung wird sofort abgewürgt und als lächerlich abgetan. In keinen der offiziellen Wissenschaft, Schulbüchern und der Mainstream Medien wird auch nur der kleinste Bericht darüber gesendet und wenn, dann nur als einen Bericht der dieses als unhaltbaren Schwachsinn irgendwelcher Spinner und Verschwörungstheoretiker abtut.

Fassen wir weiter zusammen:

Wenn Sauerstoff der Schlüssel für die Wahrnehmung von Licht und Wärme ist, und Sonnen prinzipiell diese beiden

Eigenschaften nicht als solches aussenden, wie entsteht dann die Verbindung Sauerstoff (O_2) auf Planeten?

Das Geheimnis der weiblichen Gravitation

In dem sogenannten leeren Weltall befindet sich immerhin ein Atom pro cm^3. Das bedeutet, dass der unendliche Weltraum nicht wirklich leer ist. Im Gegenteil, der Raum bietet, bedingt durch sein gigantisches Ausmaß, unvorstellbare Ressourcen. Die häufigsten Atome im All sind Wasserstoff (H_2), Helium (HE) und Sauerstoff (0_1). Diese befinden sich dort quasi auf Abruf, um von der allgegenwärtigen Gravitation der Planeten eingefangen zu werden. David Wilcock bezeichnet diese Gravitation, in seinem Buch »Der Synchronizitäts-Schlüssel« als die weibliche Anziehung. Interessant in diesem Kontext ist, das die ersten und wichtigsten molekularen Zusammensetzungen eben Wasser H_2O und Sauerstoff O_2 sind, um ein lebendiges Milieu zu erzeugen. Wasser und Sauerstoff entstehen durch die genannten Atome. Helium HE scheint, durch seine mangelnde Bindungsfähigkeit, das bedeutet das Helium in allen Temperaturen gasförmig bleibt und keine stabilen Bindungen eingeht, eher als eine Art von Baumateriallager zu sein. Ein Heliumatom besteht aus einem Kern und zwei Elektronen.

Erinnern wir uns an die Cyanobakterien. Es sind wahre Wunderwesen, die selbst äußerst bescheiden sind. Sie brauchen nur Licht und Wasser und wenige anorganische Nährstoffe, da sie Kohlenstoff und einige von ihnen auch Stickstoff aus der Luft fixieren können. Die Cyanobakterien besitzen in ihrer Zellmembran zwei Photosysteme gleich hintereinander geschaltet, die in der Reihenfolge ihrer Entdeckung als Photosystem I und Photosystem II bezeichnet werden. Photosystem II spaltet nach der Lichtabsorption Wasser in Protonen, Elektronen und molekularen Sauerstoff. Die angeregten Elektronen gelangen zum nachgeschalteten Photosystem I. Hier werden sie durch Photonen (Licht) zum zweiten Mal angeregt, an ein eisenhaltiges Protein weitergegeben und schließlich zusammen mit den Protonen in der Verbindung NADPH gespeichert. Hierzu ein kleiner Auszug aus dem Internet:

www.lernhelfer.de/schuelerlexikon/biologie/artikel/cyanobakterien

»Erdgeschichtliche Bedeutung

Cyanobakterien kann man aufgrund ihrer genetischen Ausstattung den gramnegativen Eubakterien zuordnen. Sie waren als erste Lebewesen der Erdgeschichte in der Lage, Fotosynthese mit Wassermolekülen als Wasserstoffdonatoren zu betreiben. Damit waren sie für die allmähliche Anreicherung von Sauerstoff in der Erdatmosphäre verantwortlich.

Die ersten Prokaryoten (Organismen ohne Zellkern) auf der Früherde vor knapp 4 Milliarden Jahren waren heterotroph. Das bedeutet, sie nutzten die aus anorganischen Stoffen entstandenen organischen Verbindungen, um ATP (Energie) zu gewinnen. Als der Vorrat an organischen Molekülen zunehmend knapp wurde, hatten diejenigen Prokaryoten einen Selektionsvorteil, welche Licht zur Energiegewinnung und zur Reduktion von Kohlenstoffdioxid nutzen konnten. Vermutlich waren auf der Früherde eine Zeitlang sehr viele

Prokaryoten zur Fotosynthese fähig. Die Mehrzahl davon hat diese Fähigkeit im Laufe der Entwicklung wieder verloren. Generell sind viele Cyanobakterien sehr Symbiose-freudig mit höher entwickelten Eukaryoten (Organismen mit Zellkern). Cyanobakterien-Symbiosen sind beispielsweise bekannt mit einigen marinen Schwämmen, mit einigen Algen, Flechten und auch mit Landpflanzen. Nach der Endosymbiontentheorie der Entstehung der Eukarya sind die Chloroplasten der Eukaryoten aus Cyanobakterien hervorgegangen. Laut dieser Vorstellung hat sich ein größerer Eukaryot symbiontisch einige Cyanobakterien einverleibt, aus denen später die Chloroplasten hervorgingen (Cyanobakterien sind in der Lage, in Zellen anderer Lebewesen einzudringen.). Das erdgeschichtliche Alter der Cyanobakterien ist hoch. Man kann heute nachweisen, dass die Anhäufung von Sauerstoff in der Atmosphäre vor mindestens 2,7 Milliarden Jahren begann und vor 2,2 Milliarden Jahren einen Wert erreichte, der den heutigen bereits erheblich überstieg. Schon zu dieser Zeit müssen Blaugrüne Bakterien deshalb einen beträchtlichen Anteil der vorhandenen prokaryotischen Lebewesen ausgemacht haben.

Älteste den Cyanobakterien ähnelnde Fossilien hat man in Stromatolithen gefunden, deren Alter auf 3,5 Milliarden Jahre bestimmt werden konnte. Solche Stromatolithen kommen heute noch an wenigen Stellen der Erde vor, z. B. in der Shark Bay in Westaustralien. Ähnlich geschichtete Cyanobakterien findet man jedoch relativ häufig in Lagunen und Salzmarschen, wo sich Bakterienmatten bilden. Die Schichtung entsteht durch regelmäßige Sedimentablagerung und Verklebung der Schleimhüllen der Kleinstlebewesen.

Die Bakterien wandern aus der jeweils gebildeten Sedimentschicht heraus und bilden darüber eine neue Matte.«

Dies noch einmal kurz zusammengefasst. Die Cyanobakterien waren die ersten und einfachsten »Lebensformen« die sich ebenfalls nur durch die großartige (weibliche) Gravitation bildeten. Die ersten Organismen (Prokaryoten) besaßen nicht einmal einen Zellkern. Trotz ihres primitiven Aufbaus funktionierten sie wie ein Magnet für Atome und einfache Moleküle. Sie waren imstande, mit Hilfe der Sonnenstrahlung, Wassermoleküle (H_2O) zu Sauerstoff (O_2) zu spalten und in die Luft abzugeben. Je mehr O_2, Sauerstoff in die Atmosphäre gelangte, desto mehr konnte die Sonnenstrahlung (400 – 800 nm) als Wärme und Licht, für jede weitere Entwicklung von Leben wahrgenommen werden. Nur so war es möglich, das ich das Leben auf der Erde, (Anmerkung von mir, prinzipiell überall) entwickeln konnte. Gleichzeitig wurde eine lebenswichtige molekulare Zusammensetzung von diesen kleinen Wunderbakterien kreiert. Nämlich die O_3 Kombination, das Ozon. Der Schutzschirm der uns vor Sonnenfrequenzen schützt die unter 400 nm sind. Ein wahrer göttlicher Geniestreich. Betrachten wir hierzu noch einmal den Aspekt der kalten Sonne von der Betrachtung der Erde aus. Mathias Härtel beschreibt dies sehr gut, bezugnehmend auf den Schatten.

Auszug von Mathias Härtel

»Wie kommt ein Schatten auf der Erde zustande? Gehen wir hier von einem aufrecht stehenden Felsbrocken (Findling) aus, der auf einem freien Feld steht! Die Wissenschaft liefert hier wieder das richtige Modell, aber die falsche Ursache! Die Wissenschaft sagt also: Das – heiße - Sonnenlicht kann den Steinblock nicht durchdringen! Somit bildet sich hinter dem Steinblock - der von der Sonne abgewandten Seite - ein Schatten! Der Schatten ist, trotz großer Umgebungshitze, dunkel und kühl, da das heiße Licht durch den Block abgeschirmt wird! Alles soweit richtig, nur muss an die Stelle des heißen Lichtes, die eiskalte Energie - Sonnenenergie - gesetzt werden! (Falsch erkannte Ursache = falsch erkannte Wirkung) Sie erinnern sich an mein Beispiel in vollkommener Dunkelheit im Wohnzimmer Licht zu machen? Das hier, der Schatten, ist der Gegeneffekt! Ich sagte, im dunklen Wohnzimmer ist es dem Luftsauerstoff egal, ob es hell oder dunkel ist. Hauptsache er bekommt die nötige Energie - Glühfaden - aus einem Vakuum heraus, durch eine Grenze - Glaskörper - übermittelt! Bei der Entstehung eines Schattens auf der Erde zeigt sich nun das Gegenteil, denn hier wird durch den Steinblock, die Energie - Sonnenenergie - abrupt gekappt, was dem Luftsauerstoff nun nicht mehr egal ist, denn: Der Luftsauerstoff ist zwar hinter dem Steinblock genauso vorhanden (wie davor), aber da den so vorhandenen Luftsauerstoff die Ursache, also die Energie nicht mehr erreicht, kann sich der Luftsauerstoff nicht mehr erwärmen und auch kein Erdlicht erzeugen! Es wird also hinter dem Steinblock, dunkel und kalt und es entsteht somit, so etwas wie ein Mini Universum, nur eben ohne Vakuum! Man nennt dieses Phänomen - mangels anderer Erkenntnis - dann Schatten, obwohl es eigentlich anders heißen müsste! Allein dieser neue Name, im Sinne von kalt und dunkel, wurde noch gar nicht erfunden! (Richtig erkannte Ursache = richtig erkannte Wirkung)

Wieso sehen wir eine Mondsichel? Antwort der Wissenschaft: Da sich die Erde zwischen Mond und Sonne befindet, kann das Licht der Sonne die Oberfläche des Mondes nur teilweise erreichen. Dieser Teil ist dann erleuchtet und auf den anderen Teil fällt der Schatten der Erde und bedingt durch seine halbrunde Form, sehen wir den Mond als eine hell leuchtende Sichel! (Falsch erkannte Ursache = falsch erkannte Wirkung) Meine Antwort: Teilweise richtig! Ursache falsch! Es fällt kein Schatten der Erde – da es keinen Schatten gibt - bedingt durch das angebliche Sonnenlicht auf die Mondoberfläche, sondern die Erde, die sich zwischen Mond und Sonne befindet, verhindert durch ihre Stellung und mittels ihrer Masse, dass die Sonnenenergie – nicht das Licht – die Mondatmosphäre vollständig trifft. Genau wie beim Felsbrocken der vorhergehenden Frage, kann nun das Mondlicht bedingt durch den mondeigenen Luftsauerstoff auf dem durch die Masse der Erde abgeschirmten Teil des Mondes nicht entstehen und somit bleibt es hier dunkel. Die Annahme eines durch Licht erzeugten Schattens ist also total falsch! (Richtig erkannte Ursache = richtig erkannte Wirkung)

Wieso erhellt der Mondschein nachts die Erde? Antwort der Wissenschaft: Das Sonnenlicht, das auf den Mond auftrifft, wird vom Mond auf die Erde reflektiert und erzeugt somit, dass was man als Mondschein bezeichnet! Total falsch! Ursache falsch! Wenn es so wäre, so wäre es mitten in der Nacht auf der Erde taghell, da laut Wissenschaft, Licht seine Intensität nicht einbüßt und uns so das Licht von Milliarden von Lichtjahren entfernten Sternen erreicht! (Falsch erkannte Ursache = falsch erkannte Wirkung) Meine Antwort: Die Sonnenenergie erzeugt zuerst in der Mondatmosphäre durch den vorhandenen Luftsauer-stoff das Eigenlicht des Mondes, wobei zwischen der Sonnenenergie und dem Luftsauerstoff eine Reaktion erfolgt, die eine Abschwächung der Sonnenenergie zur Folge hat! Die abgeschwächte Sonnenenergie wird nun von der Mondoberfläche zur Erdoberfläche reflektiert, wo nun abermals eine Reaktion zwischen der abgeschwächten Sonnenenergie und dem Luftsauerstoff erfolgt! Durch die schwächere Energie ist das so erzeugte Licht nicht so hell wie am Tag und es wird auch nicht so viel Wärme produziert, so dass es relativ kühl bleibt! (Richtig erkannte Ursache = richtig erkannte Wirkung) Und so weiter und sofort! Mit meiner letzten Frage, hätte man wahrscheinlich als erstes versucht mich zu widerlegen, aber: Sie sehen, dass ich mit meinen Thesen, die entsprechenden Gegebenheiten genauso gut erklären kann und teilweise sogar logischer als die Wissenschaft, so dass ich an dieser Stelle mit den Fragen aufhöre, die ich natürlich beliebig fortsetzen könnte, allein, wie schon so oft, es würde den Rahmen dieses Aufsatzes sprengen und ich gehe auch davon aus, dass der aufmerksame Leser die Zusammenhänge längst begriffen hat und sich diese Fragen somit selbst beantworten kann! Womit wir uns nun langsam, aber sicher wieder meiner Ausgangsfrage nähern: Warum ist unser Universum eiskalt und dunkel, wenn doch Billiarden Sonnen es eigentlich, im Laufe der Jahrmilliarden, nach und nach hätten aufheizen und sowieso von Anfang an durch ihr Licht hätten erhellen müssen? Die Antwort, denke ich, habe ich ausführlich gegeben! Wenn wir den Umstand des eiskalten, mit eiskalten Sonnen versehenen Universums nun wieder nach dem altbewährtem Motto, wie im großen, so auch im kleinen sehen, so müsste eigentlich auch die Natur auf unserer Erde, dass Bestreben haben, eine gewisse Kälte zu erreichen! Und tatsächlich, wenn man genauer hinschaut, so ist die Natur ständig bestrebt einen kühlen Zustand zu erreichen! So zum Beispiel ist ein noch naturbelassener Wald, bedingt durch seinen naturrichtigen Aufbau immer bestrebt sich abzukühlen, so dass er dem ermüdeten Wanderer im Hochsommer erfrischende Kühle bietet. Wasser, das Blut der Erde – wie Schauberger es so treffend beschreibt - ist, wenn es noch frei und naturbelassen fließen kann, ebenfalls immer bestrebt sich abzukühlen und die für das Wasser ideale Temperatur von + 4 Grad Celsius zu erreichen! Dieses Bestreben des Wassers wurde auch von der Wissenschaft festgestellt, aber eben nur festgestellt und somit nicht erkannt, was dazu geführt hat, dass sich die Wissenschaft heute nicht scheut, dass Lebensspendende Nass, ob seiner vielen unverstandenen Eigenschaften lapidar als Anomalie zu bezeichnen! Wasser aus dem alles entstanden ist, also eine Anomalie? Nur weil die Wissenschaft mit ihren verkehrten Denkansätzen und Modellen etwas wie das überall im Universum vorkommende Wasser nicht verstehen kann, schiebt sie das unbequeme Medium eben einfach zur Seite, in dem sie es zur Anomalie erklärt! Warum sich auch die Mühe machen? Ist doch nicht so wichtig! Was ist Eis? Keine Ahnung, aber macht nichts! Warum ist Wasser flüssig? Keine Ahnung, aber nach unseren wissenschaftlichen Erkenntnissen müsste es eigentlich schwer gasförmig sein! Warum ist es dann aber flüssig? Keine Ahnung, aber macht ja auch nichts! Wasser ist halt eine Anomalie! Bei solchen Erklärungsnöten der Wissenschaft einem anscheinend so einfachem Medium wie unserem Wasser gegenüber, braucht es nun wohl auch nicht mehr zu verwundern, dass die selbe Wissenschaft behauptet, die Sonne wäre heiß und strahlt Licht und Wärme aus! Die Natur begeht keine Fehler! Alle Vorgänge, die man in der Natur beobachten kann, können daher niemals falsch sein, denn wenn die Natur Fehler begehen würde, so würde es schon seit sehr langer Zeit kein Leben mehr auf unserem Planeten geben! Die Natur – und das hat mich Schauberger gelehrt – tut immer das Richtige, allein diese richtigen Vorgänge werden nicht verstanden bzw. gründlich missverstanden!«

Matthias Härtel

Matthias Härtel, blieb in seinem Aufsatz konsequent. Deswegen, war es mir wichtig auf dieses Thema näher einzugehen. Schon deshalb weil es Außerirdisches Leben in diesem Kontext mit anspricht und dieses deckungsgleich mit dem meinem ist. Zwangsläufig entstehen hier noch viele weitere Fragen die zu stellen wären. Z.B. warum gibt es kein offizielles Mondprogramm, obwohl doch das Apolloprojekt in den 70er Jahren mit ihren angeblichen Flügen zum Mond, damals von der zukünftigen Mondbesiedlung und der Eroberung des Weltraums sprach. Nach einem fast halben Jahrhundert müssten doch heute diverse Mondbasen existieren. Wenn man bedenkt, mit welcher primitiven Technik man damals zum Mond geflogen sein will. Im Vergleich mit der heutigen Technik dürfte das doch dann ein Kinderspiel sein, oder? Dennoch behauptet man, (Obama im Interview Januar 2014 in CNN) die Kosten für solch ein Mondprojekt seien zu hoch, und bei den heutigen globalen Problemen sollte man lieber die richtigen Prioritäten setzen. Wie z.B. die Bekämpfung der Erderwärmung, (ebenfalls eine epochale Lüge) des weltweiten Hungerns, (das künstlich forciert wird,) vernünftige Energiegewinnung /die nicht gewollt ist, man denke an freie Energie) und anderes. Wer solchen Argumenten Glauben schenkt, sollte aber wissen, dass die USA allein 2014 ca. 610 Milliarden Dollar nur fürs Militär ausgegeben hat. Das damalige Apolloprojekt kostete, laut Wikipedia 23,9 Milliarden Dollar, was nach unseren heutigen Maßstäben ca. 120 Milliarden Dollar ausmachen würden. Diese 120 Milliarden wurden allerdings für das gesamte Projekt ausgegeben und das waren ganze 11 Jahre, von 1961 bis 1972. Ich möchte nochmals die Zahlen bzw. Ausgaben vergleichen. 2014 gab die USA <u>610</u> Milliarden für die Rüstung aus, (<u>nur in einem Jahr</u>) und zwischen 1961 und 1972 gaben die Vereinigten Staaten ›nur‹ <u>120</u> Milliarden (23,9), <u>für 11 Jahre</u> aus, und da wird behauptet, dass ein Mondprojekt aus finanziellen Gründen nicht möglich sei. Nun ja, wer das glaubt muss die Naivität gepachtet haben.

Was aber kann der Grund sein, dass es heute keine bemannte Raumfahrt mehr zum Mond gibt? Die Neugierde des Menschen kennt doch normalerweise keine Grenzen. Warum haben wir offiziell geradémal eine Raumstation, die um den Erdorbit kreist und in denen ein paar biologisch- und physikalische ›Feldversuche‹ gemacht werden, von denen wir über den Medien immer nur ›bedingt‹ etwas erfahren?

Mit meiner neuen Frage habe ich gleichzeitig die nächste epochale Lüge angesprochen, nämlich die Lüge der angeblichen Mondbesuche. Da ich zu diesem Thema, in meinem letzten Buch ›Diktatur als Chance‹ schon näher eingegangen bin, möchte ich mich hier etwas kürzer halten. Ein wirklich gutes Buch hierzu schrieb u.a. Gerhard Wisniewski mit dem Titel »Die Mond(f)lüge«. Interessant jedoch ist, wie die Überlappung der Lügen zu einer völlig neuen Welt führt. **Martin Luther** soll mal gesagt haben: »Die Lüge ist wie ein Schneeball- je länger man sie fortwälzt desto größer wird sie.« An dieser Stelle macht es Sinn noch einmal kurz zusammenzufassen, mit welchen geschichtsentscheidenden Lügen wir es bisher zu tun hatten.

Also das gesamte **Geldsystem** besteht nur aus Lügen. Es ist lediglich eine Geldschöpfung für eine kleine Elite. Auf die Gründung der ersten privaten Weltbank, der **FED**, werde ich im nächsten Kapitel näher eingehen. Dann kamen die erfundenen **Viren,** mit denen man weltweit einen neuen Feind schaffte, vor dem man sich unbedingt schützen sollte. Daraus entstand eine neue große Lüge, die des **Impfens**. Mit der man wiederum, unzählige, unfreiwillige Probanden zum Testen schädlicher Stoffe hatte und noch hat. Ein gefundenes Fressen für die Pharmalobby. Als nächstes kam das physikalische Weltbild einer einsamen Erde, einer **isolierten Menschheit**, durch die falsche Kenntnis das **Sonnen** prinzipiell heiß seien. Und zu guter Letzt kommt noch die, hollywoodinszenierte, bemannte **Mondlandung**. Dies sind nicht die letzten großen epochalen Lügen, solche kurze Zusammenfassung soll lediglich dazu dienen das geschriebene erst einmal zu verdauen.

Ich setze voraus, dass meine Leserschaft bemüht ist, sich vom altkonditioniertem zu lösen. Ich meine damit, dass es dazu gehört, in seiner Denkstruktur nicht festgefahren zu sein. Nur so haben wir eine Chance einen Ausgang aus dieser Welt voller Lügen (Matrix) zu finden. Ansonsten werden wir weiter in einem komaähnlichen Zustand gefangen sein.

„Die Matrix ist allgegenwärtig. [...] Es ist eine Scheinwelt, die man dir vorgaukelt, um dich von der Wahrheit abzulenken.“
Morpheus in 'Matrix'

Lügen sind prinzipiell dazu da, die Wahrheit vorzuenthalten. Jeder kennt das aus seinem privaten Bereich. Mit der Wahrheit können wir schon mal auf Widerstand stoßen. Und um diesen zu entgehen, sind wir auch schon mal bereit etwas zu erfinden. Betrachten wir nun mal die weltpolitische Situation und das rückwirkend auf die letzten 100 Jahre, dann blicken wir auf zwei große Weltkriege und auf unzählige andere Kriege zurück. Wer die Verursacher und Schuldigen für die Kriege sind wird prinzipiell von den Siegermächten entschieden. Das heißt, sämtliche Geschichtsbücher werden von den Siegern geschrieben. Wer sind nun aber diese Sieger? Sind es nicht die, die die Macht errungen haben und erst dadurch in der Lage gekommen sind, eine herrschende Rolle einnehmen zu können? Nun gut, das weiß vom Prinzip jeder. Aber ich glaube, an dieser Stelle macht es Sinn zu erwähnen, dass es hier um einen ganz anderen Personenkreis geht, als man allgemein annimmt. Dennoch möchte ich nicht allzu sehr vorgreifen und bleibe vorerst bei weiteren Lügen. Ich könnte, auf Grund der unzähligen Lügen, höchstwahrscheinlich mehrere Bücher über dieses Thema schreiben, aber ich versuche mich hier nur auf die elementaren (epochalen) Lügen zu fixieren. Selbstverständlich wird es mir schwerfallen, die eine oder andere Lüge nicht zu erwähnen, aber ich bin bemüht, mich auf das wesentliche zu konzentrieren. Hier eine epochale Lüge mit großer Auswirkung.

In der Nacht zum 14. April 1913 sank die Titanic, das damalige größte Passagierschiff der Welt. Jeder glaubt zu wissen, dass dieses Schiff, durch die Karambolage gegen einen Eisberg sank. Hollywood verpackte diese Geschichte durch unzählige Verfilmungen, die allesamt äußerst spektakulär inszeniert wurden. In den Geschichtsbüchern steht nichts anderes und für jeden ist diese Geschichte so selbstverständlich. Nun, bei genauerer Recherche entsteht ein ganz anderes Bild. Zur Jungfernfahrt des damals größten Passagierschiffes wurden die einflussreichsten Banker, Industriellen und Geschäftspartner der Elite eingeladen. Die alle, zum größten Teil, gegen die Gründung einer privaten Zentralbank waren. Nach dem Untergang der Titanic gab es keinen wirklichen Widerstand mehr und so wurde im gleichen Jahr, am 23. Dezember 1913 die private Weltbank »FED« gegründet. Die Gründer: Carter Glass, Paul Moritz Warburg, Franklin D. Roosevelt, Woodrow Wilson, alles unter dem Einfluss der Rothschilds und Rockefeller. Hierzu ein sehr interessanter Ausschnitt aus dem Internet. **Unbekannter Autor:**

»Im Jahr 1913 ereignete sich das unglaubliche. Unter der Führung der beiden Großfinanzgruppen Rothschild und Rockefeller gelang es, eine private Zentralbank zu schaffen, mit dem Recht, eigenes Geld auszugeben, welches gesetzliches Zahlungsmittel wurde und wofür anfangs noch die amerikanische Regierung garantieren musste. Nach der Gründung der FED folgte der 16. Zusatzartikel der amerikanischen Verfassung, der es nun der Regierung ermöglichte, das persönliche Einkommen der US-Bürger zu besteuern. Damit hatten die internationalen Bankiers sich den indirekten Zugriff auf das Privatvermögen der amerikanischen Staatsbürger verschafft. Die Privatbank FED funktioniert nach einem ganz einfachen Prinzip: sie produziert ›Federal-Reserve-Noten‹ = Dollarscheine, diese werden dann für Obligationen (Schuldverschreibungen) an die US-Regierung verliehen, die der FED als Sicherheit dienen. Diese Obligationen werden von der FED gehalten, die wiederum jährliche Zinsen darauf bezieht. Die Zinszahlungen durch den US-Steuerzahler steigen stetig an und dabei hat die FED nur der US-Regierung Geld geliehen und dafür hohe Zinsen kassiert. Ihre Gegenleistung: farbig bedrucktes Papier namens Dollar. Interessant dabei, dass dieser Schwindel kaum jemandem auffällt. Und hinzukommt, dass die FED durch die Obligationen der US-Regierung das Pfandrecht, staatlich und privat, auf den Grundbesitz der gesamten Vereinigten Staaten von Amerika hat. Zahllose Gerichtsverfahren, um das FED-Gesetz rückgängig zu machen, waren bislang ohne Wirkung. Der erste, der es versuchte, war John F Kennedy, der am 04.Juni 1963 ein präsidiales Dokument verfasste (executive order no. 11110), um die FED zu kippen. Ganz durch Zufall wurde er angeblich durch einen verrückten Einzeltäter ermordet. Immer mehr Staaten versuchen, sich dieses Betruges zu entziehen, indem sie ihre Handelsbeziehungen auf Euro-Basis umstellen wollen, wie z.B. Irak, Iran, Venezuela, die durch die USA als Terroristen bezeichnet werden, um weiterhin wertvolle

Rohstoffe für wertlose Dollar einzukaufen. Der ehemalige Präsident James A. Garfield wusste schon damals zu berichten: ›Wer die Kontrolle über das Geldvolumen in einem Land hat, ist der absolute Herrscher über Industrie und Wirtschaft.‹ Selbst Präsident Woodrow Wilson, mit dessen Hilfe das Federal-Reserve-System eingeführt wurde, bereute später, indem er sagte ›Unsere große Industrienation wird durch ihr Kreditsystem in Schach gehalten. Das Wachstum der Nation und all unsere Angelegenheiten sind in den Händen von einigen wenigen Männern.‹ Und kurz vor seinem Tod soll er gesagt haben: Er sei getäuscht worden und habe sein eigenes Land betrogen. Bleibt nun abzuwarten, ob Präsident Obama und andere führende Politiker auf ihrem Sterbebett zu ähnlichen Erkenntnissen kommen.«

Wikipedia dagegen definiert dies, wie nicht anders zu erwarten, völlig unparteiisch und wertfrei wie folgt.

Das Federal Reserve System, oft auch Federal Reserve oder kurz Fed genannt, ist das Zentralbank-System der Vereinigten Staaten, das allgemein auch US-Notenbank genannt wird. « **Wikipedia**

„Vielleicht kann ich die Wahrheit finden, indem ich die Lügen vergleiche.“ ***Leo Trotzki***

Nun ja, wenn man bedenkt, dass Wikipedia ein Produkt der Mainstream-Medien ist, wird einem klar, dass man dort auch nichts anderes erwarten kann. Wirkliche Informationen werden einen dort vorenthalten. Kommen wir zu einem anderen Thema.

Die zwei großen Weltkriege:

Jeder glaubt zu wissen, wer die Verursacher der letzten zwei großen Kriege waren. In allen Geschichtsbüchern jeder Nation steht mehr oder weniger das gleiche. Für den Ausbruch beider Kriege waren natürlich die Deutschen verantwortlich, ohne Wenn und Aber. Im ersten Weltkrieg strebte der Deutsche eine große militärische Macht an und im zweiten Weltkrieg war eindeutig der durchgeknallte Hitler der Kriegstreiber! Logischerweise entsteht ein gewaltiger Widerstand in der sogenannten intellektuellen Szene wenn wir es wagen, in Diskussionen dem zu widersprechen. Dann werden sog. Fakten und Daten in den Raum geworfen, dass es nur so knallt. Das Problem dabei ist aber, dass sämtliche Argumente und Fakten lediglich nur aus den gängigen Schul- oder Geschichtsbüchern stammen. Oder von den immer sich wiederholenden Mainstream-Medien. Eine ehrliche und offene Diskussion kann da nicht wirklich entstehen. Das Internet dagegen bietet eine ganz andere Plattform. Jeder Mensch kann irgendwelche Informationen oder Beiträge ins virtuelle Netz setzen, was bedeutet, dass man Zugang zu den verrücktesten Beiträgen und Berichten erhält. Das heißt aber nicht, dass alle unweigerlich verrückt sein müssen. Obwohl dies dann, wenn eine Information nicht erwünscht ist, gerne behauptet wird. Nach dem Motto, naja im Internet kann ja alles irgendwie ausgelegt werden. (In den Mainstream-Medien nicht?) Inzwischen benutzt jeder Skeptiker dieses Argument. Das Internet sei unseriös und man solle doch lieber den allgemeinen Medien vertrauen. Nun ja, wer das immer noch nicht verstanden hat der brauch halt noch ein bisschen um die wahren Zusammenhänge zu verstehen.

Kommen wir zurück zu den letzten beiden großen Weltkriegen. Um ein Feingefühl für die damalige weltwirtschaftliche und politische Situation zu entwickeln ist es wichtig bestimmte Hintergründe zu verstehen.

Fangen wir, des Verständnisses wegen mit der Zeit der großen Kolonialisierung an. Ab 1520 breitete sich das damalige Europa als Herrschaftsmacht so aus, dass es andere außereuropäische Länder, auf Grund ihrer überlegenen militärischen- und wirtschlichen Macht, vereinnahmte und beherrschte. Länder wie Spanien, Portugal, Italien, Niederlande, Dänemark, Schweden, England (Vereinigtes Königreich) Frankreich und Deutschland (damals Preußen / Brandenburg) waren die Hauptkolonialisten. Jedes Land, das die Macht hatte über andere zu herrschen, nutzte dies aus und bildete Kolonien in anderen Regionen. Mit dem Ziel, die Ressourcen dieser Länder, für seinen eigenen Staat auszuschöpfen. Zu denen zählten menschliche Arbeitskräfte, also Sklaven und selbstverständlich die wichtigen Bodenschätze wie Gold und andere Erze (Werkstoffe), die man für die Herstellung von Waffen u.a. benötigt. Es ging prinzipiell nur um die eigene Bereicherung und der geostrategischen Machtposition eines jeweiligen Staates. Ein politischer, wirtschaftlicher und militärischer Konkurrenzkampf, mit offizieller Sklaverei beherrschte knapp 400 Jahre unseren Planeten. Länder wie Spanien, Portugal und Italien, die schon 1500 mit Sklaven handelten verloren immer mehr ihren Status als Großmacht, während England und Frankreich ihr Imperium weiter ausbauten. Die Besiedlung der damaligen genannten »Neuen Welt« wurde zum größten Teil von England und Frankreich getragen. Das damalige Amerika wurde nur durch Sklaven und kriminellen Machenschaften aufgebaut. Nachdem die meisten Indianer durch die Versklavung und deren unmenschlichen Behandlungen, sowie die für sie völlig unbekannten Krankheiten, wie Masern, Windpocken u.a. Kinderkrankheiten verstarben, florierte das Sklavengeschäft mit Afrika. Es entstand der sog. Dreieckshandel. Die europäischen Großmächte rüsteten Schiffe im großen Stil aus, beladen mit Waffen, Pulver, Pferden, Alkohol, Silber, Textilien, Tabak, Zucker und Manufakturwaren. Die Schiffe fuhren die westafrikanischen Küsten an, wo sie mit Stammesfürsten die mitgeführten Waren gegen Sklaven eintauschten. In einer zweiten Etappe steuerten die mit Sklaven beladenen Schiffe Amerika an, wo die Sklaven in der Neuen Welt zu höchstmöglichen Preisen verkauft wurden. Erneut beluden die Kaufleute ihre Schiffe, diesmal aber mit den begehrten Rohstoffen aus den Kolonien: Tee, Kaffee, Zucker, Baumwolle, Tabak, Gewürze und Edelmetalle. Erneut stachen die Händler dann in See und traten die Heimkehr nach Europa an. Dieser Dreieckshandel bereicherte Europa und seinen neuen Kontinent Amerika. Geschätzte 40 Millionen Afrikaner wurden so als Sklaven in die Neue Welt verfrachtet. Vielleicht kam die Hälfte nur lebend an, denn die Sklaven wurden buchstäblich wie Ware in die Schiffe zusammengepfercht. Sterbende Sklaven (Ware) hat man einfach übers Bord geworfen. Die Überlebenden hatte man dann aber, des Geschäfts wegen, ein wenig aufgepäppelt. Wunden wurden teilweise einfach nur übermalt.

Soviel zur Kolonialisierung und Machtentwicklung der damaligen Welt. Ich beabsichtige mit diesem Buch keine geschichtliche Aufarbeitung, denn da gibt es sehr empfehlenswerte Bücher wie z.B. *1939 Der Krieg der viele Väter hatte.* von Gerd Schultze-Rhonhof oder *Lügen in Krieg und Frieden* von Viktor Farkas, die diese Themen inhaltlich schon sehr detailliert beschrieben haben. Aber nichtsdestotrotz macht es Sinn, wenigstens im Groben die damaligen Zusammenhänge aufzuzählen, um den heutigen Istzustand zu verstehen. Alles Geschichtliche baute sich nur über brutalste Gewalt und totaler Ausbeutung auf. Es ging nie um das Wohl des Menschen. In den Geschichtsbüchern steht immer nur, dass es um die Befreiung irgendwelcher Länder, Staaten und Menschen ging. Was heute nicht anders ist. In den Nachrichten ist immer die Rede von der Befreiung unterdrückter Menschen. Die USA sprechen auch prinzipiell nur von einem Verteidigungsetat, den sie benötigen um das freie Amerika zu schützen. Kommen wir zurück zur Geschichte vor den zwei großen Weltkriegen. Die großen Kolonialmächte reduzierten sich nach und nach auf drei Staaten. Die Franzosen, Engländer und die USA. Alle anderen verloren immer mehr an Bedeutung. Im Osten gab es noch Japan und Russland, aber auch die sollten ihre geschichtliche Lektion erhalten. Geostrategisch, militärisch und wirtschaftlich beherrschte das Britische-Empire, gefolgt von den Vereinigten Staaten und Frankreich, die damalige Welt. Jedoch durch die Erfindung der Dampfmaschine von James Watt 1769 veränderten sich die Möglichkeiten, Geschäfte zu machen. Eine revolutionierende Erfindung sorgte dafür, dass die Kohleförderung, das Transportwesen durch den Bau von Dampflokomotiven die Schwerindustrie ankurbelte.

Die Textilbranche gewann durch die »Spinning Jenny« den mechanischen Webstuhl. Kurzum, dies war der Anfang der Industrialisierung.

Viele Bauern gaben ihre Selbstständigkeit auf und zogen in die Großstädte, um Arbeit zu bekommen. Es entstanden zahlreiche Fabriken, in denen eine maschinelle Produktion erfolgte. Ein einzelner Arbeiter an einer Maschine war von nun an in der Lage, zwanzigmal mehr zu leisten als ein Arbeiter ohne Maschine. Die Waren wurden schneller, günstiger und größtenteils mit besserer Qualität hergestellt. So wurde die Produktion um das Zweihundertfache gesteigert. Durch den Einsatz von Maschinen, entstand eine gewisse Bequemlichkeit der Arbeiter, da ihnen die meiste körperliche Arbeit durch die Maschinen abgenommen wurde. Zum einen wurde der Körper der Arbeiter - aufgrund des Einsatzes von Maschinen - nicht mehr so stark beansprucht, was sich positiv auf die Gesundheit auswirkte. Andererseits wurde die Gesundheit durch zu lange Arbeitszeiten (bis zu über 16 Stunden pro Tag) und durch die aufkommende verursachte Umweltverschmutzung stark geschädigt. Die ersten sog. Zivilisationskrankheiten entstanden. Bluthochdruck, Diabetes und Depressionen wurden immer häufiger diagnostiziert.

Deutschland befand sich derzeit noch in seiner Findungsphase und hatte noch keine wirkliche globale Bedeutung. Zu viele unterschiedlichste Maßeinheiten und Zollbestimmungen mussten zunächst einmal sortiert werden bevor Deutschlands Industrialisierung, erst um 1835, wirksam begann.

An dieser Stelle möchte ich gerne nochmals darauf hinweisen, dass es prinzipiell Sinn macht, sich eigene Quellen zu erschließen, um noch mehr Informationen über die wahre Geschichte zu bekommen.

Während das damalige Deutschland aus verschiedensten Königreichen, wie das Bayrische-, Preußische-, Hannoversche-, Württernbergische-, Sächsische und div. Klein- und Großfürstentümern bestand, gründeten diese 1815 mit den Nachbarn Königreich-Österreich den Deutschen Bund mit dem Hintergrund, nach der Niederlage Napoleons, die alten monarchischen Herrschaftsverhältnisse wieder herzustellen. 1866 scheiterte jedoch dieser Bund daran, dass zu viel Machtkampf zwischen Preußen und Österreich zum einen und eine gemeinsame Verfassung nicht realisierbar wurde, zum anderen. Nichtsdestotrotz wuchs seit 1835 die Industrialisierung in Deutschland so stark an, dass sie weltwirtschaftlich von großer Bedeutung wurde und eine Gefahr für der damaligen Weltherrschaft darstellte.

Hierzu einen kleinen Auszug aus dem Internet:

genossenschaftsgeschichte.info

»Die industrielle Revolution bezeichnet den Übergang von der traditionellen Handarbeit zur maschinellen Massenproduktion in Großbetrieben. Sie setzte in Deutschland ab Mitte des 19. Jahrhunderts ein. Kennzeichnend für die Industrialisierung waren revolutionäre Veränderungen bei den Produktionstechniken (Dampfmaschine, mechanischer Webstuhl), der betrieblichen Organisation (Fabriken, Aktiengesellschaften), dem Verkehrs- (Eisenbahn, Kanalbau,

Verbrennungsmotor) und Kommunikationswesens (Telegraphie, Telefon) sowie in der Gesellschaft (Bevölkerungswachstum, Großstädte, Bildung einer Arbeiterschicht, Pauperismus).

Die Anfänge des modernen Genossenschaftswesens reichen zurück bis in die Mitte des 19. Jahrhunderts. Zu dieser Zeit befand sich Deutschland inmitten einer Phase der Hochkonjunktur, nach wie vor getrieben durch die industrielle Revolution. «
genossenschaftsgeschichte.info

Rückblickend lässt sich die Industrialisierung in Deutschland in zwei wesentliche Phasen unterteilen: Die erste Phase erstreckte sich von Mitte der 1830er Jahre bis hin zur Gründerkrise im Jahre 1873. In dieser Zeit erwies sich anfänglich vor allem der Eisenbahnbau als Wachstumsmotor. Am 7. Dezember 1835 wurde die erste Bahnstrecke Deutschlands in Betrieb genommen. Sie führte über sechs Kilometer von Nürnberg nach Fürth. Bis 1840 gab es bereits 500 Kilometer Eisenbahnstrecke. Nochmals 30 Jahre später verband ein Schienennetz von fast 20.000 Kilometern die aufstrebenden Industrie- und Handelsstädte. Der gewaltige Eisen- und Kohlehunger der Eisenbahn und die Vorteile der Dampfmaschine sorgten zudem für einen lang anhaltenden Aufschwung der Montanindustrie, insbesondere im Ruhrgebiet, an der Saar und in Oberschlesien.

Die zweite Phase der deutschen Industrialisierung (auch als industrielle Ausbauphase bezeichnet) erstreckte sich anschließend an die Gründerkrise von 1873 bis zum Beginn des Ersten Weltkrieges im Jahre 1914. Neben der Montanindustrie entwickelten sich ab den 1880er Jahren die chemische Industrie und die Elektrotechnik zu neuen Zugbranchen. Die Dampfmaschine wurde zunehmend durch den Verbrennungsmotor abgelöst; das Automobil brachte nach der Eisenbahn den nächsten Umbruch im Transportwesen.

Innerhalb weniger Jahrzehnte hatte sich Deutschland von einer agrarisch geprägten Region in eine der führenden Industrienationen gewandelt. Eine wichtige Voraussetzung hierfür war bereits mit der Agrarrevolution zu Beginn des 19. Jahrhunderts gelegt worden. Bauernbefreiung, verbesserte Anbaumethoden sowie neue Kulturen und Geräte sorgten für eine Steigerung der landwirtschaftlichen Produktivität. Dies sicherte nicht nur eine bessere Lebensmittelversorgung und somit ein nachhaltiges Bevölkerungswachstum. Es sorgte auch für die Freisetzung der in den Fabriken benötigten Arbeitskräfte. Die Gewerbefreiheit – erstmals umgesetzt mit den Stein-Hardenbergschen Reformen 1810 in Preußen – beendete für große Teile der gewerblichen Wirtschaft die Reglementierungen des Zunftwesens.

Begünstigt wurde der wirtschaftliche Aufschwung auch durch die schrittweise nationale Einigung. Mit der Gründung des Deutschen Zollvereins hatten sich die deutschen Bundesstaaten bereits 1834 auf eine einheitliche Zoll- und Handelspolitik verständigt. Mit dem von Preußen dominierten Norddeutschen Bund ab 1866 und der Gründung des deutschen Kaiserreichs 1871 wurde schließlich ein einheitlicher Binnenmarkt geschaffen.

Am 23. April 1887 verabschiedete das englische Parlament eine Neufassung des »Merchandise Marks Act« von 1862: Danach musste auf allen Importartikeln, die mit englischen Fabrikaten verwechselt werden konnten, ein Hinweis auf das Produktionsland stehen – und zwar mit den Worten »Made in...« Mit dem Aufdruck sollten englische Kunden vor allem vor qualitativ minderwertigen Produktimitaten aus dem Deutschen Reich gewarnt werden. Doch die Idee kehrte sich ins Gegenteil: Statt Billigprodukten exportierte das aufstrebende Deutschland immer hochwertigere Industriegüter. Das Siegel »Made in Germany« wurde damit bald zum unverkennbaren Qualitätsmerkmal der zunehmend besseren deutschen Waren.

Weltweit wuchs die Nachfrage nach Deutscher Warenqualität. Ob deutsche Lokomotiven, Maschinen oder Werkzeugen, die Kaufkraft deutscher Artikel stieg ins Unermessliche. Deutschland stellte so die Machtposition des Britisch Empire in Frage. England beherrschte derzeit als größte See-, Kolonial- und Wirtschaftsmacht unseren Planeten. Da war Deutschland plötzlich ein großer Störfaktor. Man bedenke, dass es prinzipiell nur um Macht geht und um nichts anderes. Deutschlands wirtschaftliche Entwicklung musste gestoppt werden, da waren sich die Engländer, Franzosen und die USA einig. Deutschlands Wirtschaftswachstum auf dem Weltmarkt stellte für die führenden Mächte eine zu große Gefahr dar, dass nur ein Krieg zu einer Lösung führen konnte. Otto Bismarck soll in einem Gespräch gesagt haben: ***„Ein Krieg gegen England kann nur umgangen werden, wenn der deutsche Fleiß und sein Außenhandel weniger erfolgreich wäre, und das kann das deutsche strebende Volk nicht."***

So wurden unzählige Gründe von den westlichen Mächten inszeniert, um erst einen und dann einen zweiten großen Krieg gegen Deutschland anzuzetteln. Die klassischen Kriegsgründe finden wir in allen Geschichts- und Schulbüchern, in denen vom Wettrüsten und anderen Gründen der Machtergreifung die Rede ist. Man darf nur nicht vergessen, dass englische und amerikanische Großunternehmen vor und während der beiden großen Kriege permanent Geschäfte mit dem »fleißigen« Deutschen machte. Wie schon erwähnt, macht es wirklich Sinn, sich mit der wahren Geschichte mehr aus einander zu setzen. Erst dann versteht man viele jetzige Aktivitäten und Zusammenhänge besser. Um jetzt ein Cut zu machen, weil die nächste epochale Lüge ein sehr brisantes Thema darstellt möchte ich nochmals diese, schon erwähnten zwei Bücher zu diesem Thema empfehlen. ***1939 Der Krieg der viele Väter hatte*** von Gerd Schultze-Rhonhof und ***Lügen in Krieg und Frieden*** von Viktor Farkas.

„Überzeugungen sind oft die gefährlichsten Feinde der Wahrheit.“
Friedrich Nietzsche

» An dieser Stelle hatte ich ein Unterkapitel beabsichtigt. Ich habe sehr gewissenhaft und viel für dieses Kapitel recherchiert. Aber auf Wunsch meiner geliebten Frau und meines Vaters habe ich aus Sicherheitsgründen Abstand von diesem Kapitel genommen. «

?

Was ich sehr bereue!

„Man kann alle Leute einige Zeit und einige Leute alle Zeit, aber nicht alle Leute alle Zeit zum Narren halten.“

Abraham Lincoln

Wohl wahr, was da Abraham Lincoln gesagt hat. Aber es wird die Zeit kommen, wo jede Wahrheit offen ausgesprochen werden darf, davon bin ich überzeugt. »Und wieder möchte ich meine Leser daran erinnern dass ein mündiger Mensch niemals alles einfach glauben sollte. Er sollte prinzipiell offen sein für neue Gedanken. Er sollte stets alles hinterfragen und selbst bereit sein zu recherchieren. Erst dann entwickelt sich ein Verständnis zur Wahrheit.«

Fahren wir fort und betrachten die Brutstätte aller Illusionen. Der damalige Filmpionier David Wark Griffith, im Jahr 1910, begann mit einem siebzehnminütigen Stummfilm *In Old California* in Kaliforniern seinen Start und sorgte dafür, dass weitere Filmprojekte wegen den idealen Wetterbedingungen folgten. Die berechenbaren Sonneneinwirkungen waren für die damaligen Kameras optimal und so entwickelte sich ein Sitz in Kalifornien, später Hollywood, als ein idealer Ort zu filmen. Die eigentliche Initialzündung ereignete sich dann im Jahr 1911, als die Gebrüder David und William Horsley am 27. Oktober das erste Filmstudio in Hollywood eröffneten: die »Nestor Motion Picture Company«. Von da an wurde die Film- und Unterhaltungsindustrie immer mehr staatlich kontrolliert. Man erkannte schnell, welchen Einfluss Filme auf die menschliche Psyche haben. Es wurden prinzipiell nur Filme im großen Stil finanziert die bestimmte Ideologien vertraten. Die Filmindustrie fing an zu boomen. Bekannte Regisseure (wie u.a. Alfred Hitchcock, Steven Spielberg, Roland Emmerich und Co), die beeinflussende Filme produzierten wurden generell gefördert. Eine Lobby jüdischen Ursprungs war stets in den führenden Gremien, um dafür zu sorgen, dass der richtige Kurs eingehalten wird und so entstand eine mächtige Filmindustrie und gleichzeitig ein gewaltiges Instrument, die Menschen zu beeinflussen. Propaganda wurde teils märchenhaft verpackt und Unwahrheiten wurden zu angeblichen Legenden. Regelmäßige Oskarverleihungen belegen immer wieder von Neuem, welcher politische Wind weht. Filme wie Odessa, Schindlers Liste, Marathon Man, Rambo u.a. sind nur einige Beispiele. Da gibt es Filme wie, Lone Survivor, die in Afghanistan aus dem Blickwinkel des Aggressors gedreht wurden und wo der Held, ähnlich wie ein Revolverheld gegen die bösen Indianer (Taliban) kämpft. Natürlich immer im Sinne der amerikanischen Freiheitskämpfer. Inzwischen bestehen feste Beziehungen zwischen dem Militär, der Forschung und der Filmindustrie. Denn die Filmindustrie versteht es, die Menschen auf evtl. Katastrophen, wie Natur-, Umwelt- und terroristische Anschläge vorzubereiten. Filme wie Armageddon, Deep Impact, Independence Day u.a. zeigen, wie das Militär in der Lage ist, gegen jeden angeblichen Feind vorgehen zu können. Schon lange arbeitet die Filmindustrie mit dem Militär und der Forschung zusammen und kassiert zum Teil aus gleichen Töpfen ihr Geld.

Man muss sich nur anschauen, wer in den Gremien der Oskarverleihungen sitzt. Jeglicher Zweifel über das, was ich hier schreibe löst sich schnell auf, wenn man sich die Zeit nimmt, dies Geschriebene, hinterfragen zu wollen. Ich appelliere nach wie vor an den Fleiß meiner Leser! Trotzdem es zu diesem Thema noch sehr viel zu schreiben gäbe, möchte ich hier an dieser Stelle Dem ein Ende setzen und kurz noch einmal auf die Manipulation zurückkommen. Sie stellt den Grundstein für eine Scheinwelt, in der wir leben, dar.

Da ist Avram Noam Chomsky, (geb. am 7. Dez.1928), Professor für Linguistik besonders zu erwähnen. Er ist ein bedeutender Kritiker des Behaviorismus (abgeleitet aus dem engl. behavior „Verhalten"), mit dem sich die »Elitemenschen« intensiv beschäftigten. Chomsky ist nicht nur bekannt geworden durch seine permanente Kritik gegen die amerikanische Regierung, sondern auch durch seine Abhandlungen wie seiner: »Generativen Transformationsgrammatik", seines »Propagandamodells« oder seiner »10 Strategien der Manipulation«, in denen es heißt:

1. Kehre die Aufmerksamkeit um! Lenke die Aufmerksamkeit der Masse auf unwesentliche Dinge um von wesentlichen Dingen abzulenken. Die Menschen sollen permanent abgelenkt werden um keine Zeit zu finden eigenen Gedanken nachgehen zu können.

2. Erzeuge Probleme und biete die Lösungen! (Problem-Reaktion-Lösung) Trotz eigener Freiheitsbeschneidung wird dann wegen der angeblichen „Bedrohung“ alles akzeptiert.

3. Stufe Änderungen ab! Gründung des Neoliberalismus. Bediene dich der Pseudointellektuellen um eine neue Wahrheit zu kreieren. Pseudointellektuelle (auch Homosexuelle) werden instrumentalisiert und relevante Gesetze werden hinter verborgener Tür verabschiedet.

4. Aufschub von Änderungen. Permanentes Hinhalten von Versprechungen und immer wieder von: »Alles wird gut« zu reden. Steuererhöhungen und Gesetzesänderungen werden so gerechtfertigt und als notwendig abgetan.

5. Sprich zur Masse wie zu kleinen Kindern. So wird Unreife und Unmündigkeit suggeriert und die Menschen schauen von unten nach oben.

6. Konzentriere dich auf Emotionen und nicht auf Reflexionen. Angst, Schock und andere Gefühle lenken vom rationalen Denken ab.

7. Versuche die Ignoranz der Gesellschaft aufrechtzuerhalten. Die Bildung der Gesellschaft soll auf niedrigsten Niveau gehalten werden.

8. Entfache in der Gesellschaft den Gedanken, dass sie durchschnittlich sei. Es soll jeder glauben sein horizontaler Level sei normal und es gibt Fachleute an den man sich wenden kann.

9. Wandle Widerstand in das Gefühl des schlechten Gewissens um. Jeder soll glauben er sei selbst Schuld für seine Situation in der er sich befindet. So entsteht Frustration, Depression und Hilflosigkeit. Widerstand und Revolution werden so keine Chance haben.

10. Lerne Menschen besser kennen, als sie es selbst tun. Die Menschen werden so abgelenkt, dass sie sich immer mehr von sich selbst entfremden, aber gleichzeitig immer mehr outen wenn es um ihre eigenen Neigungen geht. Große Internet- und Werbeplattformen lassen den Menschen gläsern werden. Was von oben schamlos ausgenutzt wird.

Die »10 Strategien der Manipulation« sollten erst einmal verdaut werden. Denn Fakt ist, dass sie als klare Methodik global angewandt werden.

„Die Welt wird von ganz anderen Persönlichkeiten regiert, als diejenigen glauben, die nicht hinter die Kulissen blicken.“

Benjamin Disraeli

Kommen wir zum **Flexner Report**:

Denn auch dieser zählt zu den entscheidendsten epochalen Lügen. 1907 begann die American Medical Assoziation und beauftragte die Carnegie Foundation eine umfangreiche Studie über eine medizinische Bildung in der USA und Kanada zu unternehmen. Diese ist als der IV. Bericht der Carnegie Stiftung bekannt. Der Autor und ambitionierter Pädagoge Abraham Flexner war weder Arzt noch medizinischer Wissenschaftler, aber sein Bruder Simon Flexner war Angestellter bei dem Institut für medizinische Forschung der Rockefeller-Stiftung. Abraham Flexner wurde aber später Generaldirektor des philanthropischen Programms der medizinischen Bildung.

Andrew Carnegie wurde als zweitreichster Mann, gleich nach den John B. Rockefeller betrachtet, während Carnegie eine weitreichende Rolle in der Stahlindustrie und Bildung hatte, beschäftigte sich Rockefeller mit der Ölindustrie und medizinischen Forschungen. Die Flexner-Studie wurde 1910 veröffentlicht. Ihr Ziel war die medizinische Dienstleistung durch die Einrichtung einer professionellen medizinischen Bildung, die auf wissenschaftliche Prinzipien beruhte, zu erhöhen. Eine fragwürdige Wissenschaft! Darin heißt es, dass alles, was existiert, nur auf materieller Ebene funktioniert. Auch alle Phänomene wie Bewusstsein, Seele und Geist nur das Resultat von materialer Wechselwirkung wären. Mit anderen Worten: Materie ist das einzig existierende. Der wissenschaftliche Materialismus wurde so der Anfang des 20Jahrhunderts.

Wenn eine Hypothese unendliche Mal wiederholt wird, mutiert sie zu einem fundamentalen Maßstab, der dann als Wahrheit angesehen wird. Vor der Veröffentlichung des Flexner Reports war die alternative Medizin mehr als doppelt so weit verbreitet wie die Schulmedizin. Das medizinische Wissen wurde derzeit nur in kleinen privaten Schulen gelehrt. Der Flexner Report veränderte alles. Von der Polizei aller Bundesstaaten unterstützt, wurden die medizinischen Fakultäten gezwungen, sich dieser neuen Richtung zu beugen, die von der Carnegie Foundation vorgeschrieben wurde. Dort wurde behauptet, der menschliche Körper gehöre dem animalischen Bereich an und der Körper lebt, stirbt und verfault. Seine Bedrohungen seien nur biologisch-bakterieller und chemischer Natur. Alternative Medizin wurde verteufelt und kleinere medizinische Fakultäten wurden geschlossen. Innerhalb von 10 Jahren sank die Anzahl der medizinischen Fakultäten von 650 auf 50 und die Anzahl von Medizinstudenten von 7500 auf 2500. Die medizinischen Fakultäten wurden staatlich kontrolliert und Studienplätze unerschwinglich. Medizinische Fakultäten durften nur noch mit Erlaubnis des Staates gegründet werden und das hat sich bis heute nicht geändert. Der Staat kontrolliert mit Hilfe der Pharmaindustrie die Gesundheit des Menschen, fördert das Impfen und gründet am 7. April 1948 die WHO um die Schirmherrschaft der Medizin für den gesamten Planeten zu bekommen. Jährlich sterben in den USA ca. 800.000 Menschen an den Fehlbehandlungen und den Medikamenten. In den gesamten Industriestaaten weltweit sterben mehr als 100 Millionen Menschen an den ärztlichen Behandlungen und deren Medizin. Hinzu kommen die pathogenen (krankmachenden) Lebensmittelzusätze, die Pestizide und die Impfstoffe der Pharmaindustrie, die den Menschen schwer gesundheitlich belasten. Nach dem Ende des 2. Weltkrieges wurde durch die WHO eine weitere kriegerische Institution gegen die Menschheit gegründet. Dazu später mehr.

Die letzte große Epochale Lüge ist der:

9.11 Anschlag

Wussten sie, dass nicht eine einzige Passagiermaschine in die Towers oder dem Pentagon geflogen ist, noch Osama Bin Laden etwas damit zu tun hatte. Das alles nur ein gewaltiger Fake war. Hierzu möchte ich ein sehr packendes und gut recherchiertes Buch von Gerhard Wisnewski vorstellen. **„Geheimakte 11. September - Wie der Globus gekidnapped wurde“**

Hinweis zum Buch:

Zum 5. Jahrestag der Attentate vom 11. September 2001 lieferte Gerhard Wisnewski am 10.9.2006 einen packenden Einblick in die neuesten Entwicklungen und Recherchen in Sachen 9/11 und präsentierte neue Erkenntnisse und Zeugen dafür, dass der 11.9. aus dem Inneren der USA gesteuert wurde. In seinem Vortrag entlarvt er neue Täuschungen des Pentagon ebenso wie er Insider und Experten vorstellt, die über den wahren Ablauf der Ereignisse berichten. Am Schluss entwirft er ein faszinierendes Szenario der Anschläge, das dem neuesten Stand der Forschung entspricht und viele bisherige Erklärungsprobleme löst. Ein Muss für jeden, der die wahren Hintergründe des 11.9. erfahren will! Gerhard Wisnewski ist einer der profiliertesten Vertreter der globalen Aufklärungsbewegung in Sachen 11. September 2001. Er drehte weltweit den ersten kritischen Dokumentarfilm über die Attentate des 11.9.2001 für einen großen Sender (Aktenzeichen 11.9. ungelöst, mit W. Brunner) und schrieb fünf Bücher zum Thema Terrorismus. Vortrag gehalten in der Rudolf Steiner Akademie, Holzen am 10.09.2006

Inzwischen gibt es unzählige andere gute Bücher und Dokus über den 9/11-Anschlag.

Ich könnte dem einiges hinzufügen, aber ich glaube nicht dass das notwendig ist. Jeder wache und freie Geist weiß inzwischen, wer die wirklichen Drahtzieher des weltweiten Terrors sind. Auf Grund dessen möchte ich auf dieses Thema nicht weiter eingehen und dies lediglich nur als eine weitere epochale Lüge erwähnen.

Hier noch einmal eine kleine Zusammenfassung bevor wir zum nächsten Kapitel kommen.

1. Das künstlich erzeugte Geldsystem – der Untergang der Titanic – und die Gründung der FED

2. Die Erfindung der Viren – um einen neuen Feind und weitere Ängste zu schüren.

3. Das Impfen – unzählige, ängstliche und kostenlose Probanden besitzen.

4. Die isolierte Menschheit – durch angebliche heiße Sonnen.

5. Die angebliche Mondlandung – und ein vorgetäuschter toter Mond.

6. Zwei große Weltkriege – die Industriemacht Deutschland wird verheizt.

7. Ein zu brisantes Thema über das ich erst einmal nicht öffentlich schreibe.

8. Hollywood als größte Propagandamaschinerie weltweit.

8. Der 9/11 Anschlag als größter False Flag (Operation unter falscher Flagge).

Kapitel III.

DIE MATRIX
und deren Technik!

Die individuelle Wahrnehmung deines Selbst in Verbindung mit dem Außen könnte man mit den Begriff »Matrix« definieren. Was so viel heißt, ein Jeder nimmt sein eigenes Leben so wahr, wie er es fähig ist, wahrnehmen zu können.

Ist die Matrix lediglich nur ein Produkt deiner persönlichen Wahrnehmung oder vielleicht nur ein Gebilde, das von außen künstlich erzeugt wird?

Ich glaube, des Verständnisses wegen, auf dieses Thema noch mehr eingehen zu müssen. Ich bin davon überzeugt dass die meisten meiner Leser dieses Phänomen kennen. Man sitzt irgendwo, genießt die Ruhe und beobachtet das Geschehen um ein herum. Dann plötzlich, ganz unerwartet übermannt einen das Gefühl in einen Film zu sein. Man hat das Gefühl, als sei man ein Zuschauer, wie in einem Kino, alles wirkt so unrealistisch und nach kurzer Zeit pendelt sich alles wieder ein und wir befinden uns wieder in unserer sog. realen Welt. Der Alltag hat uns wieder eingefangen. Sofort fallen uns die Dinge ein, die für uns so wichtig zu sein scheinen.

Ist unser Dasein vielleicht nur ein Programm, ähnlich wie das eines Computerspiels. Ein Programm was von ganz anderen programmiert wurde. Wenn dem so sei, wer sind dann die Programmierer? Oder gibt es da so ein Zwischending, zwischen einem Computerspiel und einer manipulierten Realität? Kann es sein, dass unsere Realität chemisch, physikalisch und biologisch gesteuert wird, so dass wir einem allgemeinen Trugbild unterliegen, was unsere Realität betrifft. So wie ich es schon im ersten Kapitel über den Fernseher beschrieben habe. Wie dem auch sei, unsere wahrgenommene Realität wird künstlich manipuliert, wird künstlich erzeugt. Wir Menschen werden spirituell in eine Richtung gelenkt und zwar in die, die für uns nicht von Vorteil ist. Warum behaupte ich das? Na dazu braucht man sich ja nur mal richtig umschauen, was mit der Menschheit geschieht. Man schuf eine Matrix des Grauens. Unendliches Leid durch Kriege, Hunger, Elend, und totaler Ungerechtigkeit erfüllt unseren Planeten. Das sind die Tatsachen die die meisten Menschen täglich erleben und wir durch die Medien täglich erfahren. Eine Handvoll von Menschen(?), die die sog. Elite darstellt, managt alles und entscheidet was auf diesem (unserem) Planeten passiert. Da gibt es, für mich, keine pseudointellektuelle Diskussion mehr, ob wir von denen gelenkt werden oder ob dies nur eine Verschwörungstheorie sei. Dieser abgewrackte Begriff (Verschwörungstheorie) ist inzwischen schon so lächerlich geworden, und doch wird er immer wieder als Instrument in Diskussionen missbraucht. Die Ahnungslosen schütteln dann mitleidvoll den Kopf und die Diskussion wird sogleich abgewürgt. Jedes noch so gute Argument hat in solch einem Moment, keine Chance mehr. Die Pseudointellektuellen brauchen sich weiter keinen Kopf mehr zu machen, denn irgendwie ist das nun mal so und da können wir eben nichts ändern. Dafür haben wir ja schließlich gewählt, um das die da oben sich den Kopf für uns darüber zerbrechen.

Meine so simple Beschreibung des einfach gestrickten Denkmusters, finden wir in allen gesellschaftlichen Schichten. In diesem Zusammenhang ist es wichtig zu verstehen, dass man hier schon fast von einer weiteren epochalen Lüge oder Methodik sprechen kann. Die unterdrückende und ausbeutende Elite lässt dem Volk bestimmte Begriffe über die Medien zukommen, die vom Kern her die Wahrheit aussagen, aber raffiniert verdreht werden diese dann vom ahnungslosen Volk falsch interpretiert und gegen die Hinterfragenden selbst verwendet. So kann jeder, der der Wahrheit (der wirklichen Verschwörung) näher kommt, als Spinner abgetan werden. Ein Beispiel soll dies veranschaulichen. Auf SAT 1 (2011) behandelte Johannes B. Kerner in einer Talk Show das Thema „Chemtrails". (Chemtrails werden die sog. Kondensstreifen genannt die sich über Stunden am Himmel ausbreiten und Schleierwolken verursachen.) Eingeladen dafür wurden Werner Altnickel und andere Gäste. (Werner Altnickel, Radio- und Fernsehtechniker und Monteur für Solaranlagen) war von 1987 bis 2004 bei Greenpeace als Friedensaktivist tätig, bis man sich von ihm, wegen seiner Chemtrailsaktivitäten, trennte. Was bedeutet, dass die Organisation Greenpeace inzwischen von den Chemtrailsverantwortlichen infiltriert war). In dieser Talkshow zeigte man einen kurzen Filmbeitrag über Altnickel und seine Erkenntnisse über die Chemtrails. Auf die Frage, was man nun gegen diese Schwermetalle, die von den Chemtrails ausgehen, wie Barium, Strontium, Aluminium u.a. unternehmen könne, erwähnt Altnickel im Interview das Bentonit, ein Produkt was aus Vulkanasche hergestellt wird, Schwermetalle bindet und hilft, diese aus dem Körper besser auszuscheiden. Selbstverständlich muss dieses Bentonit käuflich erworben werden. Kaum ausgesprochen wird ein anderer Beitrag über eine Frau gezeigt, die ein seltsames Gerät namens »Cloudbuster« in ihren Garten aufgestellt hat. Dieses Gerät besteht aus eine, in Harz gegossenen, Pyramide in der unterschiedliche Metalle und Kristalle vorhanden sind. Aus der Spitze der Pyramide ragt ein langes Kupferrohr heraus. Dieser Cloudbuster soll dazu dienen, die Schwermetalle zu neutralisieren, bzw. sie auch zu verdrängen. Sogleich wird der Preis von ca. 149,00 € genannt und der Film schwenkt über zu zwei alten Männer, die das Modell einer Erdkugel, in Größe eines Basketballs vor sich haben. Sie behaupten, dass unsere Erde in Wirklichkeit hohl sei und wir nicht auf, sondern im inneren der Erde leben. Das Modell zeigt eine aufgeschnittene Erde, in der sich im Inneren ein Mond, Sonne und Planeten befinden. Wieder ein schneller Schwenker zum anderen Thema. Ein anderer Mann berichtet darüber, dass Atlantis nicht ein Kontinent war sondern ein gewaltiges Raumschiff und zum Schluss wird eine Gruppe gezeigt, die bei Vollmond und Trommelklängen mit dem Mond, der dann auch zur »Vollmondin« wird, kommunizieren. Die knapp acht minütige Filmzusammenschnitte sorgten am Ende für ein Gelächter des Publikums bei B. Kerner. Dieser wiederrum beschwichtigt, ironisch, das Publikum, das doch ein jeder glauben kann, an was er will. Dann wird die Werbung eingeblendet. Raffiniert wurden Themen so für das Publikum zusammengeschnitten, dass das naive unwissende Volk natürlich nur darüber lachen konnte. Soviel zur seriösen Berichterstattung der Mainstream Medien und deren Umgang mit zum Teil ernstzunehmenden Themen.

Der postmoderne Neoliberalismus, der die Leichtgläubig- und Gutmütigkeit der naiven Pseudointellektuellen voll und ganz ausnutzt, funktioniert einwandfrei. Im Helfersyndrom wird die eigene Struktur vergessen. Toleranz wird mit Dummheit verwechselt. Die Matrix wirkt. Ein jeder fühlt sie und lebt in ihr. Die Medien tun ihr Bestes.

Und ein jeder steht morgens auf und empfindet sein Dasein als wahre Realität. Er atmet tief durch, um Luft zu holen, hört sein Lieblingssender und macht sich seinen Kopf, was er noch heute alles zu erledigen hat. Nebenbei hören wir über neue Anschläge im Irak, Afghanistan und anderswo. Die Arbeitslosenzahl ist gesunken und das Bruttosozialprodukt hat zugelegt. Alles scheint soweit seinen Gang zu gehen. Zwischendurch hören wir über den neuen Don Jones Index und welches Wetter wir heute zu erwarten haben. Willkommen in der Matrix.

Doch das alles ist ein von außen geschaffenes Konstrukt, das dazu beiträgt unser Bewusstsein auf ein bestimmtes Level zu manipulieren. Ja, ich behaupte, dass wir Menschen, vorsätzlich auf ein niederes Niveau mit Hilfe von chemischen, physikalischen und biologischen Einflüssen heruntergezüchtet werden. Unsere Frequenz wird nach unten gedrosselt. Denn alles besteht aus Frequenzen, alles ist Schwingung und alles hat seine eigene Schwingung, sprich Frequenz. Jedes Lebewesen, jeder Stein, ja jedes Ding besteht aus Schwingungen und reagiert auf die Schwingungen, die auf ihn einwirken. Es ist eine ständige Wechselwirkung untereinander. Jeder kleinste, auch leiseste Ton übt Einfluss auf das gesamte Dasein aus. Auch unsere Gedanken sind im gewissen Sinne schon Schwingungen. Aus diesem Blickwinkel heraus sollte man verstehen, wie einfach die Psyche eines Menschen zu beeinflussen ist. Permanente Schwingungswiederholungen verändern die Grundschwingung eines jeden. Konditioniert vom Staat, (Nachrichten und Werbung) Eltern, Verwandten, Bekannten, Freunden und einem selbst sind unsere Schwingungen geradlinig so eingestellt, wie sie sein sollen, eben Matrixfrequentiert. Außerdem werden wir nonstop durch die elektronischen Medien, Lebensmittelzusätze, Pestizide, Impfungen und seit über 15 Jahren durch die Chemtrails auf die richtige Frequenz eingestellt.

Nach der Matrix zu urteilen, muss das Ziel wohl sein, den Menschen zu einem niederen Wesen herunter zu züchten um ihn so bestens kontrollieren zu können. Was daraus resultierend bedeutet, dass der Mensch, ungebremst, sich zu einem höheren Wesen entwickeln würde. Vielleicht zu einem erwachsenen, kosmoloiden Menschen. Einen Menschen der die Reife besitzt, sich den kosmischen Belangen zuzuwenden.

Ein Mensch, der sich nicht mehr nur von seinen Trieben leiten lässt, ein Mensch der sich nicht mehr von Ängsten beeinflussen lässt und der sich nicht mehr versklaven lässt.

Die Gestaltung und Aufrechterhaltung einer Matrix besteht prinzipiell nur durch die Schaffung der Angst!

Kapitel IV.

FEINDE SCHAFFEN
Angst als Instrument

Je mehr Feinde ein Mensch (im Prinzip jedes Lebewesen) hat, desto mehr muss er (es) auf der Hut sein. Er muss permanent darauf achten, dass er nicht zu Schaden kommt, dass ihm kein Leid zugefügt wird. Er hat so nicht viel Zeit, sich mit anderen Dingen zu beschäftigen. Keine Zeit globale Hintergründe zu verstehen. Und genau das ist die Haupttechnik zur Schaffung eines niederen Bewusstseins.

Man schürt Angst auf allen Ebenen, in allen Bereichen. Es werden Religionen geschaffen, um sie später gegeneinander aufzuhetzen. Es werden ideologische (politische) Meinungen geschaffen, um sie, im richtigen Moment, gegeneinander aufzuwiegeln und es werden Ländergrenzen gezogen, um spätere Unruhen und Konflikte vorzuprogrammieren. Natürliche Bakterien werden zu Feinden degradiert und sog. Viren (frei erfunden) sorgen für noch mehr Ängste.

Man finanziert und unterstützt kriminelle Vereinigungen und erschafft so den Terrorismus, der dann bekämpft werden muss. Durch sogenannte False Flag Operationen (Operation unter falscher Flagge) werden regelmäßig weltweit Anschläge inszeniert um ein Bild des Terrors und der Angst zu schüren. Vorgetäuschte Kriege gegen einen bösen Feind lassen ganze Bevölkerungen das Land verlassen. Es werden angebliche Friedensdemonstrationen entfacht, die dann zu bitteren Schlachten ausarten, in denen Scharfschützen letztendlich auf alle Beteiligten schießen. Die Panik wird zum Instrument. Selbstverständlich sorgt die Presse immer für den verantwortlichen Bösewicht und den Menschen wird ein Feindbild suggeriert. Die Politik bietet uns fortwährend alle Varianten. Es gibt die linken Roten, die Grünen, die Braunen, die Sozial-Roten, die Gelben, die Blauen und die rechten Schwarzen. Ein jeder kann sich mit irgendeiner Ideologie identifizieren und diese vertreten. Die Rechten sind prinzipiell gegen Toleranz und Fortschritt und die Linken prinzipiell gegen Altbewehrtes und Tradition. Die Grünen sind für Ökonomie und Gleichberechtigung, die Sozis sind für soziale Gerechtigkeit und die anderen eben für irgendetwas dazwischen. Für jeden gibt es irgendeine Weltanschauung, mit der man sich identifizieren kann. Geschickt eingefädelt, die meisten Menschen glauben diesen ganzen Schwachsinn und merken nicht die Explosivität des Ganzen.

Inkompetenz bei den Ministern/innen gehört zur Tagesordnung und wird vom schlafenden Volk nicht hinterfragt. Was hat eine Frau (Ursula von der Leyen), die Medizin studierte mit der Verteidigung zu tun. Das »Verteidigungsministerium« dient lediglich nur dem Angriffs! Das Finanzministerium dient nur den Banken, das Bildungsministerium sorgt dafür, dass die Menschen dumm bleiben, das Ministerium für Arbeit und Soziales sorgt für die Versklavung der Menschen und das Ministerium für Gesundheit unterstützt nur die Pharmaindustrie. Die Medien tun ihr Bestes um uns völlig zu verblöden und verbreiten prinzipiell nur schlechte Nachrichten. Angst, Angst und nichts weiter als Angst ist ihre Botschaft. Eine Strategie die voll und ganz aufgeht. Mit sog. Friedens- und Hilfsorganisationen werden sogar Kriege und Terror erst gefördert. Wie z.B. die Amnesty International, die 1961 von einen gewissen Peter Benenson, gegründet wurde. Peter Benenson hieß ursprünglich Peter James Henry Solomon, geb. 31. Juli 1921 in London; verstorben am 25. Februar 2005 in Oxford) er war ein britischer Anwalt, Politiker der Labour Partei und Gründer der Menschenrechtsorganisation *Amnesty International.* Er wurde in London in einer jüdischen Familie geboren, als einziges Kind von Harold Solomon, einem Offizier der britischen Armee, und Flora Benenson, einer in Russland geborenen aktiven Zionistin. (**Info aus Wikipedia**) Die *Amnesty International* ist eine Organisation, die sich laut ihrer Berufung für Menschenrechte einsetzt. Die Organisation recherchiert Menschenrechtsverletzungen, betreibt Öffentlichkeits- und Lobbyarbeit und organisiert unter anderem Brief- und Unterschriftenaktionen für alle Bereiche ihrer Tätigkeit.

Und genau durch deren Pseudo-Recherchen werden erst Kriege legitimiert. Immer wieder werden grausame Menschenrechtsverletzungen, sowie zum Teil absurde Gräueltaten erfunden, um eine kriegerische Stimmung zu erzeugen, die dann NATO Einsätze in solchen Gebieten öffentlich zulassen. So wurde behauptet, irakische Soldaten hätten Babys aus Brutkästen genommen und auf den Boden geschmissen. *Amnesty International* bestätigte dies, obwohl die Aussage inzwischen eindeutig widerlegt wurde. So gibt es unzählige Fälle, die belegen, mit welchen Tricks gearbeitet wird. Die jüngsten Beispiele beziehen sich auf Syrien, wo *Amnesty International* behauptet, Assads Truppen würden ihr eigenes Volk massakrieren, was ebenfalls nur der Kriegstreiberei dient. Zu diesem Thema könnte ich ein ganzes Buch schreiben, aber das haben bereits andere Autoren schon ausführlich getan. Auch die anderen großen humanitären Organisationen wie die Vereinten Nationen und deren Unterorganisationen dienen unterm Strich nur der globalen Politik und deren militärischen Interessen. Die WHO sorgt ständig für die Verunsicherung der Menschen mit einem Feindbild im Mikroskopischen. Ich glaube, schon genug über dieses Thema geschrieben zu haben und möchte mich nun einem anderen Inhalt widmen.

Kapitel V.

VERALTETE TECHNOLOGIEN

(Evolution?)

»Tesla und Co.« soll die Einleitung zum fünften Kapitel heißen. Denn genau dies öffnet eine neue Sichtweise über unsere wahre (verborgene) Technologie.

Schon in der Antike gab es Erfindungen die an heutige Techniken erinnern. Ktesibios aus Griechenland (285 – 222 v. Chr.) erfand z.B. ein Gerät, das er Clepsydras nannte. Diese Konstruktion war mit einem Zifferblatt und Zeigern ausgestattet und diente zur Messung der Zeit. Außerdem soll es sogar mit einem Alarmsystem ausgestattet gewesen sein (ein Wecker?). Weitere große Erfinder und Entdecker wie Pythagoras, Euklid, Archimedes und andere waren vor mehr als 2300 Jahren, intellektuell in der Lage, physikalisch-mathematische Gesetzmäßigkeiten nicht nur zu verstehen sondern auch technisch umzusetzen. So wird berichtet wie Archimedes (287 – 212 v. Chr.) römische Schiffe mit Hilfe von Parabolspiegeln in Brand gesetzt haben soll. Es soll eine riesige Archimedes-Kralle gegeben haben, die mechanisch in der Lage war, römische Kriegsschiffe zermalmen zu können. Außerdem soll er raffinierte Katapultsysteme entwickelt haben, die enorme Massen schleudern konnten. Gehen wir von einer antiken Technologie aus, die der unseren, heutigen »bekannten«, nicht unbedingt hinterherhing. Nur eben war das vor 2300 Jahren. Höchst wahrscheinlich war dies auch nur eine Epoche von vielen anderen Epochen davor.

Was passierte mit diesem Wissen? Ging dieses einfach durch unzählige Kriege verloren? Oder wurde dieses Wissen von einer Elite über zig Generationen gehortet, gesammelt und im Geheimen weiterentwickelt? Entstand so eine Paralleltechnologie zum gemeinen Volk? Des Verständnisses wegen macht es Sinn, sich noch einmal mit der Schaffung der allgegenwärtigen Matrix zu beschäftigen. Denn diese sollte primär im Hinterkopf erhalten bleiben. Recherchen zu diesem Thema führen automatisch zu einem genialen Denker und Erfinder, einfach einem Universalgenie, wie den vor ca. 550 Jahren lebenden Leonardo Da Vinci (15. April 1452 – 2. Mai 1519). Leonardo beschäftigte sich letztendlich mit allen physikalischen, mathematischen, biologischen, philosophischen und künstlerischen Dingen die das Leben ausmachen. Es gab nichts, mit dem er sich nicht auseinandersetzte. Er entwickelte funktionierende Flugkörper, Unterseeboote, effektive Kriegsmaschinen und andere Bauunterstützende nützliche Geräte. Außerdem erforschte er die Natur, den menschlichen Körper, Tiere und das Element Wasser, dem er einen besonderen Blickwinkel schenkte. Er war ein Musiker, genialer Maler, Bildhauer und auch ein Architekt. Summa summarum war Leonardo Da Vinci ein Universalgenie ohne gleichen. Aber auch so ein Universalgenie braucht Connection. So wurde er von einer der einflussreichsten Familien weiterempfohlen.

Die Familie De Medici war im Florenz des 15. und 16. Jahrhunderts eine der einflussreichsten Kräfte im Kampf um Macht, Reichtum und Ansehen. Durch geschicktes Taktieren und ein unbarmherziges Ränkespiel stieg sie von einer wohlhabenden, aber unbedeutenden Familie, zu einer der einflussreichsten italienischen Dynastien ihrer Zeit auf. Im 16. und 17. Jahrhundert stellten sie zwei Königinnen von Frankreich

Die De Medici öffneten dem jungen Leonardo die Tore zum Hofe in Mailand, dort regierten die Sforzas von 1450 bis 1535 in Mailand und die Lombardei . Wegen der bevorstehenden Kämpfe zwischen Mailand und der Republik hat Leonardo in seinem Empfehlungsschreiben an den Herzog ausführlich und detailliert seine Fähigkeiten und Erfindungen in der Militärtechnik erwähnt. Erst am Schluss des Briefes betonte er sein Können als Bauingenieur und Architekt und fügte schließlich einen kurzen Hinweis auf seine Kenntnisse als Maler und Bildhauer hinzu, die die Grundlage zu einer angemessenen Ausführung des Monuments für Francesco Sforza bilden könnten. Nach seiner Anstellung arbeitete Leonardo über zwanzig Jahre (mit Unterbrechungen) für die Sforzas.

Es wird vermutet, dass Leonardo beabsichtigte, eine Enzyklopädie zu verfassen, die das Wissen seiner Zeit zusammenführen sollte. Skizzen und Entwürfe, Ideen und Gedanken notierte er in seinen Notizbüchern (Codices) meist völlig ungeordnet, scheinbar sprunghaft, gerade da, wo er Platz fand. Ein Zeitzeuge berichtet, dass Leonardo ein kleines Notizbuch stets an seinem Gürtel trug.

Texte und Kommentare verfasste Leonardo u.a. in Spiegelschrift. Die Erklärung dafür ist umstritten. Eine Vermutung ist, dass dies ein Ausdruck seiner ausgeprägten Linkshändigkeit sein sollte. Eine andere Annahme besagt, er habe die Spiegelschrift benutzt, um seine Ideen nicht sofort allgemein zugänglich zu machen. Zu seiner Zeit gab es noch keinen rechtlichen Schutz der Urheberschaft an Erfindungen wie das heutige Patentrecht. Gilden und Geheimbünde übertrugen das Wissen vom Meister auf den Lehrling. Ahnte oder wusste Leonardo Da Vinci von einer paralleltechnologischen Entwicklung? War das vielleicht der

Grund, warum er seine Erfindungen und Entdeckungen schriftlich verschlüsselte, damit diese nicht in deren Hände gerieten? Vieles spricht dafür. Leonardos Wissen wollte die damalige Elite voll und ganz für sich gewinnen. Ein berühmtes Gemälde von Jean-Auguste-Dominique Ingres zeigt den sterbenden Leonardo in den Armen des König Franz in Saint-Germain-en-Laye. Es heißt, der König soll über den Verlust geweint haben, andere Quellen berichten, dass Leonardo in den Armen seines Königs verstarb. Er soll nach seinem Tod alle seine Manuskripte und die gesamte Ausstattung seines Ateliers zusammen mit vielen anderen Geschenken seinem Testamentsvollstrecker Francesco Melzi, der ihn viele Jahre als Lehrling begleitet haben soll, überlassen haben. Er erbte (nach dem Testament vom 25. April 1519) den gesamten zeichnerischen und wissenschaftlichen Nachlass des Meisters. Wie aus Aufzeichnungen von Leonardos Diener Battista de Villanis vom 10. August 1519 hervorgeht, verblieb Francesco Melzi noch einige Zeit im Dienst des Königs von Frankreich, bevor er nach Italien zurückkehrte. Dort scheint er als Erbe des großen Leonardo einiges Ansehen genossen zu haben, denn der Ferraresische Geschäftsführer in Mailand versuchte 1523 Melzi für den Herzog Alfonso I. d'Este zu gewinnen. Francesco Melzi blieb also nur für kurze Zeit im Dienst des Königs und kehrte als angesehener Geschäftsmann zurück nach Italien. Weil er inzwischen selber vermögend war, malte Melzi in seinem Alter nur noch wenig. Ist es möglich dass Leonardos gesamtes Wissen von König Franz aufgekauft wurde?

Die Gebeine Leonardos wurden, laut Geschichtsbüchern, nach seinem Willen am 12. August zum Kloster St. Florentin gebracht. Im 19. Jahrhundert gingen bei Restaurierungsarbeiten die sterblichen Überreste jedoch verloren, so dass der Verbleib von Leonardos Leichnam bis heute unbekannt ist. Soviel zum Verbleib des vielleicht größten Genie aller Zeiten.

Selbstverständlich könnte ich zu jedem Thema ein eigenes Buch schreiben. Ich bin mir dessen bewusst, dass ich zu alledem lediglich nur ein paar Kernaussagen mache. Genau das ist auch meine Absicht, denn ich möchte meine Leserschaft mit solchen, relativ kurzen Aussagen, anregen, eigene Recherchen in Angriff zu nehmen.

Irreführung unserer Denkstruktur!

Wie die Elite falsches Wissen instrumentalisierte.

Wie Charles Darwin, Albert Einstein, Sigmund Freud, Karl Marx u.a. zu »Meistergelehrte« werden!

An dieser Stelle möchte ich darauf hinweisen, dass es ein wahrhaftiges Wissen gibt, dass man uns vorenthalten will und dass ein Pseudowissen existiert, das dazu dient uns eine völlig verzerrte Welt vorzugaukeln.

„Man erkennt den Irrtum daran, dass alle Welt ihn teilt.“

Jean Giraudoux

Erinnern wir uns an die angebliche heiße Sonne, die für ein klares Weltbild der Isolation der Menschheit im Kosmos sorgt. Erinnern wir uns an einen neu entdeckten Feind, der die gesamte Menschheit bedroht, den Virus. Er sorgt dafür, dass wir die natürlichen Bakterien, die mit uns eine nützliche Symbiose eingehen, durch eine panikmachende Hygiene zerstören und so erst recht krank werden. Dies zeigt sich besonders in Krankenhäuser, in denen der natürliche mikrobiologische Schutz durch extrem übertriebene Hygiene zerstört wird. Schuld ist dann selbstverständlich ein neu entdeckter Virus, der gegen fast alles resistent sein soll.

Der Materialismus und seine Lehrmeister: Hier ein Auszug aus dem Internetportal »Querdenken«, ein Bericht von Armin Risi.

Charles Darwin! Evolution oder Involution:

Hier eine kleine Erklärung des Begriffs meinerseits. Konrad Lorenz definierte Involution als das von ihm verachtete »Gegenteil der Evolution«, wie es in der Phylogenese von Parasiten, etwa Bandwürmern vorliege. Deren Evolution wird jedoch generell sehr wohl als Spezialisierung und damit als Höherentwicklung gesehen. Lorenz eigentlicher Anlass zur Involution ist seine Befürchtung, der Mensch oder bestimmte Teile der Menschheit könnten mangels biologischer Selektion degenerieren, Selbstdomestizierung.) Weiter mit Armin Risi. »Eine der grundlegendsten und wichtigsten Fragen der Wissenschaft – und des menschlichen Forschens überhaupt – lautet: Wie entstand das Leben auf der Erde? Insbesondere: Was ist die Herkunft des Menschen?«

Das heute vorherrschende Erklärungsmodell gründet sich auf das, was Charles Darwin in seinen Büchern über die Entstehung der Arten und die Abstammung des Menschen in der zweiten Hälfte des 19. Jahrhunderts als Hypothese dargelegt hat. Diese Hypothese postuliert, dass die höheren Lebensformen aus den niederen hervorgegangen seien und dass die ersten einzelligen Organismen – durch eine »Biogenese« – **zufällig** aus organischer Materie entstanden seien. Der Darwinismus entspringt einem materialistischen Weltbild, denn seine Grundannahmen lauten: »Leben entstand aus Materie«, und »Alles Existierende« – auch Leben und

Bewusstsein – ist eine Funktion materieller Energie und lässt sich mit den Gesetzen der Materie erklären."

Erinnern wir uns an den »Flexner Report«. Darin hieß es: »Alles was existiert, funktioniert nur auf materieller Ebene. Auch alle Phänomene wie Bewusstsein, Seele und Geist sind nur das Resultat von materialer Wechselwirkung. Mit anderen Worten: Materie ist das einzig Existierende. Der wissenschaftliche Materialismus wurde so der Anfang des 20Jahrhunderts." Auch hier zeichnet sich ganz klar ein festes Weltbild ab, das haargenau miteinander zusammen passt. Der Darwinismus und der Flexner Report sollten sich gegenseitig unterstützen, um ein einseitiges Weltbild darzustellen. Ein Weltbild ohne höheres Bewusstsein und göttlicher Intuition! Ohne Seele und ohne Geist!

Historisch betrachtet war der Darwinismus eine Reaktion auf die bibelfundamentalistische Lehrmeinung der Kirchen, die über viele Jahrhunderte hinweg mit Bevormundung und totalitärer Gewalt durchgesetzt worden war. Im 19. Jahrhundert waren die Aufklärungen und die geistige Emanzipation so weit fortgeschritten, dass es möglich war, nichtkirchliche Meinungen zumindest ohne Lebensgefahr zu publizieren. Aber wie so oft, fiel man von einem Extrem zum anderen: Vom fundamentalistischen Kreationismus zum materialistischen Darwinismus. Alles, was nicht wissenschaftlich (= rational) erfassbar war, galt plötzlich als irrational und somit als illusorisch. Dies bezog – und bezieht – sich insbesondere auf jegliche Form von Kreationismus („Schöpfungsglauben").

Man darf die Wahrheit nicht mit der Mehrheit verwechseln.

Jean Cocteau

Prinzipiell werden Forscher, Wissenschaftler, Künstler, Autoren und Philosophen instrumentalisiert und medienspektakulär hervorgehoben. Sie tragen dazu bei, eine gewünschte Matrix aufrecht zu erhalten. Bevor wir Charles Darwin nun verlassen, sollten wir uns noch einmal mit der Involution befassen. Waren Konrad Lorenz Befürchtungen nicht die, dass der Mensch sich mangels biologischer Selektion selbstdomestizierend degeneriert. Mit anderen Worten, besteht nicht die Möglichkeit, dass der Mensch sich auf Grund mangelnder Entwicklung zurückentwickelt? Und kann es nicht sein, dass dafür gesorgt wird?

1950 begann in den USA eine auffallende Propaganda über das Fluorid. Unzählige »sogenannte« Forschungsergebnisse bestätigten die neusten Entdeckungen und Wunderwirkungen des Fluorids. Es wurde behauptet, es stärke den Zahnschmelz, verhindere so Karies und stärkere die Knochen. Was für ein Segen für die Menschheit. Die Fachwelt war sich schnell einig. Man fügte der Zahnpasta, dem Trinkwasser und dem Speisesalz Fluorid zu und ein jeder beugte dem Karies und der Osteoporose vor.

In Wahrheit hat das Fluorid aber nichts mit dem natürlichvorkommenden Fluorid, das wir als Spurenelement durch die Nahrung aufnehmen, zu tun. Dieses hochgepriesene und ab da überall verabreichte Fluorid ist in Wirklichkeit lediglich der Abfall der Zucker-, Aluminium-, Stahl- und Phosphatindustrie. Fluorid gehört zu den giftigsten Substanzen auf der Erde und ist ein biologisch nicht abbaubares Umweltgift das sich durch Aluminium, Stahl und Glas fressen kann. 1936 wurde Fluorid von den amerikanischen Ärzten als genauso giftig wie Blei und Arsen eingestuft und bis 1945 als Giftstoff klassifiziert. 1992 sprach Robert Charlton von dem größten wissenschaftlichen Betrug des Jahrhunderts. Fluoride sind Neurotoxisch. Die WHO sorgt dafür, dass weltweit Säuglingen sog. D-Fluoretten verabreicht werden. Diese sorgen für kognitive Störungen und Schwächung der Schilddrüsen und verringern die Intelligenz der Menschen. Haben wir nicht hier, die künstlich erzeugte Degeneration der Menschheit? Und wer zieht Nutzen daraus, wenn die Menschheit verblödet?

Eine Frage, die sich im Kontext von allein beantwortet!

Kommen wir nun zu Albert Einstein, war er ein genialer Physiker!? Die Welt ist davon überzeugt, zumindest die Medienfachwelt. Mit Einsteins Relativitätstheorie veränderte er, ziemlich zeitnah mit Darwins Lehren und dem Flexner Report die weltliche Sichtweise der Menschen vor gut 100 Jahren. Seine Relativitätstheorie mit seiner weltbekannten Formel $E = mc^2$ sollte nun die physikalischen Grenzen des Menschen aufzeigen. Hier eine kurze Erläuterung zu seiner Theorie. Diese besagt, dass Materie sich letztendlich nicht unendlich beschleunigen lässt, weil laut seinen Berechnungen die Äquivalenz von Masse und Energie dazu beitragen das die Lichtgeschwindigkeit (c=299 792,458 Kilometer pro Sekunde) so etwas wie eine kosmische Grenzgeschwindigkeit darstellt. Laut seiner Theorie wird mit zunehmender Geschwindigkeit immer mehr Energie benötigt, um die Masse zu beschleunigen und da wäre eben C = Lichtgeschwindigkeit die maximale Grenze. Dass es schon zu seiner Lebenszeit sehr viele ernst zu nehmende Wissenschaftler gab, die Einsteins Behauptungen bezweifelten und widerlegten ist kein Geheimnis, interessant ist aber die Lobby die Einstein damals unterstützte und den anderen Wissenschaftlern vorsätzlich wenig Gehör schenkten. Andrew Carnegie (von der Carnegie-Stiftung) zählte damals als zweitreichster Mann, während Carnegie eine weitreichende Rolle in der Stahlindustrie und der Bildung hatte, gleich nach John B. Rockefeller als damals reichster Mann der Welt, der sich mit der Ölindustrie und den medizinischen Forschungen beschäftigte. Wie schon im Flexner Report beschrieben. Abraham und Simon Flexner waren genauso wie Charles Darwin, Albert Einstein, Sigmund Freud und Karl Marx jüdischer Abstammung. Die American Medical Assoziation und die Carnegie Foundation waren reine jüdische Unternehmen deren Lobby nur aus Juden bestand. Über deren Interessen werde ich in späteren Kapitel noch mehr zu sagen haben.

Fügen wir hierzu einige Fakten zusammen. Mit dem Flexner Report und dem Darwinismus wurde der Materialismus geboren. Die Medizin belegte, dass keine Seele, kein Geist für irgendwelche Krankheiten verantwortlich sind, sondern lediglich die chemischen und materiellen Einflüsse denen wir ausgesetzt sind. Der Darwinismus belegte, dass das Leben ein rein zufälliges Produkt sei und die Biologie lediglich selektiere. Nun kommt Einstein ins Spiel. Er beschreibt ein Kosmos der uns Menschen im Weltraum quasi allein werden lässt. Denn seine Botschaft lautet: Wir haben auf Grund der unüberwindbaren Entfernungen und der begrenzten Geschwindigkeit keine Chance mit irgendwelchen anderen evtl. Intelligenzen in Verbindung zu treten. Wir sind allein. Nun reiht sich noch Sigmund Freud als Psychoanalytiker mit seiner neuen Theorie ein. Er behauptet u.a., dass der

Hauptantrieb eines jeden Menschen rein sexueller Natur sei. Also der Trieb uns steuere und wir zu alledem auch noch ein kollektives Schuldgefühl besitzen, das uns ein Leben lang begleitet. Und zuallerletzt können wir noch Karl Marx mit ins Boot nehmen. In seinem Hauptwerk »Das Kapital«, beschreibt er das Grundbedürfnis eines Menschen und die schwarz-weiß Denkstruktur vom Kapitalismus und den Kommunismus. (Welche Wahl wir letztendlich haben, mehr nicht.)

Fassen wir einmal zusammen. Mit dem Flexner Report, Darwin, Einstein, Freud und Marx wurde eine materialistische Matrix geschaffen. Auf der chemischen, biologischen, physikalischen, psychologischen und soziologischen Ebene hat man alles Denken gleichgeschaltet. Die Medienlandschaft, weltweit, sorgte für das hervorheben dieser angeblichen »genialen« Wissenschaftler. Nobel- und andere große Preise verlieh man diesen »Forschern« und in den Schul- und Geschichtsbüchern wurden sie verewigt.

Wirkliche geistige Pioniere wie Nikolai Tesla, Viktor Schauberger und andere Größen wurden entweder gar nicht oder nur zwangsläufig am Rande erwähnt. Kein Mensch der Physik studiert, wird in der Uni über Teslas physikalischen Errungenschaften erfahren, lediglich erfährt man über die Teslaspule und sein Zutun zum Wechselstrom. Alles andere wird den Studierenden vorenthalten. Das beste Beispiel ist in diesen Zusammenhang Prof. Dr. Claus Turtur, der erst als Physikprofessor von »Außenstehende« von Teslas »Freie Energie« und der »Kalten Fusion« hörte. Und sich seitdem ihr voll und ganz widmete. Nicht anders ist es mit Viktor Schaubergers Implosions- und Wassermotoren.

Kommen wir zurück zur Matrix der Pseudowissenschaftler. Einstein und Co. wurden von einer jüdischen Lobby nicht nur finanziert und instrumentalisiert sondern sie wurden durch eigene Medien zu Wissenschaftsgöttern hochstilisiert. Alles nach Plan, mit der Zielsetzung den Menschen einen Glauben zu geben, er sei in einer völlig kastrierten Welt zuhause. Wir haben es hier mit einer wirklichen Weltverschwörung zu tun. Und jeder der »Dieser« auf die Schliche kommt wird durch den Pranger der Öffentlichkeit zum Verschwörungsspinner abgestempelt.

Tatsachen, die man nicht ignorieren sollte. Ein Pseudowissen wird als Faktum verkauft. Ein Jeder glaubt, dass dies die wahre Realität sei. Genau hier, an dieser Stelle, möchte ich näher auf die Titel des jetzigen Kapitels und deren Inhalt eingehen. »Veraltete Technologien« Erinnern wir uns an Ktesibios aus Griechenland, der schon vor über 2300 Jahren eine Uhr baute, die er Clepsydras nannte. Erinnern wir uns an Pythagoras, Euklid, Archimedes und Leonardo Da Vinci deren geistiges Wissen in der Lage waren, technische Erfindungen zu konstruieren, die der heutigen Technik, ohne weiteres, das Wasser reichen könnten. Sind all »Diese« einfach verschwunden oder wurden sie von der herrschenden Klasse, von Generation zu Generation weitergegeben und sogar weiterentwickelt? Was jeder gesunde Menschenverstand weiß, ist das das gemeine Volk prinzipiell dumm gehalten wird. Und das nicht erst seit den letzten Jahrhunderten, sondern seit dem es überhaupt organisierte herrschende Klassen (Eliten) existieren. Wir können zurückblicken auf das Römische, Ägyptische, Sumerische, Babylonische Reich und auf allen anderen großen Kulturen, wo auch fortwährend eine herrschende Elite das Sagen hatte und das Volk lediglich funktionieren musste. Es war niemals anders! Es gab immer ein Geheimwissen der herrschenden Macht, die sich mit der Physik, Metaphysik, Mathematik, Chemie, Alchemie, Astronomie, Astrologie, Spiritualität, Psychologie und anderen Wissenschaften beschäftigte und das gemeine Volk niemals von alledem wusste und verstand. Warum auch?

„Wer nichts weiß, muss alles glauben."
Marie von Ebner-Eschenbach

Nun leben wir heute in einer Zeit der Telekommunikationen, in der wir alle miteinander durch Computer vernetzt sind und die Medien uns täglich mit den aktuellen Nachrichten »informieren«. Wir glauben deswegen, aufgeklärter und auf dem neusten Stand der Dinge zu sein. Jeder ist davon überzeugt, auf Grund der funktionierenden Medien wirkliches Wissen zu besitzen. War das aber im Verhältnis zum technischen Verständnis der Masse nicht immer gleich. Mit jeder offiziellen Neuerfindung glaubte das Volk aufgeklärter zu sein. Mit der Dampfmaschine, das Telegrafieren, das Radio, das Telefon, der Fernseher und Computer usw. glaubten die Menschen, sie würden das »um sich herum« besser verstehen. Vom Prinzip her war und ist es immer gleich. Wir glauben an das Pseudowissen. Ein Wissen das unsere Realität sein soll, was unsere Matrix ist. Wir sind davon überzeugt, dass dies die absolute Wahrheit ist. Und wir finden uns wieder in dieser Scheinwelt in der wir leben.

Kapitel VI.
Nicht von dieser Welt

Um dem Titel des 6. Kapitels gerecht zu werden, macht es Sinn, erst einmal den Begriff Bewusstsein zu definieren.

In meinem Buch „*Wer regiert uns wirklich und was wird aus unseren Kindern?*“ befasste ich mich u.a. mit dem Thema, ob Körperzellen eine eigene Individualität besitzen. Ich schrieb über das kollektive Verhalten einzelner Zellen und deren zusammenwirken zum übergroßen Bewusstsein. Hierzu ein Ausschnitt aus meinem Buch.

»Bewusstsein bedeutet u.a., seine eigene Wahrnehmung und Empfindung vom Leben zu haben und zu versuchen sie zu analysieren und zu verstehen. Geht man nun davon aus, dass jedes Lebewesen eine eigene Individualität besitzt und sich seines Wesens bewusst ist, spielt die Spezies in der sich das Bewusstsein wiederfindet, keine wirkliche Rolle. Jede Spezies vereinnahmt eine eigene Nische, die sie behauptet. Bezogen auf den Gesamtorganismus Erde, ist der Mensch nur einer von unzähligen Spezies auf diesem Planeten, einer von vielen Kleinstorganismen. Mit dem gleichen Ziel, wie alle anderen Lebensformen, sich lediglich auszubreiten (Nischen einzunehmen) und universelle Gesetzmäßigkeiten weiter zu entwickeln. Machen wir einen Sprung in den Mikrokosmos, finden wir die Zellen, die den Menschen ausmachen und ebenfalls einzelne individuelle Lebensformen darstellen. Auch sie erfüllen genauso ihre Aufgaben in den unterschiedlichsten Nischen. Zellen, die die eigentliche

Grundphilosophie des Ganzen, mit ihren Aufgaben vernachlässigen bzw. ihre Nische verlassen, werden nach der medizinischen Definition als entartet (als Krebs) bezeichnet. Diese können, je nach Technik und Beharrlichkeit in ihrem Tun, den Gesamtorganismus Mensch zerstören. Demnach könnte der Mensch auf Grund seines Verhaltens analog mit einer Krebszelle verglichen werden, die den Gesamtorganismus Erde zerstören könnte. Die entarteten Zellen, die die Grundidee des Gesamtorganismus Mensch nicht mehr befolgen, zerstören letztendlich ihr eigenes Umfeld, indem sie sich skrupellos, außerhalb ihres Plans vermehren und anderen Zellen den Lebenshahn abschneiden. Am Ende zerstören sie den Gesamtorganismus und letztendlich sich selbst. Machen wir einen Sprung und gehen tiefer in den Mikrokosmos hinein und zwar direkt in die einzelne Zelle. Hier finden wir die gleichen Gesetzmäßigkeiten wie im Großen. Die Zelle besitzt eine Außenhaut, die Zellmembran, ein Außenskelett die Zellwand für die Stabilisierung sowie das Zellplasma in dem sich unterschiedlichste Organismen bewegen und ihre Aufgaben erledigen. Für die Versorgung, der Entsorgung, Abwehr, der Datenübertragung und der Organisation muss genauso gesorgt werden wie in großen Organismen. Mitochondrien, Ribosomen, Golgi-Apparate und andere Kleinstorganismen sind dafür zuständig. Außerdem befinden sich verschiedenste Eiweiße im Inneren der Zelle, deren Aufgabe es ist, die Zelle zu koordinieren bzw. zu organisieren. Ihr sensibles Wahrnehmungsvermögen ist in der Lage, direkten Einfluss auf den gesamten Bauplan und der Funktionen, im Inneren der Zelle zu nehmen. Reize von außen, werden durch die Zellmembran, codiert an die unterschiedlichen Eiweiße innerhalb der Zelle weitergegeben. Die dadurch veränderten Eiweiß-Konstellationen üben direkten Einfluss auf den gesamten Bauplan der Zelle und deren Aufgabe aus. Vergleicht man dies mit der Hormonausschüttung in unserem Körper, ausgelöst durch Gedanken und Emotionen, versteht man den Zusammenhang des Geistes und der Funktion einer einzelnen Zelle. Das bedeutet unser Geist beeinflusst direkt unsere Zellen, indem er auf Grund seiner Gedanken, die Eiweiße innerhalb der Zellen verändert. Dies lässt sich an Hand eines Beispiels erklären. In einem Experiment werden Zellen gleicher Art in mehreren Petrischalen verteilt, um mit unterschiedlichsten Stoffen gereizt zu werden, erstaunlicher Weise entwickeln sie sich, bedingt durch die verschiedenen Reize zu jeweils anderen Zellen. Sie verändern ihren Plan und ihre Aufgabe. Unsere hormonelle Steuerung wird von positiven wie negativen Gedanken und Emotionen beeinflusst. Diese positiven oder negativen Reize sind Schwingungen, die direkt auf die Zellen einwirken, vergleichbar mit konstruktiver und destruktiver Energie. Besitzen nun alle Kleinstorganismen innerhalb der Zelle eine Individualität, dann werden sie mit Sicherheit den Gesamtorganismus der Zelle nicht verstehen können. Das einzelne Mitochondrium wird nicht den Sinn einer gesamten Zelle nachvollziehen können. Die einzelne Zelle wird nicht den Plan des Organs in dem es lebt verstehen und das Organ nicht den gesamten Menschen. Der Mensch nicht den Gesamtorganismus Erde begreifen und die Erde nicht den Kosmos und doch hat jedes Individuum ein eigenes Bewusstsein und ist individuell. Ist Bewusstsein von Größe abhängig, was ist Größe überhaupt? Der Zellbiologe Bruce

Lipton behauptet u.a. dass die ca. 50 Billionen Zellen aus denen ein Mensch besteht, alle eine eigene Persönlichkeit besitzen und kollektiv zusammenarbeiten, um die Idee des Gesamtorganismus Mensch zu verwirklichen. Die Verschmelzung oder auch Symbiose unzähliger Kleinstorganismen, mit je einem eigenen individuellen Bewusstsein, zum Gesamtorganismus lässt etwas Höheres entstehen. Der Gesamtorganismus Mensch z.B. glaubt nun ein eigenes Bewusstsein zu haben, er vergisst seine, aus unzähligen zusammen gesetzten Kleinstwesen und deren Identitäten und entwickelt die Idee eines kollektiven Gesamtbewusstseins. Was organisatorisch auch Sinn macht. Nun war u.a. auch die Rede davon, dass ein Wesen aus Materie und Energie besteht. Wellen kennen in dem Sinne keine Grenzen oder Größen, sie schwingen und bei einer Kontaktierung mit anderen Wellen bauen sie sich auf oder ab. Konstruktive-Destruktive Interferenz, Dimensionen spielen in dem Falle nur sekundär eine Rolle. Ist jede Welle auf Grund ihres individuellen Verhaltens, ebenfalls individuell und verkörpert eigenes Bewusstsein? Wo beginnt und endet Bewusstsein?«
Auszug aus dem Buch *„Wer regiert uns wirklich und was wird aus unseren Kindern?“*

Ist Leben (Bewusstsein) nun wirklich abhängig von einer Konstellation, die nach »wissenschaftlichen Kenntnissen«, äußerst selten im Weltraum zu finden ist? Soll Leben eine zufällige Erfindung sein? Ist Bewusstsein quasi aus dem nichts entstanden? Der Autor David Wilcock dessen Erstlinkswerk »Die Urfeldforschung« zu einem erstaunlichen

Bestseller im Genre »Sachbuch« wurde, beschreibt in seinem neusten Werk »Der Synchronizitäts Schlüssel«, das ebenfalls ein außergewöhnliches Werk ist, über das Kosmische Bewusstsein. In diesem Buch geht es u.a. um die Möglichkeiten der Entstehung des Lebens. Wie ist es möglich dass sich Leben in nur einfachem Wasser entwickeln kann. Ist der Kosmos selbst ein lebendiges Bewusstsein und sind wir uneingeschränkt einzelne Zellen vom gesamten Großen? Nun David Wilcock geht da noch weiter, er behauptet u.a., dass das übergroße Bewusstsein selbst Leben erschafft und zwar das ausnahmslos und überall.

Betrachten wir hierzu einfach mal unseren Planeten. Es gibt quasi keinen Ort, an dem sich kein Leben entwickelt. An den kältesten, heißesten, trockensten, feuchtesten, dunkelsten und hellsten Orten entsteht Leben. In Vulkanen, in denen der Stickstoff und die Hitze am konzentriertesten sind, sowie im Marianengraben, der ca. 11 Kilometer tief ist und in dem ein Wasserdruck von ca. 1070 bar ist, existiert Leben. »Leben will leben!«

Am 24. 8. 2011 erschien in der Zeitung »Die Welt« ein Bericht mit der Überschrift: **8,7 Millionen Arten gibt es auf der Erde.** Darunter stand: Forscherteam entwickelte neues System der Berechnungen. Aber gut 80% aller Spezies wurden bislang noch nicht gefunden.

Inwiefern diese Zahlen nun korrekt sind oder nicht, spielt in diesen Zusammenhang keine wirkliche Rolle. Entscheidend ist aber, dass es auf unserem Planeten unzählige Arten gibt, die sich letztendlich überall entwickelten. Ein sogenanntes lebensfeindliches Milieu existiert nicht. Es gibt lediglich Milieus, die nicht für jede Art von Leben geeignet sind. Nichtsdestotrotz entsteht dann dort eine andere Spezies. Und nicht anders wird es im Weltraum, bzw. auf anderen Planeten sein. Der gesamte Kosmos scheint ein lebendiges Wesen zu sein, das sich im Dasein des Lebens überall selbst reproduziert. Größe und Formen scheinen da weniger von Bedeutung zu sein als man prinzipiell annimmt. An dieser Stelle macht es Sinn nochmals an Albert Einsteins Gleichung $E=mc^2$ zu erinnern, die besagt, wir können keine größeren Entfernungen wegen der maximalen Geschwindigkeit von ca. 300.000 Km pro Sekunde überbrücken. Auf Grund dessen seien wir so ziemlich isoliert im Kosmos. Hinzu kommt noch die falsche Lehre von sog. heißen Sonnen, die letztendlich nur ein paar spezifizierten Planeten Leben erlauben. Alle anderen seien entweder zu kalt oder zu heiß! Dieses Scheinwissen stellt nun für die Mehrheit aller Menschen, die absolute Wahrheit dar. Mit dem Resultat, außerirdische Lebensformen (Aliens) gebe es nur in Filmen oder sie sind lediglich nur als Mikroorganismen in irgendwelchen Meteoriden zu finden.

Es macht Sinn, solch ein Pseudowissen zu verbreiten wenn man einen Planeten samt Bevölkerung kolonialisieren, isolieren und versklaven will und das schon seit mindestens 500 Jahren. Mehr möchte ich jetzt nicht darauf eingehen. In späteren Kapiteln wird dieses zum Thema werden. Gehen wir, durch das nächste Kapitel, nochmals auf das Bewusstsein ein.

Kapitel VII.

Bewusstseinsebenen

So wie es unterschiedliche Bewusstseinsebenen gibt, so gibt es auch verschiedene Bewusstseinsdarlegungen. Betrachten wir hierzu die philosophische Seite.

»Ich denke, also bin ich.« Auf diesem berühmten Fundament hat René Descartes seine komplette Philosophie aufgebaut. Alles andere können wir zunächst in Zweifel ziehen: Alles Wahrgenommene könnte eine Täuschung sein, unsere Überzeugungen Irrtümer, unsere ganze Umwelt ein riesiger Schwindel – aus dieser Überlegung, die ebenfalls schon Descartes anstellte, macht der Film »Matrix« eine epochale Geschichte. Letztendlich nur das Bewusstsein bleibt als Tatsache.

Erinnern wir uns an die künstlich erzeugte Matrix, in der wir uns täglich wiederfinden.

Für den gegenwärtigen Philosophen John Searle aus der USA ist das Bewusstsein »der wichtigste Aspekt unseres Lebens«, wie er es gerne in öffentlichen Vorträgen darlegt. Seine ausgezeichnete klare Begründung lautet: »Das Bewusstsein ist eine notwendige Voraussetzung dafür, dass wir Dingen in unserem Leben Bedeutung beimessen können. Wenn es aber ohne das Bewusstsein überhaupt nichts Wichtiges für uns geben würde, kann nichts wichtiger sein als das Bewusstsein selbst.«

Also man kann hier schon sehen, dass wir schließlich nicht darüber nachdenken können ohne Bewusstsein. Quasi ein »Sein des Wissens«.

Die Neurobiologen dagegen tun sich, aus reiner wissenschaftlichen Kurzsichtigkeit, schwer daran dem Körper eine Seele und Geist zuzuordnen. Sie streiten untereinander über die verschiedensten Thesen, die sich letztendlich nur auf bio- neurologischer Ebene abspielen. Diese führen zwangsläufig in eine Sackgasse der Verwirrung.

Kommen wir zu einer Sicht der Spiritualität.

Hierzu ein Auszug aus dem http://wiki.yoga-vidya.de/Bewusstsein

»Das Bewusstsein - Chit – ist fundamental für wesenhaftes Dasein, und - Sat – für die jegliche Existenz. Dies war schon immer für die Mystiker und Weisen der Upanischaden unumstößliche Wahrheit. Es ist jedoch notwendig, sich klar zu machen und im Kopf zu behalten, was mit Bewusstsein gemeint ist. Offensichtlich ist es etwas, was sich über sich selbst bewusst ist; es existiert eine offensichtliche Bewusstheit im Menschen, welche, obwohl sie subjektiv ist, dennoch nicht auf ihr subjektives Dasein beschränkt ist. Das ist deshalb so, weil es noch eine ihr innewohnend Kraft gibt, die immens groß ist und sich in vielfachen Bewusstseinsformen entfaltet, obwohl sie unendlich und eins ist. Wir können es vielleicht Manifestation des Vielen aus dem Einen nennen, Vielheit in der Einheit.

Diese zweifaltige Unterscheidung von Bewusstsein können wir auch in unserem Seelenleben und unserer eigenen Psychologie wahrnehmen. Der eine Aspekt davon ist das wahrnehmende Bewusstsein, welches aus der Bewusstheit von dem ›Ich bin‹ besteht, dem Bewusstsein von Ich-Sein; der andere ist das begreifende, erfassende Bewusstsein, das erkennt, dass ›alles ist‹. Auf diese Weise ist das essenzielle

Eine, die Einheit aller Existenz, das grundbildende Bewusstsein, auf das sich seine vielfältige Entwicklung begründet.

Die verschiedenen Formen, die es annimmt, werden von der Kraft (Shakti) aufgestellt, welche immer der umfassenden Bewegung der Stärke in der Unendlichkeit der Höchsten Wesenheit innewohnt.«

An dieser Stelle sollten wir uns noch einmal daran erinnern, was ich in meinem Buch, *Wer regiert uns wirklich und was wird aus unseren Kindern?* geschrieben und hier wiederholt zitiert habe. Jede Lebensform besitzt ein Bewusstsein und folgt einem Größeren. »**Wie im Kleinen so im Großen!**« Die Religionen weltweit bezeichnen dieses Überbewusstsein als »Gott«.

Hier macht es Sinn, die hermetischen Gesetze einzubringen, weil sie aus meiner Sicht noch mehr Licht ins Dunkel der Materie bringen.

(Erklärende Aufzählungen von: Sabine Friedrichs und Mario Kienappel.)

»Schon zur Zeit der alten Pharaonen wurde Hermes Trismegistos als Gottheit der göttlichen Weisheit verehrt. Seine irdischen Attribute waren: Herr der Heiligen Geometrie, der Astrologie, der Alchemie, der Philosophie, der Schreiberkunst, der Hieroglyphen, der heiligen Schrift, der Magie und der Mystik.

Die kosmischen Gesetze

Die kosmischen Gesetze beschreiben wie die Welt an sich funktionier, was die Ursache von Ereignissen ist und welchen Einfluss wir auf diese haben.

Die 7 kosmischen Gesetze

Die kosmischen Gesetzmäßigkeiten (auch hermetische Gesetze genannt) beschreiben, wie die Welt der Dualität funktioniert. Während physikalische Gesetze durch Bewusstsein oder Technik überwunden werden können, gelten die kosmischen Gesetze für jeden uneingeschränkt, ganz gleich ob man sie kennt oder nicht. Eigentlich handelt es sich um ein einziges, kosmisches Prinzip, nachdem alle erdenklichen Abläufe geregelt sind. Um es verständlicher darzustellen, sind sie jedoch in sieben Gesetzmäßigkeiten aufgeteilt, die wie folgt lauten...

1. Prinzip des Geistes

Alles ist Geist. Die Quelle des Lebens ist unendlicher Schöpfergeist. Das Universum ist mental. Geist herrscht über Materie.

Jeder Mensch kann jederzeit aus der Unwissenheit in das Wissen des Lebens eintreten und bewusst das Erbe der Vollkommenheit des Menschen und der Schöpfung annehmen. Dadurch verändert er die Welt. Gedanken schaffen und verändern. Deine Gedanken, dein Bewusstsein schaffen deine Erlebniswelt. Entscheidend ist dabei die Intensität des inneren Wünschens und Sehnens.

Achte auf deine Gedanken - sie können schaffen und zerstören!

2. Prinzip von Ursache und Wirkung = Karma

Jede Ursache hat eine Wirkung - Jede Wirkung hat eine Ursache. Jede Aktion erzeugt eine bestimmte Energie, die mit gleicher Intensität zum Ausgangspunkt /zum Erzeuger zurückkehrt.

Die Wirkung entspricht der Ursache in Qualität und Quantität. Gleiches muss Gleiches erzeugen. Aktion = Reaktion. Dabei kann die Ursache auf vielen Ebenen liegen. Alles geschieht in Übereinstimmung mit der Gesetzmäßigkeit. Jeder Mensch ist Schöpfer, Träger und Überwinder seines Schicksals. Jeder Gedanke, jedes Gefühl, jede Tat ist eine Ursache, die eine Wirkung hat. Es gibt keine Sünde, keine Schuld, kein Zufall und kein Glück, nur Ursache und Wirkung, die viele Jahrhunderte und Existenzen auseinander liegen können. Glück und Zufall sind Bezeichnungen für das noch nicht erkannte Gesetz.

Warum hast du bestimmte Eigenschaften? Woher kommen deine Verhaltensmuster? Bedenke bei all deinem Denken, Fühlen und Handeln die Wirkung. Lasse Hass, Wut und Angst los und öffne Dich dem unbedingten Trauen und der Liebe. Du allein bist für Dich selbst verantwortlich!

3. Prinzip der Entsprechungen oder Analogien

Wie oben - so unten, wie unten - so oben. Wie innen - so außen, wie außen - so innen. Wie im Großen - so im Kleinen. Für alles, was es auf der Welt gibt, gibt es auf jeder Ebene des Daseins eine Entsprechung.

Du kannst das Große im Kleinen und das Kleine im Großen erkennen. Wie du innerlich bist, so erlebst du deine Außenwelt. Umgekehrt ist die Außenwelt dein Spiegel. Wenn du dich veränderst, verändert sich alles um dich herum. In dir steckt das, was du von anderen denkst.

4. Prinzip der Resonanz

Gleiches zieht Gleiches an und wird durch Gleiches verstärkt. Ungleiches stößt einander ab. Das persönliche Verhalten bestimmt die persönlichen Verhältnisse und die gesamten Lebensumstände. Angst zieht das Übel an. Wer mit Krankheit, Hass, Eifersucht etc. in Resonanz steht, erhöht die Wahrscheinlichkeit, dass die befürchteten Dinge geschehen.

Du bist, was du tust. Du ziehst all das in dein Leben, was deinen täglichen Handlungen, Gedanken und Emotionen entspricht. Negativität zieht Negatives, Dunkles an und kann zu Depression und Tod führen.

5. Prinzip der Harmonie oder des Ausgleichs

Der Fluss allen Lebens heißt Harmonie. Alles strebt zur Harmonie, zum Ausgleich. Das Stärkere bestimmt das Schwächere und gleicht es sich an. Das Leben besteht aus dem harmonischen Miteinander, dem Geben und Nehmen der Elemente und Kräfte, die in der Schöpfung wirken. Durch Horten und Festhalten entsteht ein Stau, der zu Krankheit und Tod führt. Leben ist Austausch, Bewegung. Verschiedene Wirkungen gleichen sich immer aus, so dass so schnell wie möglich wieder Harmonie und Ausgleich hergestellt wird. Das Leben ist ständiges Geben und Nehmen.

Das Universum lebt durch dynamischen Ausgleich in Leichtigkeit, Harmonie und Liebe. Geben und Nehmen sind verschiedene Aspekte des Kosmischen Energiestromes. Indem wir das geben, was wir suchen, lassen wir den Überfluss in unser Leben. Indem wir Harmonie, Freude und Liebe geben, erschaffen wir in unserem Leben Glück, Erfolg und Fülle. Von der Fülle des Lebens bekommt man nur so viel, wie man sich selbst der Fülle gegenüber öffnen kann. Der Mensch öffnet sich, indem er alle bewussten und unbewussten Gedanken an Mangel und Begrenzung in sich auflöst, sich von allen alten Begrenzungen trennt und Neues, Unbegrenztes wagt. Wer Fülle nicht lebt, dem bleibt sie versagt.

Nimm die Fülle an. Bereichere dich nicht auf Kosten anderer. Du musst alles bezahlen, was du bekommst - es sei denn, es wurde dir geschenkt. Gib, um zu bekommen. Über diesem Gesetz - über allen Gesetzen - steht die Gnade Gottes!

6. Prinzip des Rhythmus oder der Schwingung

Alles fließt hinein und wieder hinaus. Alles besitzt seine Gezeiten. Alles steigt und fällt. Alles ist Schwingung. Nichts bleibt stehen - alles bewegt sich. Der Pendelschwung zeigt sich in allem. Das Ausmaß des Schwunges nach rechts entspricht dem Ausmaß des Schwunges nach links. Rhythmus ist ausgleichend.

Überwinde Starrheit und lebe Flexibilität. Alles, was starr ist, muss zerbrechen.

7. Prinzip der Polarität und der Geschlechtlichkeit

Alles besitzt Pole. Alles besitzt ein Paar von Gegensätzen. Gleich und Ungleich sind dasselbe.

Gegensätze sind ihrem Wesen nach identisch, sie tragen nur entgegengesetzte Vorzeichen, haben unterschiedliche Schwingungsfrequenzen. Alle Wahrheiten sind Halbe Wahrheiten - außer der Wahrheit Gottes, die eins ist. Jedes Paradoxon soll in Einklang gebracht werden - in die Mitte.

Urteile und Werte nicht. Erkenne auch die Gegenmeinung an. Verurteile nicht. Alle haben, vom jeweiligen Standpunkt aus gesehen, Recht.

Geschlechtlichkeit ist in allem. Alle Geschlechtlichkeit ist gleichzeitig Einheit.

Geschlechtlichkeit manifestiert sich auf allen Ebenen. Alles besitzt männliche und weibliche Elemente. Alles ist männlich und weiblich zugleich. Geschlechtlichkeit drängt zur Einheit - Geschlechtlichkeit ist Einheit, denn Einheit enthält das männliche und das weibliche Prinzip. Lebe deinen männlichen und weiblichen Aspekt gleichermaßen. Sei ausgewogen. Sei im Gleichgewicht - in deiner Mitte. «

Kosmische (Hermetische) Gesetze, unter anderem aufgezählt von: Hermes Trismegistos (Thot). «

Erklärende Aufzählungen von: Sabine Friedrichs und Mario Kienappel

Betrachten wir aus diesem Kontext noch einmal die unterschiedlichen Bewusstseinsebenen, erkennen wir zwangsläufig eine in sich logische Entwicklung des Bewusstseins. So wie sich ein Baum aus dem dunklen Erdreich, dem Unwissen, nach oben zum Licht entwickelt, seine Äste sich unendlich verzweigen, so möchte sich unser Geist (unser Bewusstsein) ebenfalls weiter entwickeln. Im Yoga nennt man den Lehrer »Guru«, was so viel wie »Lichtbringer« heißt und sein Schüler »Sathaka« der »Lichtsuchende« ist. Natürlich bedarf es einer gewissen Bewusstseinsstufe, um solche Gedankengänge folgen zu können. Aber genau das spiegelt unser Bewusstsein eben wieder. In dem noch nicht so weit entwickelten Bewusstsein wird unwissender Weise die Befriedigung permanent im Außen gesucht. Man macht sich schnell zum Sklaven seiner Begierde. Man ist sich noch nicht dessen bewusst, das alles Wesentliche in uns zu finden ist und so sucht man unentwegt im Außen und verfällt schnell in einer Sucht. Unser Planet ist voll von Seelen, deren Bewusstseinsstand sich noch in den Anfängen befindet. Die Mehrheit aller Menschen ist auf der Suche ohne es zu verstehen. Und das macht sie zu Sklaven. Die sogenannte »Elite« weiß von dem und nutzt dieses schamlos aus. Sie kreiert eine Matrix um die Masse zu versklaven.

Die Affinität der Begierde wird so zum Käfig für den Sklaven und sein Dasein. Die eigene Betrachtungsweise verfärbt sich durch die alltägliche Matrix.

Die beste Möglichkeit, seine Träume zu verwirklichen, ist aufzuwachen. *Chinesisch Weisheit*

Letztendlich aber, suchen wir alle ausschließlich nur die Verbindung vom eigenen kleinen Ich zum großen »Gesamtich«. Denn eine wirkliche Trennung existiert nur in unserer Vorstellung. Und solange wir diese Trennung in unseren Köpfen haben bleiben wir Sklaven.

Kapitel VIII.

Versklavung normal

Ist es wirklich die Natur des Menschen andere Menschen bis aufs Blut zu versklaven? Ich glaube nicht! Selbstverständlich bin ich es meinen Lesern schuldig, dies zu begründen. Alle Menschen (aber auch andere Wesen) suchen, ohne Wenn und Aber, das Gleiche. Anerkennung, Liebe, Zugehörigkeit, Erfolgserlebnisse und Freude am Leben, kurzum die Harmonie.

Neid, Hass, Gier, Lügen, Wut und Aggression entstehen letztendlich nur aus dem Verzicht der o.g. Dinge, die wir anstreben. In der Natur zeigen sich prinzipiell die ursprünglichen Gesetze des gesunden Lebens. Jede Spezies sorgt im Extremfall dafür, dass seine Art immer erhalten bleibt. Auch mit dem Verlust vieler Artgenossen wird trotzdem dafür gesorgt, dass am Ende die Art erhalten bleibt.

So gibt es z.B. Mikroorganismen die, wenn sie, ihre Art, sich in einer Lebensbedrohlich Situation befinden, ihr gesamtes Umfeld aufgeben, um sich woanders niederzulassen. Dazu türmen sie sich auf. Und zwar so hoch, dass alle beteiligten Organismen übereinander klettern. Dabei sterben über 90% ihrer Artgenossen, die von den anderen zerdrückt werden, der Rest aber gelangt in einer Höhe (von ca. 2 mm), vergleichbar für uns Menschen wäre das das Empire State Building. Diese Höhe reicht aber aus um sich von anderen thermischen Winden fortbewegen zu lassen. So können sich die Kleinstlebewesen woanders niederlassen und neue Kolonien gründen. Wer das bei den Mikroorganismen organisiert ist die eine Frage, aber woher kommt das Wissen, dass ihr Leben so weiter existieren kann? Es geht natürlich nur um das Überleben der eigenen Art und doch stellt sich in diesem Zusammenhang die Frage, besteht hier so etwas wie eine Verbindung zum übergroßen Geist? Der, der uns alle Informationen je nach Affinität zukommen lässt. So viel zum Bewusstsein und der Intelligenz anderer Lebensformen. Dies ist nur ein Beispiel, es geht immer nur um die eigene Arterhaltung.

Ok, betrachten wir nun die jetzige Situation unseres Planeten. Da erkennen wir schnell, dass es sich hier nicht mehr nur um die Arterhaltung einiger wenigen, vielleicht einer sog. Elite, gehen kann. Denn wir wissen genau, dass der gesamte Planet inzwischen bedroht ist. Keine Spezies würde seine eigene Nische vorsätzlich lebensunfähig machen. Einen natürlichen Bioreflexionsmechanismus besitzt ausnahmslos jedes Lebewesen, egal ob es sich um Mikroorganismen oder andere Lebensformen handelt. Die eigene Nische zum Überleben wird von keinem Organismus vorsätzlich zerstört. Wie ist es aber nun möglich, dass wir in einer Zeit leben, in der die Führenden ihre eigene Nische zerstören? Das bedeutet, die Verantwortlichen zerstören ihr eigenes Lebensumfeld. Und genau das sollte zum Denken anregen. Unser Planet wird durch Umweltgifte immer mehr belastet. Da gibt es die Pestizide, die Abfallprodukte der Schwermetallindustrie, die Nanopartikel (Barium, Strontium, Aluminium u.a.) die flächendeckend von Flugzeugen aus verstreut werden (Chemtrails), Unmengen von Plastik, die die Meere verschmutzen sowie Blei und Quecksilber.

Die Menschen werden mit Impfstoffen, die Quecksilber und andere toxische Stoffe enthalten, schon im Säuglingsalter konfrontiert. Unsere Nahrung ist mit den übelsten Lebensmittelzusätzen angereichert und die Medikamente verursachen zum größten Teil mehr Schaden als das sie helfen. Ferner werden wir mit extrem hohen Elektrosmog belastet, mit Frequenzen die unser Nervensystem permanent überreizen.

Es werden, nonstop, Kriege weltweit inszeniert und das Leid, das Elend, die Angst und die Zerstörung nehmen kein Ende. Der Terror der Supermächte wird von Jahr zu Jahr immer schlimmer. Die Menschheit wird vorsätzlich dumm gehalten. Die Bildungs- und Unterhaltungsindustrie geben dazu ihr Bestes. In den sog. Entwicklungs- und Schwellenländern werden schon die Kinder offiziell versklavt, in dem sie Produkte herstellen, die letztendlich für die Ärmsten, in den reichen Industriestaaten gedacht sind. So kann sich auch hier ein Harz IV- oder Niedriglohnempfänger (Sklave durch den Lohndummping) gerade noch so bekleiden. Die Sklaverei wird zur alltäglichen Normalität.

Nun stellt sich in diesem Kontext die Frage. Ist die Sklaverei ein natürlicher Prozess? Ein Prozess der irgendwo vergleichbar wiederzufinden ist?

In der Natur gibt es die unterschiedlichsten Symbiosen in der Pflanzen- und Tierwelt, aber alle beziehen sich immer auf ein Geben und Nehmen. Eine Versklavung scheint es scheinbar nur unter den Menschen zu geben!? Oder vielleicht doch nicht?

Kapitel IX.

Andere Dimensionen

Oft benötigen wir einen anderen Blickwinkel um bestimmte Zusammenhänge besser zu verstehen. Und nicht anders ist es mit dieser Problematik. Wir werden uns ständig im Kreis drehen, wenn wir diese skurrile Situation, dass die sog. Elite alles um uns und sich herum zerstört, aus dem gleichen Blickwinkel weiter betrachten. Also benötigen wir einen neuen, anderen Blickwinkel.

Wir bewegen uns in einer künstlich erzeugten Matrix, einer vorgegaukelten Realität. Einer Welt die von einer bestimmten Herrschaftsführung kreiert wurde um das wir funktionieren. Wer aber sind nun diese Herrscher, die alles kontrollieren und planen? Herrscher denen es scheinbar egal ist das ihre eigenen Artgenossen, aber auch eigenen Nachkommen auf ihren Heimatplaneten keine Zukunft mehr haben werden. Das alles macht keinen Sinn wenn man diesen Blickwinkel beibehält. So wären wir gefangen in einem Käfig voller Befangenheit. Es ist an der Zeit, aus seinem konditionierten Denkschema auszubrechen und es ist an der Zeit bereit zu sein sich auf das Unmögliche einzustellen. Unmöglich ist prinzipiell das was wir nicht in unserem Denkschema akzeptieren. Eine völlig andere Realität bzw. andere Welt.

Im Kapitel V. **Veraltete Technologien** beschrieb ich unter anderen wie die Herrschenden im Verborgenen eine technologische Parallelwelt schufen. Eine Welt die uns, dem gemeinen Volk, vorenthalten wird. Alles was wir glauben zu kennen, ist lediglich nur das was wir wissen dürfen, mehr nicht. An dieser Stelle möchte ich gerne einen Bericht aus dem Internet einfügen. Hier die Internetseite

www.paranormal.de/paramirr/local/area51/area51.htm

Giganten unter der Erde
Geheime Untergrund-Städte der Militärs

»Tief unter den gesamten USA und Neu Mexiko sollen mehr als 75 gigantische unterirdische Städte und geheime Anlagen der Militärs existieren, die durch gewaltige Tunnel-Systeme miteinander verbunden sind. Hier sollen außerirdische Technologien und geheime irdische Projekte erprobt und durchgeführt werden. Das berühmte Testgelände Area 51 und die berüchtigte Untergrund-Basis Dulce, wo offenbar Gen-Experimente à la Frankenstein in Zusammenarbeit mit Außerirdischen stattfinden, sind dabei nur die bisher bekanntesten dieser Top-secret-Anlagen. Nach Aussage des Amerikaners und ehemaligen Geheimdienst-Experten Milton William Cooper existieren in den USA neben 75 kompletten Untergrund-Städten noch 22 weitere Anlagen, die von der Atom-Energie Kommission gebaut wurden (nach neueren Quellen sind es inzwischen 32 Anlagen). Die notwendigen Gelder dafür wurden über ein hoch kompliziertes Beschaffungssystem geschleust, das keine Rückschlüsse auf die Quellen mehr zulässt. Erbaut werden diese gigantischen Anlagen im Vorfeld durch hochentwickelte Tunnelbohrmaschinen. Diese atomgetriebenen Tunnelbohrmaschinen sind in der Lage, sich durch härtestes Felsgestein zu bohren, indem sie Steine zu Magma verflüssigen, das bei der Weiterbewegung des Bohrers wieder abkühlt und sich verfestigt. In diesen unterirdischen Röhren sollen elektromagnetisch angetriebene „Subshuttle Vehicles“ mit großer Geschwindigkeit verkehren.

Eine gleiche Technologie wird auch bei der Realisierung des Röhrensystems und der rund 100 Bunker und Schlupflöcher verwendet, die unter dem Code "Noahs Arche" rund um den gesamten Erdball geplant und teilweise bereits realisiert sein sollen. Viele der geheimen Untergrund-Städte sollen komplett mit Straßen, Fußgängerstreifen, Seen, Elektroautos, Apartments, Büros und Einkaufszentren ausgestattet sein.

Dass bereits heute umfangreiche unterirdische Tunnels und Anlagen im Bereich von US-Militärbasen existieren, ist für Insider durch zahlreiche Firsthand-Zeugenaussagen bestätigt. Es wurden über diesen unterirdischen Basen auch eigene Flugzeuge hochgeschickt, um die elektromagnetische Aktivität zu messen und aufzuzeichnen. Dabei wurden zum Teil gewaltige Felder verzeichnet, wie sie nur bei Großstädten wie zum Beispiel New York auftreten (Hamilton 1989).

John Lear – einer der erfolgreichsten und erfahrensten Piloten der Welt – hat sich seit 1986 intensiv mit der UFO-Thematik befasst. Aufgrund seiner zahlreichen Kontakte und Beziehungen zur Flugzeugindustrie und zum Militär konnte er überzeugende Beweise für geheime Kontakte zwischen der US-Regierung und nichtirdischen humanoiden Wesen zusammentragen.

Ihm wurde von vier unabhängigen Quellen bestätigt, dass in unterirdischen Basen modernste Forschungsarbeiten im Bereich der Gentechnologie betrieben werden und dies teilweise in Kooperation mit Außerirdischen geschieht. Das

Zentrum dieser Aktivitäten soll sich tief unter dem Berg Archuleta in der Nähe des kleinen Ortes „Dulce“ befinden, einem Indianerreservat mit nur knapp 1000 Einwohnern (Lindemann 1990). Es soll mit dem Forschungszentrum in Los Alamos – wo einst die erste Atombombe konstruiert wurde – durch eine unterirdische Röhre verbunden sein. Unterirdische Basen sollen aber nicht nur unter dem Ort Dulce existieren, sondern auch im gesamten Gebiet von New Mexico. Ein ehemaliger Angehöriger der US Luftwaffe, der auf der Kirtland-Basis an ferngesteuerten Flugzeugen gearbeitet hatte, bestätigte dies (Adams 1992).

Area 51 – mehr als eine Legende

Dem inzwischen verstorbenen CIA-Mitarbeiter Marion Leo Williams soll es ermöglicht worden sein, das geheime UFO Test-Zentrum im Gebiet „Area 51“ zu besuchen. Er soll zugegeben haben, dass die Luftfahrtfirma Lockheed regelmäßig Ausrüstungsmaterial zu einem supergeheimen Labor in Nevada fliege. Die Aufgabe dieses Labors sei es, in einer Art Reverse-Engineering die Antriebs- und Energiesysteme von abgestürzten UFOs zu erforschen und gleichzeitig den biologischen Aufbau der fremden Wesen zu studieren (Basiago 1992).

Das Areal liegt auf dem Gelände der riesigen 1,5 Millionen Hektar abdeckenden Nellis-Air-Force Base (NAFB), die sich direkt nördlich von Las Vegas bis nach Tonopah, Nevada, hin erstreckt. Überall im Wüstengelände des hermetisch abgesicherten Geländes sind Bewegungsmelder und Videokameras verborgen. Die etwa 20 Kilometer lange

„Groom Lake Road" führt durch diese militärische Pufferzone direkt in die Area 51 hinein. Gewaltige Hangars, Radaranlagen, riesige Versorgungseinrichtungen und die längsten Flugzeugpisten der Welt bilden den sichtbaren Teil des Top-secret-Geländes. Der Großteil dieser Einrichtungen ist mit hoher Wahrscheinlichkeit unterirdisch angelegt, wofür auch zahlreiche Zeugenaussagen sprechen. Es wird vermutet, dass Area 51 inzwischen mit dem 11 Meilen entfernten Area-S4 vertunnelt ist und in S4 ersonnen wird, was dann in Area-51 praktisch durchgeführt wird.

Im Jahr 1989 trat der Physiker Robert Lazar an die Öffentlichkeit und berichtete, auf dem bis damals unbekannten Gelände des „S-4"-Projekts einige Zeit an außerirdischer Antriebstechnologie gearbeitet zu haben. Lazar soll an einem dieser Fluggeräte gearbeitet haben, behauptet jedoch, dass dort insgesamt 9 unterschiedliche UFOs existieren. Nach Robert Lazar handelt es sich bei den Objekten tatsächlich um testgeflogene außerirdische Scheiben und er theoretisiert, dass die seltsamen Bewegungsabläufe der Objekte auf eine Veränderung der Raumzeit in deren Umgebung zurückzuführen sind. Andere Zeugen berichten, dass sie dort Außerirdische gesehen hätten, mit denen die US-Projektleiter im direkten Kontakt stünden. Es soll dabei zu regelrechten Besuchsflügen von Außerirdischen gekommen sein, die sich dann auch für einige Zeit innerhalb des Geländes aufhielten.

Insgesamt über 31.000 abgelichtete Quadratkilometer von den im US-Bundesstaat Nevada liegenden Sperrgebieten können nun in Form von hochauflösenden Satelliten-Aufnahmen im Internet betrachtet und erworben werden. Das Material wurde am 17. Juli 1998 durch den russischen Satelliten Kometa aufgenommen.

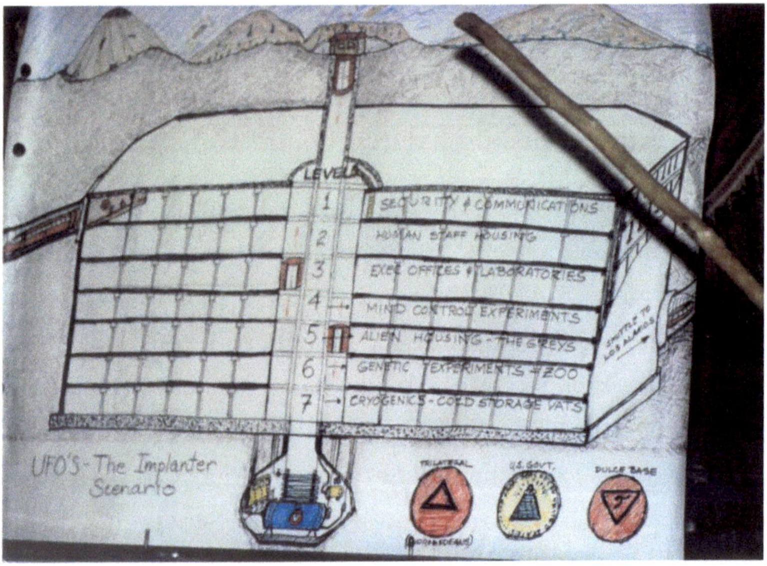

Dulce Basis - genetische Experimente mit Außerirdischen
Beschreibung der Dulce-Basis

Es handelt sich um einen siebenstöckigen, unterirdischen Komplex, indem sich ca. 18.000 Aliens und ca. 10.000 Menschen aufhalten.

1. Ebene - Sicherheit und Kommunikation
2. Ebene - Unterkunft für die Menschen
3. Ebene - Management, Büros und Laboratorien
4. Ebene - Mind-Control Experimente (an Menschen)
5. Ebene - Unterkunft der Aliens (Grauen)
6. Ebene - Genetische Experimente / Zoo (für die Resultate der Experimente)

7. Ebene - Cryo-Genetic - Gefrierlager (für die fehlgeschlagenen Experimente)

Symbole:
Die Grauen: Schwarzes Dreieck auf rotem Hintergrund

Dulce-Base: Schwarzes Dreieck (Spitze nach unten) mit einem griechischen Tau in der Mitte (jede Basis hat ihr eigenes Symbol).

„Die Experimente (Ebene - 6) werden in großem Maßstab durchgeführt, um Menschen genetisch zu verändern, sodass sie in einer gefährlichen Umgebung arbeiten können. Dies wurde bereits in einem solchen Ausmaß perfektioniert, dass wir inzwischen eine Wegwerf-Sklaven-gesellschaft haben." (Hamilton, William F., Cosmic Top Secret - America's secret UFO Programm, Kapitel 9, The deep dark secret at Dulce)

Sie sind in der Lage Klone anzufertigen (exakt gleich aussehende Menschen, die im Laboratorium gezogen wurden. Sie arbeiten nur beim Militär). Zu Beginn wurden Frauen von der Regierung gefragt, ob sie sich zu Experimenten (künstliche Befruchtung) zur Verfügung stellen wollen. Den Frauen wurde dann nach 3 Monaten der Fötus entnommen, der nicht einmal menschlicher Abstammung zu sein brauchte, um ihn im Laboratorium großzuziehen.

Pine Gap - unterirdische Anlage der USA in Australien

Eine Dame in Sidney, Australien, die namentlich nicht genannt sein möchte, die für eine australische Elektronikfirma gearbeitet und in deren Auftrag den unterirdischen Luftwaffenstützpunkt »PINE GAP« betreten hatte, berichtete in einem Interview im April 1992, trotz der Androhung enorm hoher Strafen, dass Pine Gap zirka 13 km tief ist, auf »Freier Energie«-Basis funktioniert, unterirdische Seen, Hängezüge, eigenen Anbau von Gemüse und Obst usw. hat. Nach offiziellen Informationen kann Pine Gap einen direkten Atombombenabwurf problemlos überstehen. (Mehr über PINE GAP in Stan Dejos: Cosmic Conspiracy).

Unterirdische Anlagen in den USA, China und Japan

Die Kosten für derartige Anlagen sind enorm. Ein einziger dieser Bunker in Moskau verschlang z.B. nach Angaben von Burrows eine Summe von 600 Milliarden US-Dollars. Auch China ist seit langem dabei, unterirdische Tunnels und Wege zu bauen. Den führenden Politikern stehen auch geheime Bahntunnels zur Verfügung, über die sie sich in einer Krise nach draußen oder ins Innere flüchten können. Nach Aussagen eines chinesischen zivilen Bediensteten sind Privatwohnungen, Regierungssitz, Zentralbank und eine Armee-Basis über solche Geheimtunnels miteinander verbunden. Das unterirdische Netzwerk ist in den letzten vierzig Jahren als Verteidigungseinrichtung gegenüber ausländischen Invasoren aufgebaut worden.

In Japan gibt es sehr viele zivile Tunnelprojekte. Nach einer jüngsten Veröffentlichung in OMNI plant die Taisel Corporation nun den Aufbau einer kompletten unterirdischen Stadt unter dem Namen „Alice Stadt". Dort werden Einkaufszentren, Büros, Hotels, Theater und Sport-Arenen entstehen. Auch Bäume, Vögel, Fischzuchten, Brücken und Wasserfälle wird es dort geben...

Wissensstand und Erkenntnisse

In Sachen außerdischer Technologie und Kontakte geht man heute davon aus, dass inzwischen folgende Erkenntnisse in den zuständigen Projekten gewonnen wurden und als nicht mehr fortzudenkende Realität angesehen werden müssen:

Die Lichtgeschwindigkeit stellt keine absolute Grenze für interplanetarische Reisen dar.

UFOs sind keine Raumschiffe sondern mobile Zeitmaschinen.

Die Außerirdischen besitzen Kenntnis darüber, wo fortgeschrittene Zivilisationen im Universum lokalisiert sind. Es hat zu früheren Zeiten genetische Interaktionen mit dem Homo Sapiens gegeben, so dass die uns besuchenden Rassen den Menschen ähnliche sehen. Festzustellen wäre in diesem Zusammenhang also, dass es mehrere hundert offizielle und inoffizielle Behörden, Institutionen, Einrichtungen und Projekte gibt, die sich mit außerirdischer Existenz, UFO-Sichtungen usw. befassen. Allein die Existenz der allgemein bekannten Regierungseinrichtungen in zahlreichen Ländern dieser Welt und die Mittel die dafür aufgewendet werden, sprechen sich unzweifelhaft für die Existenz außerirdischer Lebensformen und deren Besuche auf unserem Planeten aus.

Wäre dem nicht so, müssten die uns inzwischen bekannten geheimen Plätze und unterirdischen Anlagen von Traumtänzern gebaut worden sein, was schlichtweg unmöglich erscheint - niemand gibt gigantische Billiarden von Dollars aus, es sei denn, dass ein noch höherer Gegenwert in Aussicht steht. Wir müssen also davon ausgehen, dass es außerirdische Lebensformen gibt und dass wir mit Teilen von ihnen im Kontakt stehen. Dies bedeutet auch, dass solche Wesen einen vielfach höheren Wissensstand haben, als wir selbst, und dass sie vermutlich mit uns kooperieren und z.B. in den USA in der Praxis Dinge vollbracht werden, von denen wir leider nur etwas in Science Fiction-Filmen angedeutet bekommen. Unter den gegebenen Bedingungen muss für Militärs und Geheimdienste absolute Geheimhaltung das oberste Gebot für solche schwarzen Projekte sein.

Welche Geheimnisse muss man so tief verbergen - was Militärs so alles im geheimen treiben Bio-Waffen, bio-psychologische Kriegsführung, ELF oder Skalarwellen, freie Energie, Fernsteuerung von Menschen, Psychotronik-Waffen, Mind-Control-Waffen, ELF Schall-Waffen, Elektromagnetische Puls-Waffen, Tesla-Waffen, Tachyonen-Waffen, Wetter-Kriegsführung, Alternative 2/3 zum Schutz der Elite, geheime Raumfahrt-Unternehmungen.«

Soviel zu dem Internetbericht! **www.paranormal.de/paramirr/local/area51/area51.htm**

In vorherigen Kapitels habe ich unzählige Lügen aufgezählt, Verschwörungen und Geheimpläne die uns in eine völlig vertrete (verrückte) Welt brachte. Verfolgen wir aber den Pfad der Logik kommen wir unweigerlich zu der Erkenntnis dass alle sog. Regierungen ein Ass im Ärmel haben müssen. Denn wir wissen, in der Natur gibt es keine Spezies die sein eigenes Terrain wirklich aufs Spiel setzen würden.

Alle denken an ihre Nachkommen, die absolut niemand wirklich gefährden würde.

Außer: Es ist eine andere Rasse, die sich als Mensch tarnt, diese besitzt natürlicher Weise keinen Skrupel unseren Planeten samt Bevölkerung auszurotten und zu zerstören. Für sie ist unser Planet lediglich ein Planet der Ressourcen zu bieten hat. Unzählige Rohstoffe und menschliche Sklaven könnten ihre Ausbeute sein. Außerdem haben sie keinerlei Beziehung zu unserer Rasse, sie besitzen keine Gefühle für uns. All das würde das heutige politische und militärische Verhalten weltweit erklären und in sich logisch begreiflich machen.

Und alles ist wahr, soweit es ist, und Falschheit gibt es nicht, es sei denn, man halte für seiend, was doch nicht ist.
Augustinus

Vergleichen wir unsere Wahrnehmungen mit Dimensionen, so können wir auch die unterschiedliche Matrix als unterschiedliche Wahrnehmungsdimension betrachten. Hier eröffnet sich uns eine völlig neue Dimension der Wahrnehmung, eine Wahrnehmung der anderen Realität. Nichts ist mehr so wie wir von klein an erzogen wurden. Nichts ist mehr so wie wir es in der Schule oder Studium gelernt haben und nichts ist mehr so wie wir es alltäglich glaubten wahrzunehmen. Eine völlig neue Welt offenbart sich uns, eine Welt die nichts mehr mit der Alten zu tun hat. Das einzige was noch bleibt sind die Gefühle zu unseren Liebenden, alles andere löst sich immer mehr auf und verschwindet aus unseren Geist. Es eröffnet sich für uns eine neue Dimension. So wichtig geglaubte Dinge verlieren an Gewicht und unsere Prioritäten verlagern sich in andere Bereiche. Haben wir erst einmal einen Einblick in diese neue Dimension erhalten, gibt es kein Zurück mehr, wir haben uns aus dieser Pseudowelt, dieser vorgetäuschten Matrix befreit. Wir laufen durch die gleichen Straßen aber betrachten die Dinge aus einen anderen Blickwinkel und wir sehen oder hören die gleichen Nachrichten aber wir verstehen deren Lügen und Absichten. Wir folgen nicht mehr naiv und ahnungslos ihren Gesetzen sondern bewegen uns geschickt an denen vorbei. Deren Lügen entpuppen sich als die Wahrheit und deren Wahrheit entpuppt sich als ein Schleier der Verdummung.

Willst du deinen Traum verwirklichen, dann erwache.
Rudyard Kipling

Hier ein Auszug aus dem Internet:

»Lasst uns zunächst für die Uneingeweihten einen kurzen Blick darauf werfen, was diese Geheimen Weltraumprogramme überhaupt sind. Uns als Öffentlichkeit wurde im gesamten Verlauf der Geschichte weisgemacht, dass es sich bei der NASA um die Spitzenorganisation für Weltraumforschung handelt – das ist eine elende Lüge. Mittlerweile wissen fast alle, dass das amerikanische Weltraumprogramm mit der „Operation Paperclip“ begann. Dieses Programm wurde Ende des Zweiten Weltkriegs durchgeführt und es wurden damals die besten Raketenwissenschaftler aus Deutschland heimlich in die USA gebracht, um dort unter der Leitung der US-amerikanischen Regierung in militärischen Forschungseinrichtungen wie Los Alamos Labs in New Mexiko zu arbeiten.

Die Nachkriegsjahre waren ein kritischer Wendepunkt bei den Raketenforschungen und dem fortgeschrittenen Ingenieurwesen, und mithilfe von Wissenschaftlern wie Werner von Braun waren die USA in der Lage, Dinge wie ferngelenkte Raketen bis hin zu Nuklearwaffen zu entwickeln. Dieser massive Zustrom von Intelligenz, technischen Fähigkeiten und Welterfahrung brachte den Amerikanern den entscheidenden Vorsprung für bemannte Weltraumflüge über Russland, dem es als erste Nation gelang, einen Satelliten in einem Orbit zu stationieren. Aber dies war lediglich der Anstoss zu einem viel dunkleren Weltraumprogramm, mit dem die USA kurze Zeit später im Geheimen starteten und in das sie Milliarden und letztendlich Billionen Dollar aus Steuergeldern steckte.

Der Beginn von allem

Es waren nicht nur die „übernommenen" Naziwissenschaftler, die das Weltraumprogramm der USA auf Touren brachten. Die aus abgestürzten Fluggeräten von Außerirdischen gewonnenen Technologien steigerten den Stand der Technik auf ein für diese Zeit unvorstellbares Niveau. Der durch Rückbau aus dem bei Roswell abgestürzten ET-Fluggerät resultierende Technologie-Gewinn brachte das US-Militär im Vergleich zu 1947 in der Entwicklung 40 oder 50

Jahre vorwärts. Die Technologie war tatsächlich so fortgeschritten, dass sie systematisch kategorisiert werden musste und auf verschiedenste hochkarätige Forschungs- und Entwicklungsunternehmen wie Bell Labs, XEROXPARC und AT&T sowie Luft-und Raumfahrtfirmen wie Lockheed, Northrop und General Dynamics verteilt werden musste. Für das Militär alleine war es zu viel, das Material zu analysieren und in Ingenieurdaten aufzuschlüsseln, also beauftragten sie diese Forschungs-und Entwicklungsfirmen damit, ihnen zu helfen, ihre Ziele schneller zu erreichen als sie es alleine geschafft hätten. Ehemalige Militärangehörige wie Phillip J. Corso und frühere Luft-und Weltraumunternehmer wie Don Phillips haben im Detail beschrieben, bis zu welchem Umfang die Militärs in den 1950 und 60er-Jahren die Technologien vervielfältigt und in die fortgeschrittenen Waffenprogramme mit aufgenommen haben.

In diesem Zeitraum gab es eine regelrechte Explosion von technologischen Fortschritten, angefangen von der Beschaffenheit von Festkörperelektronik, über Luft-und Raumfahrtdesign bis hin zu erweiterten Optik-Techniken wie der Wärmebildtechnik. An diesem Punkt entschieden die herrschenden Kräfte, die Kabale, auf die ich noch eingehen werde, das Raumfahrtprogramm in der Mitte zu teilen. Die Hälfte davon sollte in die „weisse Welt" hinausgehen und sich zu dem entwickeln, was wir heute als Nationale Luftfahrt- und Weltraumagentur (NASA) kennen und die andere Hälfte sollte in der „schwarzen Welt" Unterschlupf finden und zur Gründung des Geheimen Weltraumprogramms (SSP) beitragen. Es ist nicht genau klar, wie sich alles vor über 60 Jahren zugetragen hatte, aber es ist ganz eindeutig, dass es seitdem mehrere Jahrzehnte an Entwicklung gegeben hat. *du zwei für einen Preis von einer haben kannst? Nur, diese eine kann geheim gehalten werden. Von den Amerikanern kontrolliert und von den Japanern konstruiert, die, vor kurzem erworben, auch im Mehrheitsbesitz von Tochtergesellschaften von Hadden-Industries sind.*“ Das geschieht mit derselben Mentalität, die es ermöglicht hat, dass ein Konglomerat von Verteidigungsunternehmen und „schwarzen“ Zweigen von verschiedenen internationalen Regierungen existiert, welche das Geheimnis dieser verborgenen Raumstationen und einer Flotte von Raumschiffen im Gesamtwert von Billionen von Dollars bewahren. Mir ist klar, dass das sich das alles sehr unwahrscheinlich anhört und wenn ich es nicht mit meinen eigenen Ohren gehört hätte, dann würde ich es auch nicht glauben, aber die Realität ist, dass es da eine Spur gibt, die zeigt, dass all das Geld an den gleichen Ort wandert: in ein in viele Teile aufgeteiltes schwarzes Loch, zu dem sogar die Mitarbeiter der höchsten Regierungsränge keinen Zugang haben. Während der Post-Apollo-Ära wurde der NASA gerade genug Geld gegeben, um ihre „weißen“ Weltraum-Programme von interplanetarer Erforschung fortzusetzen. Ihr wurde im Jahr 1980 durch den Kongress mit einem 4,2 Milliarden-Dollar-Budget Entwicklung und Bau des Space Shuttles genehmigt. Zum Vergleich dazu betrug das militärische Verteidigungshaushaltsbudget 1980 303,4 Milliarden Dollar – ohne die schwarzen Budgets. Im Jahr 1997 wurde der NASA der Bau der Internationalen Raumstation mit einem Budget von 13,2 Milliarden US-Dollar erlaubt, also dürftige 4% des 305 Milliarden Dollar schweren Verteidigungshaushalts von 1997. Wenn wir das bis zum heutigen Tag betrachten ist die NASA praktisch eine Witzfigur, so wie ein Kind, das in der Klasse aufsteht, um eine Frage zu beantworten, mit einem „Schubs mich"-Zettel auf dem Rücken. Die Agentur ist selig blind gegenüber der Tatsache, dass sie seit ihrer Gründung von geheimer Militärtechnologie in jeder Weise messbar übertroffen wurde. Ihr 2015 Budget beträgt 18,4 Milliarden US-Dollar, während der militärische Verteidigungshaushalt 2015 460 Milliarden Euro beträgt. Die NASA mag mit einem Feuerwerk, mit Paraden und wehenden Fahnen begonnen haben, doch sie wird sprichwörtlich in einem Krankenhausbett ohne ein Budget für ein Lebenserhaltungssystem enden…welche in Russland produziert werden. Das ist genau das, was die Kabale von Anfang an beabsichtigte. Am 10. September 2001 hatte Donald Rumsfeld bekannt gegeben, dass 2,3 Billionen Dollar des US-Pentagon-Geldes „verschwunden" seien, und machte sehr sachlich-nüchtern die „Militärausgaben" dafür verantwortlich. Am nächsten Tag [dem 11.September…] würde sich [sowieso] niemand in der Welt an dieses kleine, winzige Stück Information erinnern.

Nicht-Irdische Offiziere

Zwischen Februar 2001 und März 2002 hackte sich Gary McKinnon, ein schottischer Systemadministrator, in 97 verschiedene Computer des US-Militärs und der NASA ein – unter dem Decknamen „Solo" vom Haus seiner Freundin in London aus. Sein eigentliches Ziel war es, Beweis für UFOs und unterdrückte, fortschrittliche Technologie zu finden.

Was er herausfand, verwandelte seinen „6-Monate Zivildienst" in ein Auslieferungsgesuch in die Vereinigten Staaten mit der Androhung von 70 Jahren Gefängnis. Gary

sagte, er sei von Dr. Steven Greer's Disclosure Projekt inspiriert worden. Greer brachte eine Reihe von sehr glaubwürdigen Zeugen zusammen, die vor dem Washington National Press Club bestätigten, dass sie Kenntnis von der Existenz von außerirdischen Visitationen und einem Geheimen Raumfahrtprogramm hatten. Einer der Zeugen, ein ehemaliger Air Force Sergeant namens Karl Wolfe, sprach über Bilder aus dem Weltraum, die am Johnson Space Center der NASA absichtlich verändert werden. Mc Kinnon hackte sich in Johnsons Computersysteme ein und sagte, er hätte ein hochauflösendes Bild von einem großen Zigarren-förmigen Schiff über der nördlichen Hemisphäre gefunden. Die Datei war 235 Megabyte groß und schwer auf seinem Computer zu betrachten. Er senkte die Bit-Tiefe bis zu 4-Bit, so dass das Bild schneller geladen würde und erkannte ein Raumschiff, doch konnte er das Bild leider nicht sichern. Der umstrittenste Teil der Informationen von Mc Kinnon kam, als er sich in die Systeme des US Space Command hackte. Er behauptet, ein Excel-Dokument gefunden zu haben, in welchem „nicht-terrestrische Offiziere" und „Transfers von Schiff zu Schiff" in einer Marineflotte, die nicht existiert, aufgelistet waren. Als er gebeten wurde, sich an die Namen der Schiffe zu erinnern, äußerte Gary zwei: die USSS Le Mayand und die USSS Hillenkoetter. Wenn dies wahr ist, sind die Namen von großer Bedeutung, da sie die “USSS” -Bezeichnung haben. All diese Informationen weisen auf die Existenz einer Flotte von ausserhalb- der-Erde-fliegenden Marineschiffen hin und dient nun dazu, die Informationen von Corey und Randy zu bestärken. War das Raumschiff, was Gary sah, ein Teil der „Solar Warden” Raumflotte?

Admiral Roscoe Hillenkoetter war der erste Direktor der CIA und auch ein Mitglied einer UFO-Forschungs-Organisation, dem Nationalen Untersuchungs- Ausschuss für Luftphänomene (NICAP). Im Jahr 1960 berichtete die New York Times, dass Hillenkoetter einen Brief an den Kongress geschickt hatte mit der Aussage: „Hinter den Kulissen sind hochrangige Air Force-Offiziere schwer besorgt über UFOs. Doch wegen des Amtsgeheimnisses und möglichem Spott sind viele Bürger geneigt zu glauben, die unbekannten Flugobjekte seien Unsinn“. Obwohl Hillenkoetter tatsächlich für das Ende der UFO-Geheimhaltung kämpfte, hörte er schließlich auf, diese Angelegenheiten zu kommentieren.

Angebliche geheime Dokumente, die an UFO-Forscher durchsickerten, zeigen Hillenkoetter als Mitglied auf der Liste der berüchtigten Majestic 12-Gruppe (siehe: Die schwindende Macht der auserwählten Wenigen des Majestic 12), einer Organisation, die Gerüchten zufolge von Präsident Truman aus hochrangigen Militärs und Zivilisten geschaffen wurde, um zunächst das UFO-Thema zu managen. Was wir nun anhand all dieser Menschen sehen, die aus der Dunkelwelt kommen ist, was ich bereits seit Jahren sage, was passieren wird. Der undichte Wasserhahn der Offenlegungen wird immer undichter! Wir sehen immer mehr Menschen aus der Dunkelheit kommen und erstaunlicherweise wird es einigen von ihnen von den Mächten-die-waren erlaubt. Randy Cramer behauptete, dass er die Erlaubnis von seinem Kommandanten bekam, mit seinen Informationen an die Öffentlichkeit zu gehen, was darauf hindeutet, dass die Kabale realisiert, dass dies der ideale Weg für sie ist, der Wahrheit eine Leck zu ermöglichen, ohne dass das Gesicht zu verlieren oder soziale Unruhen auszulösen. Dies ist eine langsame Druckentlastung, die es den Massen nach und nach erlaubt, sich mit dem Konzept der Außerirdischen und letztlich diesen Geheimen Raumfahrtprogrammen zu vertraut zu machen, die seit über 50 Jahren in Aktion sind.

Glaubt mir, wenn ich sage, dass es viel, VIEL mehr hinter den Kulissen gibt, als wir eingeweiht werden. Ich genieße es, die Schrauben und Muttern eines Themas zu erforschen, und hoffe, es ist hier gelungen. Die Quintessenz ist: **Es gibt mehrere Geheime Weltraumprogramme in Betrieb, wir sind bei weitem nicht allein im Universum, und wir** sind schon so lange belogen worden, wie wir uns erinnern können. Es ist Zeit für uns alle, als ein kollektives Bewusstsein zu erwachen und zu erkennen, was vor sich geht und die Information zu integrieren, die uns offenbart werden.«

Kapitel X.
Kosmische Gesetze

Werden wir nun wirklich von Außerirdischen ausgebeutet und versklavt? An dieser Stelle möchte ich meine Leser mit einen Bericht von Dr. Lawrence Dunegan über einen Vortrag von Dr. Richard Day aus dem Jahre 1969 konfrontieren. Aber beurteilen sie selbst.

Auszug aus: >Alles Schall und Rauch< Montag, 8. Dezember 2008, von Freeman um 21:34 **Der große Plan: Was sie mit uns vorhaben**

http://alles-schallundrauch.blogspot.com/2008/12/der-grosse-plan-was-sie-mit-uns-vor.html#ixzz3qNKcWBUT

»Unsere politischen und kulturellen ›Führer‹ sind die Komplizen in einem Komplott, um die menschliche Gesellschaft umzugestalten, damit sie der globalen Finanzelite als Sklaven dienen kann. Die Lügen über Kriege, Terrorismus, Wirtschaftskrisen, Klimawandel, Energieknappheit usw. auf der einen Seite und die Medienmanipulation, Unterhaltung, Modetrends und andere Propaganda auf der anderen, werden benutzt, um Schritt für Schritt den Orwellschen Polizeistaat einzuführen.

Dass dieser Plan tatsächlich existiert, beweist die folgende Aussage von Dr. Lawrence Dunegan, über einen Vortrag von Dr. Richard Day, an dem er teilnahm. Dr. Day war der National Medical Director der von Rockefeller gesponserten ›Planned Parenthood‹ oder Organisation für geplante Elternschaft. Seinen Vortrag hielt er vor der Vereinigung Amerikanischer Kinderärzte in Pittsburgh am 20. März 1969!

Im Jahre 1988 hat Dr. Dunegan seine Erinnerung über diesen Vortrag von Dr. Day, Frau Randy Engel von der US Coalition of Life anvertraut und ihr auf Band gesprochen. Er beschreibt das ›Neue Weltsystem‹, welches bereits implementiert ist und die Welt umkrempeln wird. Dr. Day wollte, dass die 80 Ärzte sich damals darauf vorbereiten konnten.

Die Abschrift der Tonbandaufzeichnung ist hier zu finden und sollte genauestens studiert werden. http://alles-schallundrauch.blogspot.com/2008/12/der-grosse-plan-was-sie-mit-uns-vor.html#ixzz3qNLb8slH

Es geht um ›The New Order of Barbarism - Die neue Ordnung der Barbarei‹ die Dr. Dunegan auf drei Tonbänder gesprochen hat. Dr. Richard Day, der 1989 verstarb, war ein Insider der ›Order‹, und er war zur Zeit seiner Ansprache auch Professor für Kindermedizin an der Mount Sinai Medical School in New York. Er sprach ›inoffiziell‹ zu den versammelten Kinderärzten über den Plan der globalen Elite, welche die westliche Welt regiert, die eine Weltdiktatur, eine Welttyrannei etablieren will, die allgemein auch ›Neue Weltordnung‹ genannt wird, bestehend aus einer Weltregierung, Weltwährung und einer Weltreligion.

Dr. Day forderte die Zuhörer auf, keine Notizen zu machen und alle Aufzeichnungsgeräte auszuschalten. In seiner Einführung sagte er, früher hätte er nicht darüber reden dürfen, aber jetzt (1969) könne er schon frei über den Geheimplan sprechen, denn ›... alles ist parat und niemand kann uns mehr aufhalten.‹

›Einige von euch meinen ich spreche über den Kommunismus. Nun, über was ich spreche ist viel größer als der Kommunismus!‹«

Hier folgt nun eine Zusammenfassung in Stichworten seiner Rede:

»Bevölkerungsreduzierung; Erlaubnis Kinder zu bekommen; Neuausrichtung des Sinn von Sex; Sex ohne Fortpflanzung; Verhütung universell erhältlich; Sexaufklärung der Jugend als Werkzeug für die Weltregierung; Subventionierung der Abtreibung als Bevölkerungsreduzierung; Förderung der Homosexualität; alles ist erlaubt: Homosexualität; Technologie zur Fortpflanzung ohne Sex; Zerstörung der Familie; Sterbehilfe und die ›Todespille‹; Der Zugang zu bezahlbarer Krankenversorgung einschränken, um die Alten los zu werden; Zugang zu Medizin wird streng kontrolliert; die Abschaffung selbstständiger Ärzte; Schwierigkeiten, neue unheilbare Krankheiten zu diagnostizieren; Unterdrückung der Krebsheilung zur Bevölkerungsreduzierung; Auslösung von Herzattacken um Leute zu ermorden; Schulausbildung, um die Pubertät und Evolution zu beschleunigen; die Verschmelzung aller Religionen; die alten Religionen müssen verschwinden; Veränderung der Bibel durch eine Revision der Schlüsselwörter; Schulausbildung als Werkzeug zur Indoktrination; längere Schulzeiten, aber Kinder lernen nichts dabei; Kontrolle des Informationszugangs; Schulen als Zentrum der Gemeinde; gewisse Bücher werden einfach aus den Bibliotheken verschwinden; Gesetzesänderungen die soziales und moralisches Chaos auslösen; Förderung des Drogenkonsums um eine Dschungelatmosphäre in den Städten zu produzieren; Alkoholkonsum fördern; Beschränkung der Reisefreiheit; Notwendigkeit für mehr Gefängnisse; Verwendung von Spitälern als Gefängnisse; keine psychologische und physische Sicherheit; Kriminalität zur Steuerung der Gesellschaft; Einschränkung der US-Industriedominanz; Verschiebung der Völker und Wirtschaften; Herausreißen der sozialen Wurzeln; Sport um die Gesellschaft umzubauen; Sex und Gewalt in der Unterhaltung; implantierte ID-Karten; Lebensmittelkontrolle; Wetterkontrolle; Wissen wie Menschen funktionieren, damit sie das machen was man will; Fälschung der wissenschaftlichen Erkenntnisse; Anwendung von Terrorismus; Fernsehen welches einen beobachtet; Eigenheimbesitz gehört der Vergangenheit an; die Ankunft eines totalitären globalen Systems.«

Das kündigte Dr. Day bereits 1969 in seiner Rede an!

Wie viel von diesem Plan ist seitdem umgesetzt worden? Sehr viel! Wenn man diese Punkte in einer Übersicht betrachtet, dann versteht man was in der Welt und mit uns vorgeht.

Einiges davon habe ich rausgepickt: Sie wollen uns alle einen Chip implantieren, damit sie uns finden und identifizieren können und damit sie uns überwachen, unsere Bewegungen kontrollieren und unsere Einkäufe aufzeichnen können. Gleichzeitig wollen sie den bargeldlosen Zahlungsverkehr einführen, wobei der Chip das Geld beinhaltet und nur damit bezahlt werden kann. Unliebsame Personen wird man einfach den Chip abschalten, damit sie dadurch über das Geld ebenfalls »ausgeschaltet‹ sind.

Sie werden »eine oder zwei Atombomben benutzen, um die Menschen zu überzeugen, sie meinen es ernst,« sagte Day. Er unterließ wohl zu sagen, wer »sie« sind, aber ihre Namen kann man erraten. Da er für Rockefeller arbeitete, kann man davon ausgehen, er meinte die Rockefellers und ihre Chefs, die Rothschilds.

Damit wird die Meinung vieler bestätigt, dass die globale Finanzelite und Besitzer der Zentralbanken für die meisten Kriege und den Terrorismus verantwortlich sind, welche ihre gehorsamen Lakaien, die Geheimdienste MI6, Mossad und CIA inszenieren. Dr. Day sagte dazu, »Weltkriege sind überflüssig« wegen der Gefahr eines Nuklearabtausches, deshalb wird Terrorismus stattdessen verwendet. Man beachte, es war das Jahr 1969 und er sprach bereits über Terrorismus!

Er sagte, es gibt immer zwei Gründe für alles, was die Rockefellers/Rothschilds machen: Ein Scheingrund, der den gutgläubigen Menschen plausibel gemacht wird, und der wirkliche Grund. Als Beispiel, die Klimaerwärmung als Grund für die Reduzierung des CO_2, wird den Menschen als dringliche Maßnahme erzählt, um den Planeten von einer Klimakatastrophe zu retten, dabei ist der wirkliche Grund, die Menschen mit einem Schuldkomplex zu kontrollieren, einen Umbau der Gesellschaft zu bewirken, mehr Steuereinnahmen zu ermöglichen und den Atomstrom als einzige Rettung vor dem Klimakollaps zu verkaufen.

Dr. Day sagte, Sex wird völlig von der Ehe und von der Fortpflanzung getrennt, also die sexuelle Freizügigkeit propagiert, um die Promiskuität zu fördern, damit die Familie und die Ehe zerstört und die Population reduziert wird. Abtreibung, Scheidung und Homosexualität werden als völlig akzeptabel und normal angesehen. Alle Begierden und Neigungen darf man ungehemmt ausleben. Die ganze Gesellschaft wird »sexualisiert« und es findet in der Öffentlichkeit statt. Alles ist erlaubt. Das eigentliche Ziel ist, den Sex von der Fortpflanzung zu trennen. Die Erzeugung der Kinder soll ohne Sex stattfinden, am besten in Fabriken. Konzerne übernehmen diese Aufgabe. Die Größe der Familie wird limitiert, genau wie in China.

Es wird alles gemacht, damit die Familie nicht mehr zusammen bleibt. Die Frauen sollen arbeiten und immer mehr Menschen bleiben alleinstehend. Kinder werden als Babys bereits von der elterlichen Erziehung entfernt und politisch korrekt indoktriniert. Den jungen Mädchen wird als Vorbild nicht mehr die Familie und die Erziehung der Kinder vorgegeben, sondern sie sollen Leistung erbringen und eine »Karriere« verfolgen. Mädchen wird erzählt, sie müssen genau so sein wie Jungs, und umgekehrt. Man will den geschlechtslosen Menschen, das Neutrum erzeugen. Frauen sollen maskuline Mode tragen, wie Hosen, und Männer sich immer femininer geben. Stichwort, Transsexuelle.

Um die Weltgemeinschaft zu vereinigen, werden Sportarten gefördert, welche den Menschen das Gefühl gibt, sie sind »Weltbürger«, wie Fußball, Hockey, Volleyball. Diese sollen auch von beiden Geschlechtern gespielt werden können. Reine Männersportarten, wie Rugby oder American Football sollen verschwinden. Sportveranstaltungen, wie die Olympischen Spiele und Weltmeisterschaften, werden als großes Spektakel medienwirksam inszeniert und fördern ebenfalls die Vereinheitlichung der Welt.

Day sagte, Amerika wird deindustrialisiert. Sehen wir ja an der ganzen Outsourcingwelle und der gerade stattfindenden Zerstörung der Autoindustrie. Jeder Teil der Welt wird sich spezialisieren und somit voneinander abhängig gemacht. Kein Land darf autark sein. Day beschrieb die Globalisierung, nur den Begriff gab es damals noch nicht. Er sagte auch bereits 1969, die amerikanische Industrie wird untergraben und als nicht wettbewerbsfähig dargestellt. Die USA wird das Zentrum für Landwirtschaft, Hightech, Kommunikation und Ausbildung bleiben dürfen.

Pornografie, Gewalt und Obszönität werden im Fernsehen und Kino zunehmen. Die Menschen werden gegenüber Gewalt und Pornos desensibilisiert. Die Menschen verrohen immer mehr und sind Gefühlskalt. Sex hat mit Liebe nichts zu tun, sondern wird einfach gekauft und konsumiert. Sie sollen die Einstellung haben, Materialismus ist das Größte, das Leben ist kurz, gefahrvoll und brutal. Der Stärkere gewinnt, wer am Schluss am meisten hat, ist der Gewinner.

Es wird Arbeitslosigkeit und Massenmigration geben, um lange etablierte und konservative Gemeinschaften aufzubrechen und wurzellos zu machen. Durch die Grenzöffnung, bzw. bewusste Zulassung von Flüchtlingsströmen, wird unsere Gesellschaft und Kultur »verwässert«. Fremde werden besser behandelt als Einheimische, die ausländischen Sozialschmarotzer sogar gefördert. Die Völker sollen ihre Sprache, Individualität und Traditionen aufgeben und Herkunft leugnen, und in einem kulturlosen Einheitsbrei aufgehen.

Er sagte, die Heilung für Krebs ist in den Rockefeller-Instituten und Forschungslabors vorhanden, wird aber geheim gehalten, um die Bevölkerung zu dezimieren. Er sagte auch, eine Reihe vom Menschen gemachten Krankheiten werden eingeführt und immer öfters stattfinden. Wieso tauchen seit einigen Jahren die ganzen epidemischen Krankheiten auf, wie AIDS; SARS, Vogelgrippe usw. Dr. Day wusste ja 1969 nichts davon.

Dr. Day, der während des II. Weltkrieges in der Wettermanipulation arbeitete, sagte, das Wetter kann benutzt werden, um Kriege zu führen oder um Trockenheit und Hungersnöte auszulösen. »Ich meine damit nicht das Versprühen von Jodkristalle auf Wolken, damit Regen ausgelöst wird, sondern ECHTE Wetterkontrolle.« Sind das die Chemtrails?

Die Lebensmittelversorgung wird streng kontrolliert und niemand kann mehr Lebensmittel für den Eigenverbrauch anbauen, um zum Beispiel »Flüchtige aus dem neuen System zu unterstützen.« Eigene Lebensmittel anzupflanzen wird verboten, mit der Begründung, es wäre unsicher. Der Codex Alimentarius ist genau die Umsetzung dieses Plans. Dahinter stehen die Nahrungsmittelgroßkonzerne, welche die Gesetzgebung massiv beeinflussen, um ihr Monopol über die Lebensmittel zu sichern. Siehe auch US-Gesetz HR 875, das unter dem Vorwand der Sicherheit das Anpflanzen von eigener Nahrung verunmöglicht.

Was sind die genmanipulierten Pflanzen und die sogenannten Terminatorsamen, die nur einmal aufkeimen, aber sich nicht vermehren können, anders als die totale Lebensmittelkontrolle. Seit Jahrtausenden leben die Bauern davon, dass sie einen Teil der Ernte als Samen für die nächste Anpflanzung zurückbehalten. Diese bäuerliche Kultur wird von den Agrarkonzernen völlig zerstört. Sie müssen jetzt jedes Jahr neuen Samen von den Verbrechern kaufen. Zitat Henry Kissinger: »Wer die Nahrungsmittel kontrolliert, kontrolliert die Welt.«

Wie kann man ihnen überhaupt ein Patent auf Gene, also auf Leben, genehmigen? Das ist doch pervers. Haben sie das Leben erschaffen? Nein, sie haben es gestohlen und patentieren es, damit sie damit gigantische Profite einsacken und alle Menschen von sich abhängig machen können.

Er sagte auch, die Menschen werden durch die Informationen, die sie bekommen, kontrolliert. Diese Information wird selektiv sein. Nicht jeder wird Bücher besitzen dürfen. »Gewisse Bücher werden aus den Bibliotheken verschwinden.« Literaturklassiker werden subtil verändert (Ist bereits mit Goethe passiert). Die Menschen werden wohl zu einer längeren Schulzeit verpflichtet, aber sie lernen nichts dabei und werden immer dümmer.

Die Reisemöglichkeiten werden eingeschränkt. Wir sehen, wie mit der Ausrede, Schutz vor Terrorismus, bereits »Schwarze Listen« über Personen in Amerika geführt werden, denen das Reisen verboten ist, die sogenannte »No Fly List«, die mittlerweile fast 1 Million Namen beinhaltet. Wie man auf diese Liste kommt und wieder runter, ist unbekannt, liegt an der Willkür der Behörden. Alle Personen, die in die USA reisen wollen, müssen seit Neuestem sich vorher im Internet anmelden und ein Formular ausfüllen, mit vielen privaten Informationen. Wer kein grünes Licht bekommt, den dürfen die Fluglinien nicht an Bord lassen.

Day sagt auch, der private Besitz von Häusern wird verunmöglicht. Der Preis für Häuser und die Finanzierung wird schrittweise erhöht, so dass niemand es sich leisten kann. Die Menschen die welche besitzen, dürfen sie behalten, aber über die Jahre wird es speziell für junge Familien immer unerschwinglicher. Die jungen Menschen sollen Mieter werden und in Wohnungen leben. Mehr und mehr Häuser werden leer stehen. Niemand kann sie kaufen. Da haben wir die Hypothekenkrise.

Er sagte, Leute die das alles nicht wollen, werden »human entsorgt.« Es wird keine Märtyrer geben, »die Menschen werden einfach verschwinden.«

Die Konsequenz

Es fällt uns wie Schuppen von den Augen. Wir erkennen so vieles was 1969 gesagt wurde wieder. Wir sehen, wir werden durch die Medien zu einer völlig pervertierten »Toleranz« und »politischer Korrektheit« erzogen. Schritt für Schritt wird unsere Akzeptanzgrenze für amoralisches Verhalten, Egoismus, Ausleben von Bedürfnissen, Freiheitseinschränkungen und »plausible« Gesetze erhöht, ja wir glauben den Rechtfertigungen, die uns mit Propaganda eingetrichtert werden so inbrünstig, dass wir unsere eigene Identität aufgeben und Versklavung verteidigen.

Wir glauben, wir müssen Weltbürger werden, es gibt echte Terroristen, Kriege sind nur Friedensmissionen, der Islam will unsere Kultur zerstören, dem Bankensystem kann man vertrauen, Regierungen und Politiker wollen nur unser Gutes, die Medien berichten immer die Wahrheit und Konzerne sind nur an unserem Wohl bedacht. Dabei ist alles eine Lüge und es ist genau umgekehrt.

Jeder, der versucht, seine Mitmenschen aufzuklären und was wirklich abgeht zu zeigen, wird als Spinner und »Verschwörungstheoretiker« diffamiert. Dabei leben wir in der größten Verschwörung überhaupt. Das ist ja das infame und raffinierte daran. Die Menschheit ist in der Matrix gefangen und sieht nicht, wie der »Designer« alles kontrolliert.

Dr. Day sagte, Politiker werden manipuliert »ohne dass sie es merken.« Das bedeutet, ihr Versagen uns alle von dieser satanischen Verschwörung zu schützen, ist ein Verrat aller höchsten Ordnung. Wir müssen die Aufrichtigen unter ihnen alarmieren, ebenfalls deren Vollstrecker, die Soldaten und die Polizei. Die Zivilisation ist am Scheideweg. Wir sind in großer Gefahr und müssen uns deshalb in kleinen unabhängigen Einheiten organisieren.

Den Menschen geht es schlecht und sie sind jetzt viel aufnahmebreiter für diese Informationen. Die »Wirtschaftskrise« ist absichtlich gemacht und Teil ihrer Agenda für den Polizeistaat. Wir müssen die Menschen aufklären, welche meinen, die Ereignisse die passieren, sind nur Zufall. Die Rockefellers/Rothschilds und ihre verräterischen Lakaien werden es nicht fertigbringen, wenn wenigstens 5 Prozent der Massen die Wahrheit kennen.

Die Progressiven, Linken und Grünen müssen lernen, dass »liberaler Fortschritt« und »Veränderung« eigentlich zur totalitären Weltregierung führt. Dies ist der »Change« an den sie glauben sollen. Ein völliger Irrglauben. Dr. Day sagte 1969, „Die Menschen sind gezwungen sich an konstante Veränderung zu gewöhnen. Ich war selber ein liberaler Linker. Wenn ich die echte Bedeutung von ›die Welt verändern‹ sehe, dann können es andere auch."

Wir müssen praktische Schritte unternehmen, um uns, unsere Familie und unsere Freiheit zu verteidigen.

Unsere ganze Gesellschaft und Kultur basiert auf Betrug, auf einen zentralen Schwindel, das Monopol über das Geld des Staates liegt in den Händen einer Kabale von Privatbänkern. Sie haben ein Betrugssystem aufgebaut, welches nur aus Luft besteht, aber uns alle kontrolliert, ausbeutet, versklavt und einen großen Schaden zufügt. Sie benutzen diese Macht um das Monopol auch über jeden Aspekt unseres

Lebens auszuweiten, in dem sie die Weltereignisse und das soziale Verhalten der Menschen manipulieren.

Der einzige Weg die Zivilisation vor der Weltdiktatur und dem Zusammenbruch zu retten, ist die Verstaatlichung und Demokratisierung der Zentralbanken, wenn nicht sogar deren völlige Abschaffung. Ein immer schneller steigender Schuldenberg häuft sich an, der alles belastet und erstickt. Von dieser Knechtschaft müssen wir uns befreien und die Geldsäcke zum Teufel jagen, statt, wie dauernd passiert, sie mit noch mehr unserer Steuergelder zu ›retten‹. «

Soviel zum Beitrag von „Alles Schall und Rauch".

http://alles-schallundrauch.blogspot.com/2008/12/der-grosse-plan-was-sie-mit-uns-vor.html#ixzz3qNKcWBUT

„Wenn ihr weiterhin die Sklaven der Banken sein wollt und für eure eigene Versklavung bezahlen wollt, dann lasst die Banken weiterhin das Geld erschaffen und die Kredite kontrollieren."

Sir Josiah Stamp, Direktor der Bank of England, 1928 bis 1941

Dieser Beitrag ist letzten Endes ein Bericht aus dem Jahre 1969. In einer Zeit in der die Flower-Power Bewegung der Hippy am intensivsten war. Woodstock, der Vietnamkrieg, Rock- Pop und Psycho Delic Musik, wie LSD und Antiautoritäre Erziehung spiegelten den Alltag wieder. Rebellion und Kulturrevolution waren an der Tagesordnung. Alle glaubten, die Welt mit zu verändern. Umweltbewegungen und alternatives Denken wurden entwickelt. Es war eine Zeit der Veränderungen. Zu mindestens sah es so aus! War es wirklich so, wie wir es in Erinnerung haben, oder war diese Zeitepoche ebenfalls nur ein Experiment eine Vortäuschung falscher Tatsachen? Gehörte diese angebliche freie

Entfaltung letztendlich nur zu einem Plan? Einen Plan der dafür sorgte dass jede Generation das Gefühl der individuellen Entwicklung bekommen soll? Quasi eine Scheinrevolution, in der sich alle damaligen Freidenker wiederfanden. Um jeden wirklichen Freidenker den wahren Wind so aus den Segeln zu nehmen? Vieles spricht dafür, wenn wir bedenken mit welcher Raffinesse die sog. ›Elite‹ Jahrzehnte, Jahrhunderte und noch weiter voraus planen, und das dies alles für uns Menschen in einer größeren Zeitdimension abläuft.

Beobachten wir akribisch den Plan der Elite, dann stellen wir fest, dass deren Planungen über mindestens dreihundertfünfzig Jahre vorausgehen, das heißt alle Zielsetzungen sind auf Verknüpfungen dieses Zeitgeschehens von ca. 350 Jahren abgestimmt. Einfach dargestellt heißt das: Unsere Geschichte wird so gestaltet, wie es nach den Plänen der ›Elite‹ Sinn macht. Revolutionen, Unruhen, Umbrüche und Kriege werden weit voraus vorbereitet. Nichts wird dem Zufall überlassen. Interessant ist z.B., dass vor 350 Jahren die Geburtsstunde des Papiergeldes als Zahlungsmittel war. Es war eine Revolution, die vor 350 Jahren in Schweden stattfand. Es war eine Revolution ohne Tote und ohne Abdanken eines Königs. Die Revolution betraf lediglich den Handel mit Geld in Form von Banknoten

Die Geburt des Papiergeldes begann 1661 in Stockholm. Da in Schweden in dieser Zeit Silber äußerst knapp war und Silber im damaligen Geldverkehr von entscheidender Bedeutung war gab der schwedische Staat Kupferplatten als Münzen aus. Doch Kupfer ist weniger wert als Silber – ein großes Manko in einer Zeit, in der der Realwert der Münzen von großer Bedeutung war. Zehn Reichstaler wiegen als Kupferstücke rund 20 Kilogramm! Johann Palmstruch, der fünf Jahre zuvor die Stockholms Banco gegründet hatte, machte den Schweden ein Angebot: Der Bankier tauschte die Kupferplatten gegen Papierscheine ein. Auf diesen ist ein fester Wert gedruckt. Das gab es bisher nur bei personenbezogenen Wechseln oder Kreditscheinen. Palmstruchs Papiergeld sollte jedoch frei zirkulieren.

Prinzipiell war Palmstruchs Idee epochal. Doch der Bankier ließ schon nach kurzer Zeit mehr Geld drucken, als die Bank an Gegenwert besaß. Als das bekannt wurde, wollten die Kunden ihr Kupfer zurück. Der Bank blieb nichts anderes übrig, als Konkurs anzumelden. Palmstruch landete im Gefängnis, wurde aber später begnadigt. Der schwedische Staat übernahm seine Bank und gründete 1668 die erste Staatsbank Europas: die Sveriges Rikes Ständers Bank. Auch sie druckte Banknoten, doch garantierte sie ihren Kunden, dass sie für den Wert der Scheine den realen Gegenwert vorhält. Der Papiergeldhandel setzte sich durch.

Derzeitig misstrauten viele Menschen der neuen Zahlungsart. Kein Wunder, denn Papier hat anders als die Metallmünzen keinen echten Materialwert. Anfang des 18. Jahrhunderts erfand dann der Schotte John Law ein Tauschsystem, das das Vertrauen der Menschen in Papiergeld stärkte: Er gab Papierzettel mit einer Garantie heraus. Sie stellten sicher, dass der auf dem Papierschein genannte Wert jederzeit gegen Münzen oder Edelmetall eingetauscht werden konnte. Später wurde dieses Prinzip dann auf echte Geldscheine übertragen.

Vor 350 Jahren begann also eine neue Ära, die der Banken-Abzocker-Industrie, mit der man die Welt noch besser kontrollieren konnte. Wer sind aber nun diese »Menschen« die alles scheinbar kontrollieren und das seit sehr langer Zeit?

An dieser Stelle möchte einen Auszug aus der Internetseite ***»Equapio«*** zitieren.

»Die ›Elite‹ eine spezielle Züchtung?

Ja, Du hast richtig gelesen. Die so genannte Elite ist der Abschaum! Sie sind nichts anderes als eine Verschmelzung von Reptilien-Götter mit ein paar handverlesenen auserwählten Töchtern der Menschheit. Davon zeugt die Geschichte und dies findet man in uralten Erzählungen u.a. auch in der Bibel wieder. So spricht das Alte Testament in der korrekten Übersetzung, von Söhne Gottes, die sich mit ›leichten‹ Mädchen der Menschheit paarten und somit für eine ›edle‹ Mischrasse auf dieser Erde sorgten.

Sicher verstehst Du nun auch den Begriff ›Königtum von Gottes Gnaden‹, der bei den Königshäusern Gang und Gebe ist. In Wahrheit sind sie lediglich Handlanger, Marionetten von Reptiloiden, aber was soll's, denn auf diesem Planeten liegt ihnen das Volk zu Füßen. Genauso verhält es sich.

So sind die Königshäuser und der Adelstand Abkömmlinge aus dieser Blutslinie und dank dem British Empire steht die ganze Welt unter ihrer Knute. Diese Mischlinge sitzen an den Schalthebeln der Macht in Politik, Wirtschaft, Finanzen - halt querbeet überall da, wo es ›nötig‹ ist, um Instrumente zu bedienen, die Biomasse zu versklaven. Und deshalb ist es auch kein Zufall, dass alle 43 Präsidenten der USA miteinander verwandt sind.

Dreiunddreißig davon gehen auf ›Karl der Große‹ (Charlemagne) zurück, einer der berühmtesten Monarchen des heutigen Frankreich und zufälligerweise eine Hauptfigur in der Geschichte dieser Erbnachfolgen und ihre Expansion aus Großbritannien, Frankreich, Deutschland und anderswo.

Da passt natürlich schon wieder der Spruch ›Aus Gottes Gnaden erwählt‹ oder sollte ich es so formulieren: Die Führer der Nationen werden, vor den üblichen Wahlen, von einer elitären Truppe bestimmt. Es zählt nicht die Abstimmung bei der Wahl, sondern nur die Abstammung. Dafür gibt es schließlich die Bilderberger-Treffen, wo sich die Marionetten der Reptiloiden an mehr oder weniger geheimen Orten treffen. Was bei diesen Meetings sonst noch besprochen wird, bleibt grundsätzlich mehr oder weniger geheim! Auch wenn die eine oder andere Nachricht durchsickert und die Teilnehmerliste im Internet veröffentlicht wird, ist der Spekulation, was dort weiterhin beschlossen wird, Tür und Tor geöffnet. Sicher ist, dass wer zu solchen Treffen geladen wird, danach eine besondere Rolle im Welttheater beschieden ist. So ist es auch nicht verwunderlich, dass so mancher US-Präsident vor der Wahl bei den Bilderberger zugegen war.

Damit der ›Stall‹ der Elite sauber bleibt, ist es in dieser Blutlinie üblich, dass die führenden Familien aus Politik, Wirtschaft, Finanzen, Königtum sich nur untereinander paaren. Nennt man auch Inzucht - das nur am Rande. Es hat nichts mit Vornehmtuerei zu tun, denn es gilt schließlich die genetische Struktur - die Art - zu bewahren. Wer dieser Blutlinie zugehörig ist, zeigen die Hybriden durch Symbole, wie zum Beispiel durch die Schlange. Dieses Symbol ist überall, vornehmlich in der Werbung, zu sehen. Die Schlange, die sich in den Schwanz beißt steht für Unendlichkeit und zeigt uns Menschen, dass sich alles im Kreis dreht und wir aus dem physischen Gefängnis nicht ausbrechen können.

Doch nun ist die Zeit für Veränderungen reif. Wir sind in einen Zyklus des Umbruchs eingetreten und dadurch schwindet die Kraft der Reptiloiden uns weiterhin zu manipulieren. Aus diesem Grunde herrscht bei den Gestalten helle Aufregung, denn sie wollen uns weiter unter ihrer Kontrolle halten. Sie möchten den Aufstieg zu einem neuen Bewusstsein verhindern und dazu ist ihnen jedes Mittel recht. Um die Kontrolle der Biomasse zu festigen tritt hier nun der Mikrochip ins Rampenlicht. Ein Chip, der unter die Haut implantiert wird - bei Tieren schon gängige Praxis und bei den Menschen in der Versuchsphase - soll verhindern, dass der gewöhnliche Zweibeiner der Matrix entflieht. Nun bist Du platt, denn so viel Blödsinn hast Du noch nie in Deinem Leben gelesen. Du verweist deshalb diese Geschichte ins Reich der Märchen, was natürlich Dein gutes Recht ist. Trotzdem bitte ich Dich den Aufsatz bis zum Ende zu lesen. Vielleicht löst sich dann Deine Hirnblockade und es bleibt was von meinem Geschreibsel hängen. Bevor Du jedoch weiterliest empfehle ich Dir den Spielfilm ›Sie leben‹ reinzuziehen, wobei im ersten Teil eine wahre Geschichte erzählt wird. Nach dieser ›kurzen‹ Pause geht's nun weiter.

Wo war ich stehengeblieben? Ach ja, bei der Matrix und aus der gilt es zu entfliehen. Noch halten die Reptiloiden-Götter Dich in Schach. Um Dich klein zu halten, bedienen sie sich der effektivsten Waffe, und das ist die Religion. Glaubenskriege unter den verschiedenen Religionen sowie ein strafender Gott, der Dich in der Hölle schmoren lassen kann, sind beliebte Mittel, Dir den Blick für die Wahrheit zu verstellen. Weiterhin operiert man in der Schul(d)medizin mit der Unterdrückung uralten Wissens von wirklichen Heilarten, die man unter dem Begriff ›Selbstheilungskräfte‹ wieder findet. Um das ganze abzurunden ergänzen Fastfood, Fluoride im Trinkwasser und andere Gifte um die physische Gesundheit und unsere Vitalität, insbesondere unsere Gehirnfunktionen, ganz entscheidend einzuschränken - uns zu verblöden. Eine ganz entscheidende Rolle, um die Menschheit unter Kontrolle zu halten, spielen die Massenmedien, wobei die Verblödungsverstärker, die TV-Geräte, maßgebenden Anteil haben. Was noch? Ach ja, die ›Elite‹ legt großen Wert auf Bildung, die man u.a. auch in der Bild-Zeitung wiederfindet. Aufgeweckte Zweibeiner, Menschen die sich davon fernhalten, sind den Reptiloiden ein Gräuel.

Und wenn Du mich nun fragst, ob ich das alles glaube, bzw. verstehe, was ich hier aufs Papier gekritzelt habe, dann muss ich dies leider verneinen und das hat wohl was mit ›Dichte‹ zu tun - ich bin noch nicht ganz dicht. Mir fehlt es schlicht und einfach noch an verschiedenen Erkenntnissen/Erlebnissen. Ich wiederhole mich: Ich bin noch nicht so weit, aber beim Aufstieg in die 4. Dimension wird sich mit Sicherheit auch das letzte Geheimnis natürlich lüften. Trotzdem, auch wenn es mir bisher an gewissen Erkenntnissen mangelt, ist mir und Dir sicher nicht verborgen geblieben, wie wir von einer machtgeilen Elite tagtäglich hinters Licht geführt werden.

Meinen bisherigen Erkenntnisstand fasse ich so zusammen: Re-GIER-ige sind, meiner Meinung nach, seelenlose Monster, die mit Vorliebe ihre Mitmenschen drangsalieren und um ihr Ziel, die Welteinheitsregierung, zu verwirklichen bedienen sie sich den Massenmedien und das ist gut so - macht Sinn -, denn wir nähern uns in riesigen Schritten der weit vergrabenen Wahrheit Stück für Stück.

Hier endet die Geschichte - 4 Seiten sind genug! Wenn Dich dieses Thema gepackt hat, dann steht es Dir natürlich frei ins Detail zu gehen. Zu diesem Thema gibt es schließlich Bücher. Ende«

Aus der Internetseite ***»Equapio«***

Dieser Auszug klingt, das muss ich zugeben, ziemlich einfach und teilweise ein wenig verwirrt. Zumindest werden das viele denken. Jeder, von den Mainstream Medien sog. aufgeklärte Bürger (Mensch) wird das eben gelesene selbstverständlich als völligen Schwachsinn abtun und somit dem Buch ein Ende bereiten. Mit diesem Artikel habe ich mich als Autor wohl allemal ins Fettnäpfchen gesetzt. Mit dem habe ich scheinbar den Rest an Glaubwürdigkeit verloren. Die Form des Schreibens ist selbstverständlich frei und so kann jeder wählen, wie er seine Informationen verfasst. Dieser Autor hat wohlbemerkt einen sehr individuellen Schreibstil. Aber nichtsdestotrotz sollte nicht der Stil sondern eher der Inhalt zum Fokus werden. Hier zählen Zusammenhänge um die es wahrlich geht.

Nun gut, dann versuchen wir noch einmal an den Vortrag von Dr. Richard Day aus dem Jahre 1969 zu denken, in dem der gesamte teuflische Plan der Elite aufgezählt wurde und vergleichen diesen mit einem Auszug der ebenfalls aus dem Internet stammt:

Von den dunklen Energien zur Liebesfrequenz

»Wir sollten uns von dem Gedanken verabschieden, dass wir in einer Welt voller Licht und Liebe leben, und wir stets eingehüllt sind von positiver Energie. Die Liebe ist die stärkste Kraft des Universums und auch wirksam auf der Erde, doch werden diese wohlwollenden positiv wirkenden

Energien ständig von Störsendern beschossen und manipuliert, wenn wir nicht Obacht geben. Und dennoch sind wir Menschen in der Lage, zu wählen, welchen Energien wir uns zuwenden, den Dunklen oder den Lichten? Wenn wir die globalen Geschehnisse genau betrachten, können wir vielleicht verstehen wie die Welt wirklich funktioniert und dass es nicht nur Menschen sind, die die Erde zu ihren Gunsten manipulieren und daraus ihren Vorteil ziehen. Wie ist es möglich, dass nur einige mächtige Familien auf diesem Planeten die Geschicke der Menschheit lenken und vom etablierten System profitieren, während der überaus größere Teil hungert oder für andere arbeitet und somit eine Lebensweise führt, welche zwar als normal gilt (weil konsum- und leistungsorientiert), aber seit nunmehr vielen Generationen ungefragt übernommen wird?

Warum das Ziel der sog. ›Eliten‹ gerade jetzt die Neue Weltordnung (per ›Eine-Welt-Regierung‹) ist, um alle Menschen mittels Angst, Abhängigkeit und Opferbewusstsein zu kontrollieren und möglichst leicht regierbar unter sich zu haben, soll in diesem Beitrag etwas Aufklärung finden. Ebenso gehen wir dem Umstand nach, dass der Mensch seit Jahrtausenden immer im Leid gefangen ist, wie es auch im Buddhismus deutlich beschrieben wird. Ist es lediglich der Überlebenskampf oder gibt es noch andere Ursachen? Im Voraus gesagt lautet die niederschmetternde Antwort, dass es Wesen gibt, die nicht wollen, dass es uns Menschen gut geht, ja sogar davon profitieren, wenn es uns schlecht geht! Aber es gibt aktuell viele Hinweise, dass sich momentan Gewaltiges auf der Erde tut, was die Bewusstseinsentwicklung der Menschen voran treibt und die dunklen Wesen in den Schatten stellen kann, dazu später im Beitrag.

Die NWO hat ein Ziel

Die Voraussetzungen für die Etablierung der Neuen Weltordnung der ›Eliten‹ (Hochfinanz) werden nach und nach in aller Offenheit umgesetzt. Zunächst wird Chaos inszeniert (Terror, Flüchtlingswellen, Kriege, Armut, Finanzcrashs), um dann mit sicherheitsrelevanter Strategien wieder Recht und Ordnung durchzusetzen (Überwachungsstaat, Befreiungsarmeen, Krieg, RFID-Chips, Mindcontrol, Ausbau der Sicherheitstechnik etc.). Unterdessen sollen fast unbemerkt Voraussetzungen für die uneingeschränkte Machtausübung einiger Banken und Großkonzernen sowie die beabsichtigte spätere Ohnmacht der Staaten und Bürger mittels Freihandelsabkommen wie TTIP/CETA, bargeldlosem Zahlungsverkehr und haarsträubenden freiheitseinschränkenden EU-Gesetzen durchgewunken werden. Einige Politiker und bestimmte Firmen sind nur gut bezahlte Gefolgsleute und Ausführorgane der o.g. kleinen, aber mächtigen Gruppe, die mit geistig-dunklen Wesenheiten ein perfides Spiel treiben.

Nag Hammadi Texte: Auf der Erde wirkt nicht nur der Mensch

Bereits auf den alten Schrifttafeln der Sumerer (ca. 3. Jahrtausend v. Chr.) sowie in den alten Schriften der Gnosis (frühchristliche Bewegung ca. 2. – 3. Jahrhundert n. Chr.) werden sehr deutlich dunkle Mächte beschrieben, welche die Menschheit seit vielen Tausend Jahren geistig manipulieren. Die Gnosis war zur damaligen Zeit zusammen mit dem Hinduismus eine der Weltreligionen – warum dies in keinem Schulbuch steht, wäre mal eine interessante Frage! Anscheinend besaßen die Gnostiker heikles Wissen, das von bestimmten Mächten oder Organisationen vor den Menschen unbedingt verheimlicht werden sollte.

Ein Teil der sog. Nag Hammadi Schriften, die 1945 in Ägypten gefunden wurden, war nicht nur das von den Christen lange Zeit geheim gehaltene Thomasevangelium, sondern auch die ›Hypostase der Archonten‹. In diesen Texten wurde beschrieben, was die Menschen in Nag Hammadi vor 2.000 Jahren über die Welt, die Schöpfung – und die Archonten – dachten. Daraus geht hervor, dass es um ca. 3600 v. Chr. eine Invasion gegeben hatte, also etwa 1600 Jahre bevor die Nag Hammadi Texte vergraben wurden. Diese Invasion soll wie ein Virus gewesen sein und die Gnostiker wurden für ihre Verbreitung dieser Informationen massivst unterdrückt. Die Wesen, die sie unterdrückten hießen Archonten. Archonten werden als geistige emotionslose Wesenheiten mit grauem, Reptiloiden Aussehen beschrieben und sind der Menschheit alles andere als wohl gesonnen.

Es wird in den Nag Hammadi Schriften von den Gnostikern angedeutet, dass sie die menschlichen Emotionen, speziell (Todes-) Angst, dazu benutzen, um sich davon zu ernähren, da sie selbst keine Emotionen haben. Durch die geistige Beeinflussung der Menschen erschaffen sie Kriege, um die Todesenergie der Sterbenden auszusaugen. Die Liebe und Zärtlichkeit eines Liebespaares hassen sie. Daher ist es auch der momentane Bewusstseinssprung der Menschheit und der Erde, und die leise aufkommende einander bedingungslose Liebe, die sie verhindern wollen, weil dies den Aufschwung der Menschen, und ihren eigenen Untergang bedeuten würde.

Um ihre Macht auf der Erde weiterhin entfalten zu können, haben sie ihre menschlichen Handlanger, die an der Spitze der wichtigsten Organisationen der Erde sitzen (Eliten), gründeten Religionen, installierten Medien und etablierten ein weitgehend ›künstliches‹ Leben, um die Menschen immer weiter vom Ursprung und von der Natur zu entfernen. Bei den von Sitchin übersetzten Keilschrifttafeln der Sumerer ca. 3 Tsd. Jahre v. Chr. und den erwähnten Anunnaki handelt es sich übrigens mit großer Wahrscheinlichkeit ebenfalls um die Archonten.

Eine Frage der Frequenz

Wir sind den Machenschaften und Energien dieser dunklen Mächte aber nicht gänzlich ausgeliefert, wenn wir einige wichtige Dinge berücksichtigen. Archonten etablierten auf der Erde eine künstliche und von der Natur abgekoppelte Welt. Daher ist es ratsam, sich generell wieder mehr der Natur zuzuwenden. Wenn man das Gefühl hat, von dunklen Mächten in seinem Denken und Tun beeinflusst zu werden, sollte man sie respektvoll ansprechen und wegschicken. Eine andere gute Möglichkeit ist, eine einhüllende Aura mit goldenem Licht als Schutz um sich herum zu visualisieren.

Am wichtigsten ist jedoch, sich auf der Frequenz der Liebe zu bewegen, anstatt auf der Frequenz der Düsternis (hier sollen vor allem die negativen Nachrichten erwähnt sein). Da wir Menschen uns inmitten eines Bewusstseinssprunges befinden, währenddessen sich auch unser Körper und unser Geist weiterentwickelt und wir in unsere volle Kraft kommen können, fällt es für uns mit der Zeit leichter, uns in die Frequenz der Liebe zu begeben, aber nur wenn wir uns dessen bewusst werden. Von alleine geschieht dies nicht! Viele Menschen spüren, dass sie sich irgendwie verändern, geistig wie auch körperlich. Dies sind Symptome der Bewusstseinsentwicklung.

Bewusstseinssprung contra Machthaber der Erde

Nach spirituellen Erkenntnissen ist die DNS des Menschen weitaus mehr als nur eine chemische Aneinanderreihung von Molekülen, denn sie repräsentiert ein Abbild unserer eigenen unendlichen universellen Datenbank. Alle Informationen unserer gesamten Existenz inklusive unserer vergangenen Leben sowie möglicher zukünftigen Szenarien sind in der 13-Strang DNS verborgen. Bisher nutzte der Mensch nur ca. 3 % des 100%igen DNS-Potenzials, doch gegenwärtig ändert sich dies und das bisher inaktive genetische Material erwacht wieder step-by-step zur vollen Stärke, dieser Prozess wird auch als Lichtkörperprozess bezeichnet.

Aktivierung der 13 DNS Stränge. Der von den Maya lange prophezeite Bewusstseinssprung der Menschheit findet jetzt statt, kurz gesagt wird dieser begünstigt und ausgelöst durch bestimmte Sternen- und Planetenkonstellationen, vermehrte Sonnenaktivitäten und dementsprechender Abschwächung des Erdmagnetfeldes sowie der enormen kosmischen Energien durch die Zentralsonne. Die planetaren Vorgänge im Universum sorgen dafür, dass sich die 13-Strang-DNS der Menschen vollständig entfalten. Einhergehend werden auch unsere sieben Hauptchakren wieder ›aufgedreht‹, welche vormals bewusst von höheren Mächten verschlossen wurden. Durch die Aktivierung des genetischen Potenzials finden wir wieder zu uns selber und entwickeln dabei vermehrt hellsichtige Fähigkeiten. Wir fühlen uns nicht mehr getrennt zur Göttlichkeit, erinnern uns wieder an das Wissen rund um die feinstofflichen Aspekte des Seins und der Welt. Daher sehen viele Menschen momentan das Leben und die Wirklichkeit mit anderen Augen und hinterfragen viele Hintergründe ihrer Selbst, als auch bisher als selbstverständlich hingenommene Machenschaften und Strategien der Politik und der Wirtschaft. Jetzt ist die Zeit gekommen, sich seine selbst auferlegten Muster und Gewohnheiten bewusst zu werden und neue Wege zu finden, Zufriedenheit und Glück zu erlangen.

Dieser Bewusstseinssprung der Menschheit, aus dem Halbschlaf heraus zum Erwachen, ist von den dunklen Mächten nicht erwünscht, da dieser den Machtverlust und das Ende deren Existenz auf der Erde bedeuten würde. Daher werden momentan alle Schrauben kräftig angezogen, um die Menschheit von ihrer eigenen Macht abzulenken und den Fokus auf das Schlechte, Negative und Problematische im Außen zu lenken. Wer im Außen verstrickt ist, wird sich seiner eigenen inneren Macht nicht bewusst. Das bestehende System wurde bewusst so angelegt, damit der Mensch negative Nachrichten im TV und in der Zeitung serviert bekommt und fast nur mit Arbeiten, Stress und Lärm von früh bis spät beschäftigt ist. Anstatt genug Zeit zu haben, um sich mit sich selbst zu beschäftigen, mit seiner Seele, seinem Geist und der eigenen Heilung.

Schwingungserhöhung

Wir Menschen sind eben nicht ›Gefangene‹ der negativen Schwingungen der dunklen Mächte. Wenn wir unsere Frequenz erhöhen, also in die Schwingung der Liebe kommen, senden die dunklen Mächte zwar trotzdem ihre ›Störsender‹ aus, aber wir können diese nicht mehr wahrnehmen, setzen uns aus eigenen Kräften sozusagen darüber hinweg und richten unser Bewusstsein nach den lichtvollen Schwingungen aus. Was dann erfolgt, ist die gegenseitige Wechselwirkung von Sender und Empfänger und Ereignisse in unserem persönlichen Umfeld ereignen sich, die für mehr Zufriedenheit, Harmonie, Stille, Erfolg und Wachstum sorgen.

Je mehr Menschen ihre Frequenz bewusst nach den positiven Kräften ausrichten, sich dabei mit sich selbst verbinden und Heilung in sich selbst suchen, desto eher ist Frieden auf der Welt möglich. Denn nur, wenn der Mensch nicht weiß, zu was er wirklich fähig ist, und ich meine wirklich jeden Menschen, ist das behindernde Opferbewusstsein nach wie vor wirksam und beraubt ihm seiner wahren Kraft und Stärke. Mittels bewusster Frequenz sind wir in der Lage unsere Schwingung so zu erhöhen, um die dunklen Störsender unschädlich zu machen.

Die Kunst besteht dabei, seine Energie und Aufmerksamkeit auf eine positive Frequenz zu drehen, ohne dabei die schlimmen Ereignisse auf der Welt zu ignorieren. Wir müssen einfach immer wieder versuchen uns auf die liebende Bewusstseinsfrequenz einzustellen und dürfen dabei nicht wegsehen, was vor unserer Nase geschieht. Dann öffnen wir automatisch unseren Kanal zur höchsten Energie des Universums, der LIEBE. «

Selbstverständlich liegt es dem Leser frei, diese aus dem Internet gewonnenen Beiträge, so zu bewerten wie er es für richtig hält. Doch jeder, der einen feien Geist besitzt, kann diese Informationen oder Aussagen nicht ohne weiteres als Hirngespinst abtun. Viele Aussagen stehen in Korrelation zum Ganzen und passen als Puzzle zum Gesamtbild. Ich appelliere an dieser Stelle nochmals an meine Leser niemals alles einfach nur zu glauben und zu konsumieren, sondern prinzipiell jedes Argument zu hinterfragen.

Wir befinden uns jetzt in einer Zeit des großen Umschwungs. Alles wird unternommen, damit die Welt aus den Fugen gerät. Länder deren Rohstoffe und Geostrategische

Lage von Wichtigkeit ist werden nonstop in kriegerische Auseinandersetzungen verwickelt. Geheimdienste lassen Gruppierungen entstehen, die angeblich islamischen Hintergrund haben um die Welt zu bedrohen. Unzählige Flüchtlinge aus diesen Ländern werden vorsätzlich nach Westeuropa geschleust und mit ihnen gleichzeitig tausende, zum Fanatismus getrimmte, junge Männer, die dann bereit sind, auf Kommando Terror in Europa zu verbreiten. Gleichzeitig wird unser gesamter Planet durch giftige Schwermetalle, Pestiziden und viele andere, schon erwähnte Gifte verseucht. Alles weist darauf hin, dass wir Menschen, mehr oder weniger dezimiert und versklavt werden sollen. Und dafür müssen wir, im wahrsten Sinne des Wortes, geistig flach gehalten werden. Unsere Frequenzen sollen eher niedrig gehalten werden und der dunklen Seite zugewandt sein. Sogar bei den kleinen Kindern versucht man durch das Halloween, das sich immer mehr, auch in Europa ausgebreitet und an Popularität, durch die Medien, gewonnen hat, das Grausige und Hässliche zu verschönen. Übelste Zombies und Monsters werden schon den Kleinsten als völlig normal angeboten. Ein Mix aus Krieg, Terror, Angst, Horror, Hunger, Verzweiflung, Desorientierung und Verwirrtheit sollen prinzipiell Inhalt dieser Matrix sein.

Mein letzter Beitrag aus dem Internet, in diesem Kapitel, bestätigt dies leider.

http://killerbeesagt.wordpress.com/ Selten so deutliche Worte gelesen

Hier nochmal die Strategie erklärt von Killerbee:

»Man errichtet keine Diktatur, um eine Flüchtlingskrise zu bewältigen. Man führt eine Flüchtlingskrise herbei, um eine Diktatur zu errichten. Was passiert nun in Deutschland/Europa und wie ist die offizielle Leseart? ›Weil wir eine

Flüchtlingskrise haben, befindet sich Deutschland im Ausnahmezustand.‹ Stimmt das? Nein. Man muss auch diese Aussage umdrehen. ›Weil wir den Ausnahmezustand wollen, haben wir eine Flüchtlingskrise herbeigeführt.‹ Warum will die Politik den Ausnahmezustand?

Weil er der Politik den Vorwand liefert, mit Verweis auf eine ›Krise‹ den Rechtsstaat beiseite zu wischen, Gesetze zu missachten und per Notverordnungen zu regieren.

Im Roman ›1984‹ von George Orwell herrscht immer Krieg. Weil der Krieg dem Regime den Vorwand liefert, mit eiserner Hand gegen das eigene Volk vorzugehen und Regimekritiker als ›Verräter‹ zu ermorden. Das Regime braucht den Krieg. Darum: »Krieg ist Frieden« Denkt!

Man wird uns erzählen: Wir müssen einen Polizeistaat erschaffen, um die Krise zu bewältigen‹, aber in Wirklichkeit haben sie eine Krise erschaffen, um einen Polizeistaat einzuführen. Man erzählt uns: ›Wir müssen Wohnungen beschlagnahmen, um Flüchtlinge unterzubringen‹, aber in Wirklichkeit holt man Flüchtlinge her, um Wohnungen zu beschlagnahmen.

Viele denken: ›Wir haben hier Terror, weil die Flüchtlingskrise außer Kontrolle gerät‹, aber in Wirklichkeit ist die Krise die ganze Zeit unter Kontrolle und erzeugt genau das, was die Politik will: TERROR

›Darum sage ich, dass die Deutschen Parteien die größte Terror-Organisation Europas sind. Alles, was jetzt passiert, ist gewollt. Alles, was jetzt passiert, ist geplant. Nichts ist außer Kontrolle.‹ Die Elite in Deutschland führt einen Krieg gegen ihr eigenes Volk und die ›Flüchtlinge‹ sind ihre

Soldaten. Das ist der Grund, warum die ›Flüchtlinge‹ umsonst mit Bus und Bahn fahren können; Truppentransporte sind immer kostenlos. Das ist der Grund, warum die ›Flüchtlinge‹ von Polizei, Justiz und sogar Bundeswehr geschützt werden sollen, denn all diese Gruppen sollen im Auftrag der Politik Krieg gegen das eigene Volk führen. Das ist der Grund für alles. Anders ergibt das Verhalten von Polizei, Politik, Justiz und Medien keinen Sinn. Es ist ein Krieg »oben gegen unten«.

"Wir stehen am Beginn eines weltweiten Umbruchs. Alles, was wir brauchen, ist die eine richtig große Krise und die Nationen werden die Neue Weltordnung akzeptieren."

(1994 vor dem Wirtschafts-Ausschuss der Vereinten Nationen (UN Business Council) David Rockefeller

Zur Wahrheit gehören zwei - einer, der sie sagt, und einer, der sie versteht. ***Henry David Thoreau 1817-1862***

Kapitel XI.

Kosmische Allianz

Die Mächtigen waren in der Lage, dem einfachen Volk eine Welt vorzugaukeln, die absolut nichts mit der eigentlichen Realität zu tun hat. Sie schufen für das gemeine Volk eine künstlich geschaffene Matrix. Findet die Wahrheit, denn die Wahrheit macht Euch frei! Man könnte daher die Menschen in drei Typen einteilen:

1. diejenigen, die etwas bewirken,
2. diejenigen, die den Geschehnissen zuschauen und
3. diejenigen, die sich wundern, was passiert.

Willst du wissen, wer du warst, so schau, wer du bist.
Willst du wissen, wer du sein wirst, so schau, was du tust.
(Buddha)

Unzählige Rätsel, die eigentlich keine sind, aber als solches in den Medien verkauft werden, machen unsere Vergangenheit geheimnisvoll. Artefakte und Bauwerke zeugen von einer »nicht erklärbaren« Geschichte. Selbstverständlich gilt das nur für die Menschen, die treu dem Wissen der Mainstream-Medien folgen und dies glauben. Zählen wir aber alle genannten Größen zusammen, kommen wir ausnahmslos zu dem Ergebnis, dass nicht alles nur irdischen Ursprungs sein kann. Unser Planet wurde seit Anbeginn von verschiedensten außerirdischen Rassen in regelmäßigen Abständen aufgesucht und es existiert mit aller Wahrscheinlichkeit ebenfalls eine kosmische Allianz. Natürlicher Weise wird es auch dort Unstimmigkeiten in den Interessengebieten geben, so dass die Rassen unterschiedlichste Ziele verfolgen werden. Die Gesetzmäßigkeiten sind universell und überall gleich. Da wird es die Guten und Bösen geben, denn beide bilden eine kosmische Einheit. Es wird die Kolonialisten und Räuber geben und die edelmütigen Guten, die spirituellen Gurus und die einfachgestrickten Wesen. Alles zusammen finden wir auch hier auf unseren Planeten. Diese Gesetze finden wir im Kleinen wie im Großen. Der einzige Unterschied ist eben der, dass sich das Alles nicht nur hier auf unseren Planeten abspielt. Vielleicht ist es auch völlig normal und gehört zu der Entwicklung eines jeden Planeten, (kollektives Bewusstsein) dass die jeweilige dominierende Rasse nichts von einer kosmischen Allianz wissen darf, bevor sie sich nicht selbst mental so weit entwickelt hat. Und es gehört zu jeder Entwicklung immer eine weiterentwickelte Parallelgesellschaft dazu. Quasi eine inoffizielle Verbindung zur allgemeinen kosmischen Allianz. (Wie hier auf Erden die Geheimbünde). Wie dem auch sei, es gibt unzählige Artefakte, sprich Beweise, für andere Zivilisationen, die ihre Zeugnisse auf unseren Planeten ablegten und dies auch heute noch tun. Zu diesem Thema gibt es inzwischen sehr viele gute Autoren, die sich mit dieser Thematik ausreichend beschäftigen. So dass ich es nicht für nötig halte, mich dem anzuschließen. Dennoch ist es wichtig zu verstehen, dass es enorm viele Beweise gibt, die von den klassischen Wissenschaften abgelehnt, sowie von den Mainstream-Medien totgeschwiegen oder allzu gern lächerlich gemacht werden. Verfolgt man dieses Geschehen etwas genauer, stellt man schnell eine gewisse Methodik fest. Bestimmte Forschungsergebnisse werden besonders gepuscht (finanziell gefördert) und andere regelrecht blockiert. Es wird permanent dafür gesorgt, dass wir schön in unserer vorgegaukelten Welt bleiben sollen.

Wer diese Gesetzmäßigkeit erkannt hat, fühlt quasi den Braten und weiß, wie er bestimmte Informationen zu bewerten hat. Er wird diese rhetorischen Märchen besser deuten und verstehen und sich nicht weiter in die Irre führen lassen.

Ich appelliere an jedem Leser nicht einfach nur zu konsumieren, sondern stets selbst zu recherchieren und immer auf der Hut zu sein. Ein freier Geist ist stets der, der nichts für unmöglich hält.

Macht es Sinn, der breiten Masse eine Parallelgesellschaft vorzuenthalten? Ich glaube schon. Denken wir an unsere eigenen Kinder. Würde es Sinn machen, sie mit Dingen zu konfrontieren, mit denen sie altersgerecht nicht klar kämen. Natürlich nicht, sie wären überfordert und dem nicht gewachsen. Und nicht anders ist es mit der Gesamtbevölkerung der Menschen. Zum einen werden sie vorsätzlich von einer boshaften »Elite« verdummt (degeneriert) und zum anderen wären sie auch noch nicht in der Lage, die wahren Umstände zu verkraften. Deren Bewusstseinsebene befindet sich auf einem Level, der die wahre Realität noch nicht verkraften kann. Was durchaus forciert wurde und das nach wie vor.

Nun gibt es »Gott sei Dank« nicht nur die »Dunkle Seite« der Macht, sondern auch eine schützende Kraft. Es sind die »Guten« Wesen, die aus der Allianz heraus, zum einen sich nicht offiziell einmischen können und dürfen, weil sie der natürlichen Entwicklung einer Spezies nicht im Weg stehen wollen und zum anderen, aber auch nicht der dunklen Macht alles Entscheidende gewähren lassen dürfen. Sie wissen, dass das Böse sich gnadenlos vom Leid anderer Wesen ernährt. Sie, die Guten, verhalten sich im Verborgenen und agieren gerade so, dass sie die natürliche Ordnung nicht gefährden und dennoch einen kleinen positiven Einfluss ausüben. Auch dies kennen wir aus eigener Erfahrung. Wir wissen, dass unsere Kinder ihre eigenen Erfahrungen machen müssen und doch mischen wir uns vorsichtig ein, um größere Schäden zu vermeiden.

Gute Eltern und Pädagogen versuchen nicht, den natürlichen Entwicklungslauf der Kinder zu stören. Im Gegenteil, sie versuchen lediglich Anregungen zu geben und sie, die Kinder, in ihrer Entwicklung zu fördern. Vor negativen Einflüssen können wir sie lediglich nur warnen oder gegebenenfalls versuchen, sie fern zu halten, aber inwieweit dies Früchte trägt ist dahin gestellt. Wir finden überall die gleichen Gesetzmäßigkeiten und erkennen, dass letztendlich alles in Korrelation steht. So wie das Internet, in dem sich unzählige Informationen wiederfinden. Diese sind vergleichbar mit Hinweisen, die zur Bewusstseinsentwicklung beitragen. Auch hier gibt es selbstverständlich die positiven und negativen Informationen. Jeder hat die Möglichkeit; …

Stopp, hat denn wirklich jeder die Grundlage, abwiegen zu können, was wirklich gut für ihn selbst und seine Entwicklung ist? An dieser Stelle macht es mal wieder Sinn den wahren Istzustand zu durchleuchten. Natürlich ist die Entwicklung unseres Bewusstseins entscheidend, inwieweit wir abwiegen können, was wirklich gut oder schlecht für uns ist.

Jede Affinität ist letzten Endes ein Prozess unserer Entwicklung.

Kosmisch betrachtet sind wir Menschen ein Baustein, ein Puzzle vom gesamten universellen Dasein. Vergleichbar mit unseren eigenen Körperzellen, die uns ausmachen. Für eine einzelne Zelle stellt unser Körper das Universum dar. Wie viele verschiedene Zellen machen uns aus? Da gibt es die unterschiedlichsten Organ-, Knochen-, Haut,- Fett-, Gewebe-, Muskel- und Nervenzellen, die alle verschiedene

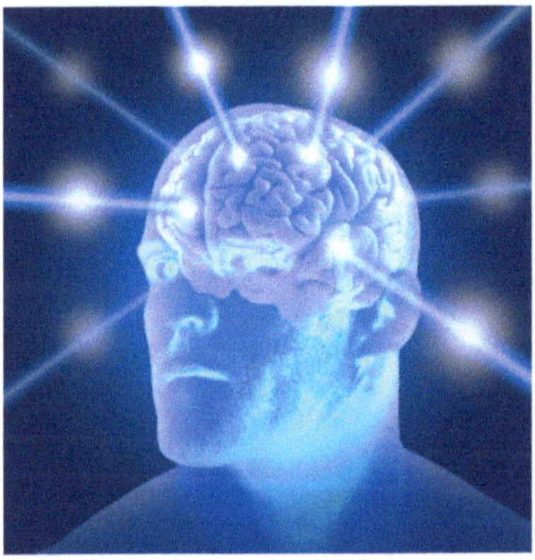

Spezies darstellen und ein eigenes Universum sind. Und jedes Lebewesen (Universum) steht in Verbindung zueinander. Aus dieser Betrachtung heraus sollte uns bewusst werden, dass unsere derzeitige, isoliert dargestellte Welt (Matrix) so nicht existieren kann. Alles, aber auch wirklich alles, spricht dafür, dass wir permanent mit anderen Lebensformen außerhalb unserer Erde (Körper) konfrontiert werden. Dass es eine kosmische Vereinigung (Allianz) geben muss und wir uns lediglich auf einem Level befinden, der dies Wissen noch nicht erreicht hat. Gefangen in einer Matrix der Unwissenheit befinden wir uns in einem Käfig deren Gitterstäbe wir nicht sehen. Erst wenn wir es schaffen diese Scheinwelt zu erkennen, wird es uns gelingen, eine höhere Bewusstseinsebene, Sphäre zu erreichen. Keine auch so mächtige Fremdmacht wird es dann weiter gelingen, über uns zu herrschen.

Ob es Insektoide- oder Reptiloidenspezies sind, wird zu jener Zeit keine Rolle mehr spielen, unser spirituelles Bewusstsein lässt sich dann nicht mehr manipulieren. Unser Geist hat mit dem Kosmos eine direkte Verbindung aufgenommen und sich mit ihm vereint. Und genau darum geht es. Nicht mehr isoliert zu sein. Gefangen in unserem Ego, das andere Mächte schamlos ausnutzen können. Nur so sind wir angreifbar und Sklaven für andere. Und diese Anderen existieren ohne Wenn und Aber. Sie befinden sich unter uns und agieren im Verborgenen. Schon John F. Kennedy warnte vor 50 Jahren vor einer Verschwörung, er sprach von einer verborgenen Macht, die sich unter uns ausbreitet und ein Verderben für die Menschheit ist. Er sprach davon, dass sie inzwischen schon in allen wichtigen Funktionen infiltriert sind und eine Gefahr für die Menschheit darstellen, und dafür musste er sterben. Mehr zu diesem Thema bringt vielleicht dieser Bericht aus dem Internet.

http://www.staatsfeind.net/Die_Akte/38G.HTM

»Um aber einen noch viel wichtigeren Grund zu betrachten, müssen wir hier den Sektor der Politik noch einmal kurz verlassen. Und zwar handelt es sich um den ›ROSEWELL-ABSTURZ‹. Am 2. Juli 1947 war in Rosewell, New Mexico ein ›nicht-irdischer‹ Flugkörper abgestürzt. Es gab 92 Zeugen, davon 35 Berichte aus erster Hand (Air-Force-Personal) und man fand vier kleine menschenähnliche Wesen. Das nächste Raumschiff fand man am 13. Februar in der Nähe von Aztec, New Mexico. Der zweite Absturz in dieser Gegend ereignete sich am 25. März 1948 im Heart Canyon, Aztec, New Mexico. Diese Scheibe hatte einen Durchmesser von 33 Metern, war aus einem unbekannten Metall und man fand sechzehn Tote, zirka 1,20m große Insassen. 1949 ereignete sich ein weiterer Absturz in Rosewell, bei dem einer der Insassen überlebte. Dieser wurde von einem Luftwaffenoffizier auf Befehl nach Los Alamos gebracht. Los Alamos war damals die am besten gesicherte Einrichtung der US-Streitkräfte. Das Wesen wurde als reptiloider Humanoid mit gewissen insektoiden Charakteristiken beschrieben. Er wurde einfach »EBE« genannt (Extraterrestrial Biological Entity). Dieser erzählte, dass seine Rasse die Erde seit 25.000 Jahren besuche und dass er aus einem Doppelstern-System komme, ihr Planet ein Wüstenplanet sei, dessen Sonne zu sterben droht und sie über unterirdische Basen in verschiedenen Ländern der Erde verfügen würden. EBE lehrte den jungen Oberst, der ihn betreute, dass es die Reinkarnation gibt, dass die Seele weiterlebt und dass dies das Gesetz des Universums sei. All dies wurde aufgezeichnet und unter dem Codenamen »YELLOW BOOK« gesammelt. Unter dem Projekt SIGMA versuchte man, mit der Rasse EBE's Kontakt aufzunehmen, jedoch ohne Erfolg. Ende 1951 wurde EBE schwer krank. Da seine biologischen Körperfunktionen auf Chlorophyllbasis beruhten, wurde der Botaniker Dr. Guillermo Mendoza zu EBE's Behandlung hinzugezogen. EBE blieb in Los Alamos, bis er am 18. Juni 1952 »aus unbekanntem Grund« starb. Es heißt, dass der Oberst, der EBE betreute, bei seinem Tode geweint hatte. Er hätte ihn geliebt wie ein Kind. Dieses Ereignis wurde unter dem Projekt ROBERTSON-PANEL später in dem Streifen » E.T. « verfilmt, um die Öffentlichkeit über einen Science-Fiction-Film langsam mit der Realität vertraut zu machen.

Am 6. Dezember 1950 stürzte eine weitere Untertasse (30 m) nahe Laredo, Texas ab. In den Trümmern fand man einen verkohlten Insassen, 1,30 m groß mit extrem großem Kopf Dieser Vorfall erregte besonderes Aufsehen, als die Fotos des Toten freigegeben wurden. Am 20. Mai 1953 barg man in Kingman, Arizona eine weitere Untertasse, die jedoch nur 10m im Durchmesser aufwies. Diesmal waren es vier tote Wesen, die wie auch alle anderen in die «Wright Patterson Air Force Base«(Hangar 18) gebracht wurden. (Wie sagen die Amerikaner doch so treffend: »Reality is sometimes stranger than fiction! « = Die Wahrheit ist manchmal seltsamer als die Fiktion!).

Schon nach dem ersten Absturz wurden verschiedene Geheimorganisationen ins Leben gerufen, um mit der Präsenz der UFOs umzugeben. Die wichtigste war Operation MAJESTIC 12, die am 24. September 1947 von Präsident Truman gegründet wurde und der alle anderen Projekte unterstanden. (MAJESTY ist der Codename für den Präsidenten). Unter den Mitgliedern waren Dr. Vannevar Bush, der wissenschaftliche Berater des Präsidenten; Verteidigungsminister Forrestal und später auch Nelson Rockefeller, Allen Dulles, Chef des CIA und J. Edgar Hoover, Chef des FBI. Die restlichen waren alle Mitglieder des CFR. Alle zwölf waren ebenfalls Mitglieder der »JASON-SOCIETY« oder JASON-SCHOLARS, der Elite aus dem »SKULL&BONES«-Orden. Sitz der Gruppe ist ein nur über die Luft erreichbarer Ort in Maryland, in Insiderkreisen bekannt als der »Country Club«.

Majestic 12 unterstehende Projekte waren u.a.: Projekt MAJI: heißt »Majority Agency for Joint Intelligence« Majority-Dienst für gemeinsames Nachrichtendienstwesen).

MAJIC heißt Maji-Controlled. Alle Informationen und Desinformationen in Sachen UFO's und außerirdische werden von MAJI in Zusammenarbeit mit dem CIA, dem NSA, dem Nachrichtendienst der Landesverteidigung DIA und dem Naval Intelligence (Marinegeheimdienst) ausgewertet.

Projekt SIGN: die Erforschung des UFO-Phänomens, das später in Projekt GRUDGE umbenannt wurde (womöglich wegen der großen Anzahl menschlicher Körperteile, die in zweien der Raumschiffe gefunden wurden).

Projekt BLUE BOOK: die Bergung abgestürzter Flugkörper und gleichzeitig mit dem ROBERTSON-PANEL zusammen die Verbreitung von Desinformation unter der Bevölkerung. Projekt SIGMA: Kommunikation mit der Rasse EBE'S, Projekt SNOWBIRD: Technologie außerirdischer Flugobjekte und der Versuch, eines zu fliegen.

Projekt AQUARIUS: Mantelprojekt zur Koordinierung des Forschungs- und Kontaktprogrammes mit Außerirdischen, Projekt GARNET: Untersuchung der Einwirkungen der Außerirdischen auf die Evolution der Menschheit.

Projekt POUNCE: für die Auswertung der abgestürzten Raumschiffe und die biologische Untersuchung der Insassen zuständig. Projekt REDLIGHT: regeln Testflüge mit geborgenen oder von Außerirdischen zur Verfügung gestellten Raumschiffen. Dieses Projekt wird zurzeit auf dem Gebiet von AREA 51/ GROOM LAKE in Nevada durchgeführt.

Projekt LUNA: ist der Codename für die außerirdische Basis auf dem Mond. Dort wird Bergbau betrieben und dort sind die großen zigarrenförmigen Mutterschiffe stationiert.

DELTA FORCES: Einheiten, die speziell für diese Projekte ausgebildet sind.

Nach dem Bericht von William Cooper und George Segal soll der CIA eigens für die Abschirmung des Außerirdischen-Problems ins Leben gerufen worden sein. Beide teilen uns ebenfalls mit, dass der Schaffung der internationalen Geheimelitegruppe »Die Bilderberger, die wir uns im weiteren Verlauf des Buches noch näher betrachten werden, auch die Verdeckung der außerirdischen Kontakte zugrunde lag. Ich werde die Bilderberger hier jedoch nur unter rein politischen Gesichtspunkten behandeln.

Man fragt sich an dieser Stelle, was die Außerirdischen von uns wollen?

Warum gehen sie denn nicht zu den Führern oder Präsidenten eines Landes? Das haben sie getan! Und nicht nur eine Gruppe!

Nicht nur George Washington und Abraham Lincoln haben behauptet, dass sie von Außerirdischen besucht worden seien, auch Präsident Roosevelt soll im Jahre 1934 bei einer Kreuzfahrt mit der Pennsylvania im Pazifik ein durch Nikola Tesla arrangiertes Treffen mit den Insassen einer Untertasse gehabt haben. Präsident Truman soll am 4. Juli 1945 eine persönliche Begegnung gehabt haben. Einige der Rothschild-Kinder behaupteten um die Jahrhundertwende, dass sich ihre Eltern mit solchen UFOnauten getroffen haben sollen. Hierüber gibt es jedoch nur Berichte einzelner Personen, die solches erzählt oder niedergeschrieben haben.

Konkrete Beweise gibt es jedoch über die Treffen des Präsidenten DWIGHT D. EISENHOWER. Michael Hesemann schreibt dazu (UFOs - Die Kontakte S.55 ff):

„Wie aus den Berichten der Kontaktler hervorgeht, haben die Außerirdischen seit ihrem massiven Auftreten über Washington im Sommer 1952 Kontakt mit der US-Regierung aufgenommen... Zudem wurden verschiedene Kontaktler, so auch George van Tassel, beauftragt, spezielle Communiques an den Präsidenten zu schicken. Dieser war - nach den Präsidentschaftswahlen im Herbst 1952- seit Januar 1953 der General Dwight D. Eisenhower. Eisenhower hatte schon in seiner Dienstzeit von den UFO-Abstürzen in Rosewell, Aztec und Laredo 1947-50 erfahren. Nach seiner Wahl am 18. November 1952 erhielt er einen Lagebericht des Regierungsausschusses, ›Majestic 12‹, der von seinem Vorgänger Truman mit der Untersuchung der geborgenen UFO-Wracks beauftragt worden war. Der Ausschup empfahl dem Präsidenten strikte Geheimhaltung aus Gründen ›der nationalen Sicherheit‹...

Der Schauplatz des Geschehens, an dem Eisenhower seinen Kontakt haben sollte, war die Edwards (MUROC) Luftwaffenbasis in Kalifornien. Diese war schon in den Monaten und Jahren zuvor zum Schauplatz von UFO-Demonstrationen geworden:

8. Juli 1947, Meldungen über vier verschiedene Sichtungen unidentifizierter scheibenförmiger Objekte über der MUROC AFB und dem geheimen Testgelände Rogers Dry Lake.

31. August 1948: Ein großes Objekt mit einem über einen Kilometer langen Schweif aus blauen Flammen kreuzt MUROC in 17.000m Höhe. 14. Juni 1950: Ein Transportpilot der Marine und verschiedene zivile Piloten beobachten ein zigarrenförmiges Mutterschiff 40 km östlich von MUROC

10. August 1950: Lt. Robert C Wykoff, Physiker der Marine, beobachtet durch das Fernrohr ein großes scheibenförmiges Objekt, das nahe Edwards manövrierte.

30. September 1952: Luftbildfotograf Dick Beemer und zwei andere Zeugen beobachten zwei kugelförmige, leicht abgeflachte Objekte, bei Manövern über Edwards.

Am 20. Februar 1954 war es dann soweit. Diese Begebenheit wird, neben den Filmaufnahmen, von verschiedenen Zeugen gleichermaßen bestätigt, darunter Geralt Light vom mächtigen Medienkonzern CBS, dem Mitglied des englischen Oberhauses Earl of Clancerty, Ex-Geheimdienstler William Cooper, dem Luftwaffenangehörigen Paul Solomon und vielen anderen, die derzeit auf MUROC/Edwards stationiert waren.

Demnach ereignete sich an diesem Tag ein Zwischenfall, der alle Offiziere einschließlich des Kommandeurs zum Beobachtungsturm eilen ließ. Von dort aus beobachtete man eine zwischen 60 und 100m Durchmesser große Scheibe, die direkt über der Startbahn schwebte. Das Objekt wurde stundenlang beobachtet, buchstäblich so lange, bis auch der letzte Mann auf der Basis davon wusste. Die Scheibe vollführte Flugmanöver, die allen Regeln der Physik trotzten: auf und ab, von einer Seite zur anderen, rechte Winkel usw.

Später waren es dann insgesamt fünf Flugobjekte, drei scheibenförmig und zwei in Zigarrenform. Eisenhower, der zu dieser Zeit gerade im nahegelegenen Palm Springs zur Erholung war, wurde in den Luftwaffenstützpunkt geflogen. Das Luftwaffenpersonal und Eisenhower beobachteten dann, wie eine kleine Gruppe der UFO-Insassen ausstiegen und sich ihnen näherten. Sie sahen aus wie Menschen, hatten etwa dieselbe Größe, waren blond und sprachen englisch. Sie boten Hilfe in der spirituellen Entwicklung der Menschen an. Ihre Hauptbedingung war, dass wir unsere Atomwaffen zerstören. Sie waren nicht bereit, uns ihre Technologie zur Verfügung zu stellen, da wir spirituell nicht einmal in der Lage wären, verantwortungsvoll mit der Technologie umzugehen, die wir besaßen. Sie glaubten, dass wir jede neue Technologie nur dazu benutzen würden, uns gegenseitig zu zerstören. Diese Rasse erklärte, dass wir auf einem Pfad der Selbstzerstörung seien und aufhören müssten, uns gegenseitig zu töten, die Erde zu verschmutzen, die natürlichen Bodenschätze der Erde auszubeuten und dass wir in Harmonie mit der Schöpfung leben sollten. Am wichtigsten sei, dass wir wissen und lernen müssten, uns als Bürger einer planetarischen Familie zu betrachten und dass wir die Verpflichtung haben und beginnen sollten, uns als Teil einer Familie zu benehmen. Wir müssten schleunigst die Vorstellung aufgeben, dass wir tun und lassen könnten, was wir wollen. Erst dann, wenn wir anfangen, uns als Bürger eines planetarischen Systems zu benehmen, können wir mit ihnen in Beziehung treten. Sie seien ein Teil derselben Familie und sollten auch als solche behandelt werden, und genauso sollten wir die Menschen unserer Erde sehen. Sobald wir erst einmal gelernt hätten, mit anderen Nationen friedlich auszukommen, könnten wir interplanetarische Beziehungen aufnehmen.

Demgegenüber war man äußerst skeptisch, speziell betreffend der Hauptforderung nach nuklearer Abrüstung. Man glaubte nicht, dass eine Abrüstung im Interesse der Vereinigten Staaten sein könnte und fürchtete, vor den Außerirdischen wehrlos dazustehen. Das Angebot wurde zurückgewiesen! Die Fremden erklärten dann, dass sie weiterhin mit

Einzelmenschen Kontakt aufnehmen würden, bis die Erdenmenschen an sie gewöhnt wären. Dann führten die Außerirdischen dem wie gelähmt dastehenden Präsidenten und seiner Begleitung ihre ehrfurchtgebietenden technischen Möglichkeiten vor. Sie zeigten dem Präsidenten ihre Raumschiffe und bewiesen sogar die Fähigkeit, sich selbst unsichtbar zu machen. Dies bereitete Eisenhower eine Menge Unbehagen, weil keiner sie sehen konnte, obwohl alle wussten, dass sie noch da waren. Dann stiegen die Fremden in ihre Raumschiffe und starteten. Diese Landung bestätigt auch der US-Astronaut Gorden Cooper, der erzählt„ dass ihm während seiner Dienstzeit ein Film vorgeführt wurde, der eine UFO-Landung auf einer kalifornischen Luftwaffenbasis Anfang der fünfziger Jahre zeigte.

(Die ganze Geschichte bis ins Detail, mit den Antworten zu allen wieso und warum, finden Sie in Michael Hesemanns „UFOs - Die Beweise“ und „UFOs - Die Kontakte“. Er hat sich die Mühe gemacht, das Material aus über 50 Büchern, und speziell aus den USA, zusammenzutragen und mit ausgesprochen vielen und vor allem guten Fotos zu belegen. „UFOs - Die Beweise“ enthält die Geheimdokumente des CIA, die durch den „Freedom of Information Act“ nach dreißig Jahren der Geheimhaltung der Öffentlichkeit zugänglich gemacht wurden. Es kamen noch mehr Kontakte mit Regierungen zustande, die man jedoch an einem Stück lesen sollte, um eine Übersicht über die Vielfalt der UFO-Thematik zu bekommen. Hierzu gibt es auch Videos, die unter anderem auch die Landung 1964 auf dem Holloman-Luftwaffenstützpunkt enthalten und im weiterführenden Literaturverzeichnis aufgeführt sind.)

Nun zurück zu KENNEDY. Er wollte, nachdem er Präsident geworden und über die geborgenen UFOs und die Geheimprojekte, die auch das Studium des Überlebenden beinhalteten, in Kenntnis gesetzt worden war, diese Informationen der Öffentlichkeit preisgeben. Dieses hatte auch Verteidigungsminister und Majestie-12-Mitglied Forrestal versucht, er wurde am 22. Mai 1949 mit einem Bettlaken um den Hals aus dem Krankenhausfenster geworfen.

Kennedy erging es nicht besser. Er wurde am 22. November 1963 ermordet.

Sein Bruder, ROBERT F. KENNEDY, der den Illuminati ebenfalls im Wege stand, musste am 5. Juni 1968 sterben, nachdem er kurz davor stand, die Präsidentschaftswahlen zu gewinnen. In diesem Fall hieß der Alleintäter SIRHAN SIRHAN. Dieser stand unter einer Droge, die allein für solche Zwecke vom CIA entwickelt worden war. Um sicher zu gehen, dass Sirhan Sirhan nicht verfehlte, hatte der Leibwächter von Howard Hughes die »Extra-Kugel« abgegeben, die man später in Kennedys Kopf fand. Nach Aussage des Untersuchungsrichters ergaben die ballistischen Beweise, dass die Mündung der Waffe 5 bis 8 cm von Kennedys Kopf entfernt gewesen sein muss, Sirhans Waffe jedoch niemals weniger als 30 cm entfernt war. Auch diese Geschichte blieb der Öffentlichkeit vorenthalten. Die unabhängigen Veröffentlichungen innerhalb des CFR und des „Skull & Bones"-Orden beinhalteten jedoch diese Informationen. Wie schon 12 der »Protokolle« sagt, sollte man die Personen, die dem »Plan« im Wege stehen, dem Tode näher bringen. (105) (Die komplette Geschichte mit Namen, Daten und mehr Fakten über das Kennedy-Attentat, wie auch über die UFO-Connection der USA, finden Sie speziell in William Coopers Buch: »Behold a Pale Horse«.) «

http://www.staatsfeind.net/Die_Akte/38G.HTM

Dieser Auszug aus dem Internet beschreibt viele Geheimdienstaktivitäten und Ufo-Ereignisse, sowie Kontaktaufnahmen mit außerirdischen Wesen. Er beschreibt u.a. auch die hohe Technologie und die Vielzahl anderer Spezies. Außerdem die vielen Geheimorganisationen und deren Spezialgebiete der USA. Was ich jedoch nicht glaube, ist, dass John F. Kennedy dies Wissen dem Volke zukommen lassen wollte, sondern vielmehr ein anderes Wissen. Nämlich dass es einer fremden Macht gelungen ist, unseren Planeten zu vereinnahmen. Dass sich eine fremde Rasse infiltriert, und getarnt die wichtigsten Positionen eingenommen hat. Das diese Rasse schon derzeit die zentralsten Posten vereinnahmt haben, mit dem Ziel die Menschheit zu dezimieren und zu versklaven. Vieles spricht dafür, dass Kennedy in seiner Rede am 27. April 1961 dies zum Ausdruck bringen wollte und dafür mit seinem Tode bezahlen musste.

Hier ein Auszug aus seiner Rede, die er am 27. April 1961 vor Zeitungsverlegern im Waldorf-Astoria in New York gehalten hatte. »Eigene Anmerkung: Selbstverständlich konnte Kennedy nicht gleich mit der Tür ins Haus fallen, er musste sich, logischer Weise, bedeckt halten um jegliche Panik zu vermeiden.«

John F. Kennedy:

http://www.youtube.com/watch?v=GR5m1-5ksj0[/youtube]

» Meine Damen und Herren, Geheimhaltung ist abstoßend in einer freien und offenen Gesellschaft. Als Volk haben wir eine natürliche und historische Abneigung gegen Geheimgesellschaften und Geheimbünde. Die Nachteile einer übermäßigen Geheimhaltung übersteigen die Gefahren, mit denen diese Geheimhaltung gerechtfertigt wird. Es macht keinen Sinn, einer unfreien Gesellschaft zu begegnen, indem man ihre Beschränkungen imitiert. Das Überleben unserer Nation hat keinen Wert, wenn unsere freiheitlichen Traditionen nicht ebenfalls fortbestehen. Es gibt eine sehr ernste Gefahr, dass der Vorwand der Sicherheit missbraucht wird, um Zensur und Geheimhaltung auszudehnen.

Ich habe nicht die Absicht, so etwas zu dulden, sofern dies in meiner Kontrolle liegt, und kein Beamter meiner Administration, egal in welchem Rang, zivil oder militärisch, sollte meine Worte hier und heute Abend als eine Entschuldigung interpretieren, Nachrichten zu zensieren oder dezent zu unterdrücken, unsere Fehler zuzudecken oder der Presse und der Öffentlichkeit Tatsachen vorzuenthalten, die sie erfahren sollten.

Wir haben es mit einer monolithischen und ruchlosen weltweiten Verschwörung zu tun, die ihren Einfluss mit verdeckten Mitteln ausbreitet: Mit Infiltration statt Invasion, mit Umsturz statt Wahlen, mit Einschüchterung statt Selbstbestimmung, mit Guerillakämpfern bei Nacht, statt Armeen am Tag. Es ist ein System, das mit gewaltigen menschlichen und materiellen Ressourcen eine komplexe und effiziente Maschinerie aufgebaut hat, die militärische, diplomatische, geheimdienstliche, wirtschaftliche, wissenschaftliche und politische Operationen verbindet. Ihre Pläne werden nicht veröffentlicht, sondern verborgen, ihre Fehlschläge werden begraben, nicht publiziert, Andersdenkende werden nicht belobigt, sondern zum Schweigen gebracht, keine Ausgabe wird in Frage gestellt, kein Gerücht wird gedruckt, kein Geheimnis enthüllt.

Kein Präsident sollte die öffentliche Untersuchung seines Regierungsprogramms fürchten, weil aus der genauen Kenntnis sowohl Unterstützung wie auch Opposition kommt, und beides ist notwendig. Ich bitte Ihre Zeitungen nicht, meine Regierung zu unterstützen, aber ich bitte Sie um Ihre Mithilfe bei der enormen Aufgabe, das amerikanische Volk zu informieren und zu alarmieren, weil ich vollstes Vertrauen … (Applaus) …. in die Reaktion und das Engagement unserer Bürger habe, wenn sie über alles uneingeschränkt informiert werden. Ich will die Kontroversen unter Ihren Lesern nicht ersticken, ich begrüße sie sogar. Meine Regierung wird auch offen zu ihren Fehlern stehen, weil ein kluger Mann einst sagte, ›Irrtümer werden erst zu Fehlern, wenn man sich weigert, sie zu korrigieren.‹

Wir haben die Absicht, volle Verantwortung für unsere Fehler zu übernehmen, und wir erwarten von Ihnen, dass sie uns darauf hinweisen, wenn wir das versäumen. Ohne Debatte und Kritik können keine Regierung und kein Land erfolgreich sein, und keine Republik kann überleben. Deshalb verfügte der athenische (altgriechische) Gesetzgeber Solon, dass es ein Verbrechen für jeden Bürger sei, vor Meinungsverschiedenheiten zurückzuweichen, und genau deshalb wurde unsere Presse durch den ersten Verfassungszusatz besonders geschützt.

Die Pressefreiheit in Amerika wurde nicht durch einen speziellen Verfassungszusatz geschützt, um zu amüsieren und Leser zu gewinnen, nicht um das Triviale und Sentimentale zu fördern, nicht um dem Publikum immer das zu geben, was es gerade will, sondern um über Gefahren und Möglichkeiten zu informieren, um aufzurütteln und zu reflektieren, um unsere Krisen festzustellen und unsere Chancen aufzuzeigen, manchmal sogar die öffentliche Meinung zu führen, zu formen, zu bilden, herauszufordern. Das bedeutet mehr Berichte und Analysen von internationalen Ereignissen, denn das alles ist heute nicht mehr weit weg, sondern ganz in der Nähe und vor der Haustür.

Das bedeutet mehr Aufmerksamkeit und besseres Verständnis der Nachrichten sowie verbesserte Berichterstattung, und es bedeutet schließlich, dass die Regierung auf allen Ebenen ihre Verpflichtungen erfüllen muss, Sie mit unzensierten Informationen außerhalb der engen Grenzen der Staatssicherheit zu versorgen.

Und so liegt es in der Verantwortung der Printmedien, die Taten des Menschen aufzuzeichnen, sein Gewissen zu bewahren, der Bote seiner Nachrichten zu sein, damit wir die Kraft und den Beistand finden, auf dass mit Ihrer Hilfe der Mensch zudem werde, wozu er geboren wurde: frei und unabhängig. «

http://www.youtube.com/watch?v=GR5m1-5ksj0[/youtube]

John F. Kennedy ging derzeit noch von einer relativ freien Presse aus, an die er appellierte. Er glaubte daran, dass mit deren Hilfe, die Menschen in der USA ehrliche Aufklärungen erfuhren. Doch leider irrte sich Kennedy gewaltig, denn die Invasoren waren schon fast überall infiltriert. Eine Invasion ist dann erfolgreich wenn sie nicht erkannt wird. Nach diesem Ziel findet die Vereinnahmung unseres Planeten statt. Die beste Invasion ist die, wenn sie im Verborgenen bleibt. John F. Kennedys bemühen kamen leider zu spät.

Zuviel Science-Fiction? Nun ja, für den einen vielleicht aber für den anderen könnte dies eine wahre Inspiration (Information) sein.

Was wäre, wenn die Menschheit erfahren würde, dass sie von einer boshaften, gierigen, nichtmenschlichen Spezies ausgesaugt und versklavt wird? Wenn jeder Mensch, egal ob arm oder reich dies als wahre Information erhalten würde?

Dessen ungeachtet hat jeder Mensch seinen eigenen Daseinskampf. Gefangen in seiner künstlich erzeugten Matrix ist er stets bemüht seine alltäglichen Aufgaben zu erfüllen. Die untersten Schichten kämpfen ständig ums Überleben. Die mittleren und oberen Schichten kämpfen ständig darum ihren Status zu erhalten und die Creme de la Creme konkurriert, dekadenter Weise, gegeneinander. Die »Elite« dagegen forciert die unterschiedlichsten wirtschaftlichen Szenarien um die verschiedenen Schichten in Bewegung zu halten. Gleichzeitig werden weltweit Krisenherde inszeniert. Sog. Religionen gegeneinander aufgehetzt und der Raubbau wichtiger Rohstoffe wird durch geostrategische Raubzüge als Demokratisierung verkauft. Das ist die Normalität.

Kommen wir zurück zur heimlichen Invasion. Solange wir in unseren Hamsterkäfig beschäftigt sind, werden wir keine Zeit finden, uns mit wesentliche Dingen zu beschäftigen. Wir werden nicht erkennen, was um uns herum geschieht. Zu verstrickt sind die alltäglichen Dinge, die auch durch die Medien kontinuierlich verbreitet werden. Wir werden täglich mit pseudo parteilichem Geplänkel zu getextet. Mit angeblichen Problemen, Konflikten und globalen kriegerischen Auseinandersetzungen Die Medien geben ihr Bestes. Die heimliche Invasion sowie deren Manipulation werden tagtäglich durchgeführt, ohne auch nur das kleinste Detail auszulassen.

Erinnern wir uns an die Möglichkeit, dass wenn die Menschen erfahren würden von einer nichtmenschlichen Rasse versklavt und ausgebeutet zu werden und dass diese sogar unsere Lebensenergie aussaugen, dann gäbe es mit Sicherheit schlagartig keine größeren Ausschreitungen mehr unter den Menschen selbst. Jeder angebliche Glaubenskrieg oder Nationale Konflikt wäre überflüssig. Die gesamte Menschheit würde zusammenhalten und die »Elite« hätte ausgespielt.

Ich habe im vorherigen Kapitel über den Untergang der Titanic und der im selben Jahr gegründeten Privatbank FED *Federal Reserve* berichtet, mit der das amerikanische Finanzsystem privatisiert wurde. Die USA gaben ihr Finanzsystem an eine Gruppe privater Bankiers ab, der auch die Familien Rothschild und Rockefeller angehörten. Die Bankiers hinter der Federal Reserve gründeten später auch noch die Bank für Internationalen Zahlungsausgleich (BIZ) und schufen somit die erste „globale Zentralbank".

Zu diesem Thema möchte ich gerne einen Auszug aus dem Buch »Der Synchronizitäts Schlüssel« von David Wilcock mitteilen.

Die Enthüllung des großen Geheimnisses

»Am 19. September 2011 wies eine unter Dr. James Glattfelder erstellte wissenschaftliche Studie aus der Schweiz nach, dass atemberaubende 80 Prozent der weltweit produzierten Geldmenge über bestens getarnte »Interlocking Directorates« - die personelle Verflechtung von Finanzinstitutionen und Unternehmen – wieder in die Taschen der Federal Reserve zurückfließen. Diese Verflechtung zieht sich auch durch die großen Medienkonzerne. Mithilfe von Supercomputern analysierte Glattfelders Team 37 Millionen Unternehmen und Privatanleger weltweit. Dabei stellte sich heraus, dass nur 737 Konzerne ein Firmennetz kontrollieren, das gemeinsam 80 Prozent der global erzielten Gewinne einkassiert. Diese Information war in den tiefsten Tiefen der Datenflut versteckt und konnte nur dank der leistungsfähigen Rechner ermittelt werden. Die besagten 737 Unternehmen haben innerhalb des Systems zehnmal mehr Macht, als ihr Anteil am Gesamtvermögen vermuten ließe. Weitere Rechenvorgänge führten zu der schockierenden Erkenntnis, dass in diesem Netz aus Eigentumsverhältnissen die wahre Macht bei einem Superkonglomerat aus nur 147 Konzernen liegt. Erstaunliche 75 Prozent der Unternehmen dieses Konglomerats sind Finanzinstitutionen. Zu den mächtigsten 25 Finanzinstitutionen innerhalb dieser gut getarnten Gruppe gehören *Barclays*, *JP Morgan Chase & Co.*, *Merril Lynch*, die *UBS AG*, die *Bank of New York*, die *Deutsche Bank*, *Goldman Sachs*, *Morgan Stanley* und die *Bank of America* – mutmaßlich alle Mitglieder der *Federal Reserve*. Welche Banken die *Fed* tatsächlich leiten wurde nie öffentlich bekanntgegeben (angeblich, um die Sicherheit Privatsphäre der Finanzhäuser zu gewährleisten), doch die meisten unabhängigen Forscher und Insider sind sich über die Hauptakteure einig. Die Macht, die diese führenden Banken auf sich vereinnahmen, ist demnach keine Verschwörungstheorie, sondern eine wissenschaftliche Tatsache. Und das ist noch lange nicht alles.

Alan Grayson, Abgeordneter im Ex-Repräsentantenhaus, der Ex-Abgeordnete Ron Paul und der mittlerweile verstorbene Senator Robert Byrd boxten 2011 eine Buchprüfung der *Federal Reserve* durch, bei der sich herausstellte, dass die *Fed* heimlich 26 Billionen Dollar aus der Tasche des amerikanischen Steuerzahlers verschenkt hatte. diese 26 Billionen Dollar gingen nicht an das amerikanische Volk und auch nicht an die Regierung – sondern an einer Rettungsaktion an die führenden Banken der *Federal Reserve* selbst, von denen einige ihren Firmensitz nicht einmal in den USA haben. Hätte man das Geld den US-Bürgern zukommen lassen, dann wären damit wahre Wunder zu vollbringen gewesen. Immerhin handelt es sich um den absurd hohen Betrag mehr als ein Drittel aller jährlichen Bruttoinlandsprodukte der ganzen Welt. Doch die Gier der Finanzinstitutionen ist so groß, dass sie Risiken eingegangen sind, die selbst mit dieser Summe kaum abzudecken waren. Von dem aus 160 Staaten bestehenden Bündnis habe ich erfahren, dass die Finanzkrise des Jahres 2008 von Mitgliedern des Bündnisses inszeniert wurde, um die *Fed-Mafia* finanziell zu ruinieren. Niemand hätte für möglich gehalten, dass die *Federal Reserve* einen derart gigantischen Rettungsschirm aufbringen würde können, um die Liquidität ihrer korrupten Finanzinstitutionen zu sichern – und damit auch noch durchzukommen. Aber sie hat es geschafft.

Das alles scheint unglaublich. Doch die Existenz des Superkonglomerats, das 80 Prozent des Reichtums der ganzen Welt unter seiner Kontrolle hat, ist eine ebenso bewiesene Tatsache wie die 26 Billionen Dollar, mit denen diese Finanzunternehmen ihre Existenz retteten. Von Soziopathen nimmt man ja an, dass sie ihr Werk allein verrichten, aber Macht ist eben von Haus aus sehr hierarchisch. Ich habe mit Leuten gesprochen, die sich von dieser Gruppe getrennt haben oder aber versuchen, sie von innen heraus zu Fall zu bringen. Von den meisten habe ich erfahren, dass die Reichen und Mächtigen davon überzeugt sind, die Anhäufung irdischer Reichtümer machen einen automatisch intelligenter, stärker und besser als andere Menschen. Wenn man sich also mit anderen Reichen und Mächtigen zusammentut und seine Position innerhalb der Hierarchie akzeptiert, wird man noch reicher und mächtiger. Dank ausgeklügelter Geheimhaltungsmaßnahmen finden all jene, die nicht von Grund auf soziopathisch veranlagt sind, gar nicht erst heraus, was die Gruppe auf ihrer höheren Ebenen anstellt. Rücksichtslos sowie die Bereitschaft, für die Ziele der Organisation alles zu tun, werden mit einer besseren Position belohnt. Je weiter oben man ist, desto mehr ähnelt die Gruppe den schlimmsten Seiten Nazi-Deutschlands. Und tatsächlich gibt es unbestreitbare Beweise dafür, dass die NSDAP von den Mitgliedern dieser Gruppe finanziert und unterstützt wurde; darauf werde ich im Kapitel 13 näher eingehen. Auch die bolschewistische Revolution von 1917, aus der die Sowjetunion entstand, wurde von den Bankiers der Federal Reserve finanziert, wie wir aus G. Edward Griffins Buch *Die Kreatur von Jekyll Island* und Dr. Anthony C. Suttons *Wall Street and the Bolchevik Revolution* erfahren. Ich bin davon überzeugt, dass dieses System heute vor dem Zerfall steht – und genau deshalb befasse ich mich mit diesem Thema.«

„Der Synchronizitäts Schlüssel" von David Wilcock

Diese unvorstellbare Macht, die von diesen Clans oder auch Familien ausgeht sollte man noch einmal aus einer anderen Zeitepoche betrachten. Die sog. »Elite« scheint in anderen Zeiträumen als wir zu planen. Unsere Lebenszeit bezieht sich auf ca. 70-90 Jahren. Wir planen in solchen Zeitraum, vielleicht planen wir noch über unseren Tod hinaus die Abzahlung unseres Eigenheims für unsere Nachkommen. Aber das war es auch schon. Nun gibt es selbstverständlich auch traditionelle Familienunternehmen, die für mehrere Generationen im Voraus planen. Aber auch hier können wir die Zeichen der Zeit erkennen. Die Nachkommen passen sich meist der neuen Zeit an und deren Unternehmen werden oft durch den neuen Zeitgeist, der sich Globalisierung nennt, in die Insolvenz gedrängt. Viele große Familienunternehmen, die über Generationen wirtschaftlich stabil waren wurden durch die angebliche Globalisierung in die Insolvenz getrieben. Und nur wenige Giganten die der sog. »Elite« angehören, bleiben im Rennen. Ich erinnere an den 350 Jahreszyklus, den wir durch geschichtsrelevante Ereignisse zurückverfolgen können, der immer von den gleichen Familien organisiert wird. Es bleiben unterm Strich zwei große Familienclans übrig. Die Rockefeller und die Rothschilds. Die Rothschilds tauchen das erste Mal namentlich vor ca. 350 Jahren auf. 1664 zog Naphtali Herz Rothschild im Frankfurter Getto, in der Judengasse 188, in dem »Hinterhaus zur Pfanne« ein. Das Hinterhaus wurde zum Wohn- und Geschäftshaus der Familie Rothschild. Aus dieser Familie entsprangen Amschel Moses Rothschild und Mayer Amschel Rothschild, dem offiziellen Begründer der Rothschild. Vieles spricht dafür, dass dieser Familienclan schon längere Zeit davor große entscheidende Geschäfte im damaligen Europa machten. Nur dass sie zu jener Zeit sich eben namentlich etablierten. Urkundlich lässt sich deren Stammreihe in Deutschland ab 1500 belegen. Was dokumentiert, dass deren geschäftlichen Aktivitäten, schon vor 1664 bestanden. Man denke an die ersten Banknoten 1661 in Stockholm, das war vor 354 Jahren. Ihre Familienmitglieder entwickelten sich ausschließlich zu Bankiers und zählten offiziell seit dem 19 Jahrhundert zu den einflussreichsten und wichtigsten Finanziers europäischer Staaten. Sie investieren hauptsächlich im Investmentbanking und der Vermögensverwaltung. Sie unterstützten Monarchen und deren Kriege in Europa und das inzwischen weltweit.

Interessant ist deren öffentliches Verhalten, denn sie zeigen sich prinzipiell immer bescheiden und im Verborgenen, obwohl sie durch gigantische Unternehmen wie Goldman Sachs und andere schon genannte, fast die gesamte Wirtschaft weltweit kontrollieren. Aber das wurde ja schon durch den Beitrag von David Wilcock ausreichend zum Ausdruck gebracht.

Interessant ist ihre Vorgehensweise. Sie bleiben völlig Inkognito, lassen andere die Drecksarbeit machen und schaffen für das Volk permanent Sündenböcke. Politiker und deren Wahlen, für das Volk, werden Nonstop in den Medien weltweit implantiert. So dass alle diesen Schwachsinn als wahre Realität ansehen. Geblendet von diesen Demokratiewahn lassen sich alle geschichtlichen Aktionen rechtfertigen.

Kommen wir nach so vielen Fakten zurück zu einer ganz anderen Frage. Sind diese Familien, die die »Elite« darstellen, nun Menschen oder gehören sie einer anderen Spezies an?

Sehr vieles spricht dafür, dass wir es hier nicht mit einer Humanoide-Lebensform zu tun haben. Wie schon in einigen Kapiteln davor wurde über die Möglichkeit einer Fremdrasse ausführlich berichtet. Man denke an die biologische Gesetzmäßigkeit, dass keine Spezies sich seine eigene Nische, in der sie selbst lebt, so zerstört, dass sie und deren eigenen Nachkommen letztendlich dort nicht mehr leben können. Allein dieser Aspekt sollte schon fast reichen, um über jeden Zweifel erhaben zu sein. Entweder besitzen sie eine andere Heimat, (unter der Erde oder eine Welt außerhalb unserer Erde, die nur durch eine höhere Technologie erreichbar wäre.) Hinzu kommt noch die permanent Zerstörungslust zur eigenen Rasse. Wie zB. die Vergiftung der eigenen Umwelt und der breiten Masse von Menschen, durch Pestizide, Chemtrails (Schwermetalle), Quecksilber und andere böse Gifte.

Im Internet kursieren die unterschiedlichsten Berichte aber auch Videos über die sogenannten Reptiloiden oder auch Formwandler. Man braucht nur einmal auf You Tube einen von diesen beiden Begriffen eingeben und man staune welche Filmchen und Informationen sich dort einen offenbaren. Vieles von dem erweist sich ziemlich schnell als einfache Fakes, denen man keine weitere Aufmerksamkeit schenken braucht. Zu einfach sind deren billige Fälschungen. Lässt man sich aber von diesen, zum Teil vorsätzlichen, irreführenden Filmen nicht ablenken und bleibt dem Recherchieren treu, findet man Berichte und Videos, die nicht einfach als Fake abzutun sind. Im Gegenteil, es gibt für alles Spezialisten, sog. Freaks, die penetrant in allem ein Fake vermuten und deswegen bemüht sind, diesen aufzudecken. Ausgerüstet mit modernster Technik und dem Wissen versuchen sie jeden Verschwörungsfilm zu wiederlegen. Und genau solche Videos sind interessant, Videos bzw. Berichte denen man kein Fake nachweisen kann. Verfolgt man deren Quellen, eröffnen sich einen sehr interessante Informationen. So gibt es inzwischen sog. »Hunters« die sich darauf spezialisiert haben, Livemitschnitte, Nachrichten, Talkshows und Interviews von Politiker, Bankiers und andere »wichtige« Personen mitzuschneiden, um das Filmmaterial anschließend in Einzelbilder zu zerlegen. Und genau da werden die kuriosesten Dinge gezeigt. So gibt es Aufzeichnungen, deren Bildqualität einwandfrei ist, bis auf das Gesicht des Bankiers oder Politikers, denn dieses scheint während der Aufnahme plötzlich sich leicht zu verändern. Diese werden entweder pixelig oder gänzlich verzerrt, wobei das Gesamtbild im Hintergrund völlig scharf bleibt. Dieses Phänomen ist technisch normalerweise unmöglich. Sollte die Kamera einen Defekt haben, würde sich das gesamte Bild verändern. Sollte die Sendeanstalt mit der Technik und deren Übertragung ein Problem haben, würde sich das ebenfalls auf das gesamte ausgestrahlte Bild zeigen. Dass aber nur das Gesicht einer Person im Fokus sich verändert, ist prinzipiell nicht möglich, es sei denn, es ist ein Fake oder eine Panne. Ich selbst habe im Laufe der Recherchen verschiedenste Videos und deren Links verfolgt und landete oftmals auf sog. seriöse Mainstream-Medien wie z.B. das ARD oder ZDF. In der ARD Mediathek online verfolgte ich auf Grund der Links Dokus und Berichte aus erster Quelle und verglich diese mit denen auf You Tube. Zu meinem Erstaunen offenbarte sich das Gleiche. Ich sah bestimmte Personen in den Führungsspitzen der Politik und Wirtschaft die alle die gleichen Merkmale aufwiesen. Entweder veränderten sich, ganz leicht und doch beim genauen betrachten deren Augen oder deren gesamtes Gesicht. Beim genaueren Hinsehen wechselten deren Augen ihre Farbe und Form. Sie bekamen z.B. grünliche reptilienähnliche Augen mit senkrechten Schlitzen, über der manchmal eine weiße Haut schnell über die Pupille gleitet, ähnlich wie bei einer Eidechse. Online kann man ja heutzutage alle gesendeten Berichte, Nachrichten oder Talkshows aus den Originalen Quellen zu jeder Zeit nachverfolgen. Wir können diese Sendungen uns in allen Varianten anschauen. Und mit der richtigen Technik können wir diese auch in Einzelbilder zerlegen und durch unterschiedliche Lichtraster schicken. Mit der entsprechenden Software lassen sich so ziemlich schnell Fakes nachweisen. Und genau nach diesem Muster gibt es eben Videos denen man keiner Manipulation zuschreiben kann. (Leider verschwinden immer mehr solche Filmbeiträge auf You Tube oder aber auch auf sog. seriösen Sendern.)

Selbstverständlich klingt auch dies für viele völlig abwegig und grenzt an den normalen Menschenverstand, aber dieses Buch soll in erster Linie den Leser anregen. Wer wirklich an der Wahrheit interessiert ist, der wird nicht daran vorbeikommen, sich selbst auf den Weg zu machen, die Wahrheit zu finden.

Ich behaupte, dass wir von einer nichtmenschlichen Spezies beherrscht werden. Diese sind in der Lage ihr äußeres Aussehen, Formwandlern ähnlich, für bestimmte Zeiten zu verändern. Fernsehübertragungen scheinen jedoch kleine technische Fehler mit sich zu bringen. So dass es immer wieder zu minimalistischen Bildpannen kommt, die natürlich von der breiten Masse nicht wahrgenommen wird. Die meisten Menschen sind nur am Konsumieren und ihre Aufmerksamkeit ist durch den Alltagsstress total heruntergefahren. So dass sie nicht mehr in der Lage sind, die Details zu erkennen. Auf Grund dessen entsteht bei den meisten Menschen eine gewisse Geistesabwesenheit. Gefangen im alltäglichen Stress verlieren sie den wahren Blick. Zu schnell werden die Menschen durch das permanent-übertriebene wechselnde Fernsehprogramm in die Irre geführt. Das einzige, was den Menschen wirklich noch helfen könnte, ist die Verabschiedung vom Fernseher und Radio, sprich von den Mainstream-Medien, um sich aus deren Narkotikum zu befreien. Aber gerade heute, wo die riesigen Flachbildschirme immer billiger und größer angeboten werden und die Werbung gebetsmühlenartig auf unsere Psyche eindrillt, ist es für den normalen Menschen fast unmöglich, auf den geliebten Fernseher zu verzichten. Studien belegen, dass der normale Bürger sich eher von seinem Partner trennen würde als von seinem geliebten Fernseher.

Die Massenhypnose funktioniert. Wie die Schäfchen auf der Weide werden wir gelenkt und jeder der dem widerspricht ist ein Verschwörungsspinner, ein Feind der Gesellschaft. Entweder ein Rechter, ein Linker, ein Konservativer oder was auch immer, aber auf jeden Fall ein Gegner der rechtschaffenen Ordnung. Es wird in bestimmten Kreisen allerdings behauptet, dass es Insider in Hollywood geben soll, die durch bestimmte Filme, die Menschen auf die Wahrheit aufmerksam machen wollen. Hat John Carpenter dies mit seinem Film »Sie Leben« vielleicht versucht. Dort beschreibt er genau dieses Szenarium. Die Invasoren sind durch eine außerirdische Technik, die über spezielle Satelliten den gesamten Planeten Erde bestrahlen nicht erkennbar. Als Menschen getarnt haben sie die wichtigsten Posten weltweit besetzt und durch ein unterirdisches Netzt sind sie miteinander verbunden. Erst durch spezielle Gläser, die als Sonnenbrillen getarnt sind, gelingt es einer Untergrundbewegung die Außerirdischen zu erkennen. Werbung und Geld allgemein sind in diesem Film lediglich hypnotische Botschaften wie: Gehorche, Konsumiere, Schlafe oder Arbeite. Ohne diese besagte Brille sieht der unfreiwillige Held des Films nur plakative Werbung und beim Betrachten des Geldscheins logischer Weise nur die Dollarnote. Beim Betrachten durch die Brille verschwinden jedoch sämtliche Bilder und er sieht nur noch die wahre Message, wie z.B. das Wort *Gehorche*, *Schlafe*, *Konsumiere* oder ähnliches. John Carpenter ließ sich von der Kurzgeschichte *Eight O'Clock in the Morning* von Ray Nelson aus dem Jahre 1963 inspirieren und produzierte seinen Film 1988 unter Eigenregie. Dieser Film ist inzwischen zu einem Insiderfilm für alle die geworden, die sich mehr mit diesem Thema beschäftigen.

Das nächste Kapitel soll jedoch die Chancen, die wir trotz dieser aussichtsloswirkenden Situation doch noch haben aus einem anderen Blickwinkel zeigen.

Kapitel XII
Das Gesetz des Karmas

Ich bin zwar kein Freund von Wikipedia aber dennoch gibt es dann und wann brauchbare Definitionen über bestimmte Begriffe, und so bin ich bereit eine einfache aber klare Definition aus der Wikipedia-Seite zu übernehmen.

https://de.wikipedia.org/wiki/Karma

»Karma (n., Sanskrit: कर्म karman, Pali: kamma „Wirken, Tat") bezeichnet ein spirituelles Konzept, nach dem jede Handlung – physisch wie geistig – unweigerlich eine Folge hat. Diese Folge muss nicht unbedingt im gegenwärtigen Leben wirksam werden, sondern sie kann sich möglicherweise erst in einem zukünftigen Leben manifestieren.

In den indischen Religionen ist die Lehre des Karma eng mit dem Glauben an Samsara, den Kreislauf der Wiedergeburten, verbunden und damit an die Gültigkeit des Ursache-Wirkungs-Prinzips auf geistiger Ebene auch über mehrere Lebensspannen hinweg. Im Hinduismus, Buddhismus und Jainismus bezeichnet der Begriff die Folge jeder Tat, die Wirkungen von Handlungen und Gedanken in jeder Hinsicht, insbesondere die Rückwirkungen auf den Akteur selbst. Karma entsteht demnach durch eine Gesetzmäßigkeit und nicht wegen einer Beurteilung durch einen Weltenrichter oder Gott: Es geht nicht um ›Göttliche Gnade‹ oder ›Strafe‹. Nicht nur ›schlechtes‹ Karma erzeugt den Kreislauf der Wiedergeburten, sondern gleichermaßen das ›Gute‹. Letztes Ziel ist es, überhaupt kein Karma mehr zu erzeugen.«

Wikipedia: https://de.wikipedia.org/wiki/Karma

Das Gesetz des Karmas ist eine universelle kosmische Gesetzmäßigkeit. Unabhängig von Ort und Zeit herrscht das gleiche Prinzip für alle Lebensformen. Alles ist ohne Bedeutung und doch so bedeutungsvoll. Alles wiederholt sich unendliche Male nur in anderen Farben und Facetten. Jedes Leid endet irgendwann, mit Hilfe der Zeit, im Verständnis. Alles unterliegt persönliche und historische Zyklen. Es sind Perioden der Wiederholungen bis sie an Bedeutung verlieren.

So beschrieb Nikolai Morosow, ein russischer Wissenschaftler als erster die zyklischen Zusammenhänge und Übereinstimmungen der historischen Darstellung des Lebens der hebräischen Könige aus dem Alten Testament und den römischen Herrschern mehr als 1000 Jahre danach. Nun gibt es ein sehr bekanntes zyklisches Ereignis, das zwar nur 100 Jahre auseinander liegt aber scheinbar historischen und vielleicht auch persönlichen Wert haben kann. Lincoln und Kennedy hatten beide das gleiche Karma oder auch Schicksal. Hier die Vergleiche: Abraham Lincoln wurde 1860 und John F. Kennedy 1960 Präsident. Beide wurden im Kongress gewählt, 1846 und 1946. Sie kandidierten beide für das Amt des Vizepräsidenten und unterlagen jeweils den Parteikollegen 1856 und 1956. Erstaunlich ist, beide politische Führer hatten Vizepräsidenten und Nachfolger mit Namen Johnson (die 1808 beziehungsweise 1908 geboren wurden). Beide setzten sich für die Bürgerrechte der

Schwarzen ein. Am 1. Januar 1863 trat Lincolns Emanzipations-Proklamation in Kraft und schaffte die Sklaverei in den Südstaaten ab. Im Juni 1963 hielt Kennedy in einer Fernsehansprache zu den Bürgerrechten und forderte den Kongress auf ein Bürgerrechtsgesetz zu verabschieden in dem alle Schwarzen das Recht auf Bildung, Arbeit und Gleichberechtigung erhalten sollen. Sowohl Lincoln als auch Kennedy haben versucht, die amerikanische Währung den Händen privater Bankiersgruppen (die später die Federal Reserve gründeten) zu entreißen und sie wieder der Kontrolle des US-Finanzministeriums zu unterstellen. Zu Lincolns Zeit gab es zwar noch keine *Federal Reserve*, doch schon damals im 19. Jahrhundert, hatten dieselben generationsübergreifenden Finanzdynastien die Macht über das Geldsystem. Am 25. Februar 1862 erließ Lincoln den *First Legal Tender Act* zum Druck gesetzlicher Zahlungsmittel, ein Gesetz, das dem amerikanischen Finanzministerium die Ausgabe von sog. »Greenback« Dollarnoten erlaubte. Die damals gedruckten 450 Millionen Dollar mit ihrer grünen Farbgebung (daher der Name) waren nicht durch Gold oder Silber gedeckt und führten zu einem beispiellosen Wirtschaftswachstum in den damaligen Vereinigten Staaten, das von den ausländischen Banken weder kontrolliert noch besteuert werden konnte. Zuvor hatten die Banken Steuersätze von 24 bis 36 Prozent kassieren wollen, weil sie die Infrastruktur und die Kriegsschulden Amerikas finanziert hatten. Indem Lincoln die amerikanische Währung der zentralen Kontrolle des Finanzministeriums unterstellte, zog er sich den Zorn der Bankiers zu.

Fast genau 100 Jahre später, am 28. November 1961, stoppte Kennedy den Verkauf von Silber durch das US-Finanzministerium. Bis zu diesem Zeitpunkt konnten die Silberreserven äußerst billig verscherbelt werden. Doch dann legte Kennedy mit der *House Resolution 5389* einen Gesetzentwurf vor, der es dem Ministerium gestatten sollte, »Silberzertifikate‹ zu drucken. Diese Zertifikate wären zu einer US-Währung geworden, auf die die *Federal Reserve* keinen Einfluss gehabt hätte. Kennedys bahnbrechender Gesetzesentwurf wurde am 10. April 1963 im Repräsentantenhaus und am 23. Mai 1963 vom Senat verabschiedet. Kennedy unterzeichnete das Gesetz am 4. Juni 1963 und erließ noch am selben Tag die Executive Order 11110. Ab da sah es so aus, als hätte die *Fed* nicht mehr Einfluss auf das Finanzsystem der Vereinigten Staaten.

Lincoln wurde am 14. April 1865 von einem Attentäter erschossen und Kennedy am 22. November 1963. Diese beiden Daten sind in einem 100-Jahres-Zyklus weniger als eineinhalb Jahre voneinander entfernt. Beide wurden an einem Freitag in Gegenwart ihrer Frauen in den Kopf geschossen. Lincoln wurde im Ford´s Theatre erschossen und Kennedy in einer Lincoln-Limousine vom Hersteller Ford. Die Nachnahmen beider Präsidenten enthalten je sieben Buchstaben und die beiden angeblichen Attentäter von Lincoln und Kennedy enthalten je 15 Buchstaben. John Wilkes Booth und Lee Harvey Oswald.

Das Gesetz des Karmas und deren Zyklen sind völlig zeitunabhängig, quasi zeitlos. Es geht lediglich um das Abarbeiten bestimmter Entwicklungsebenen. Persönliches, Kollektives und Historisches stehen in Korrelation zum Ganzen. Jeder von uns ist gewissermaßen ein Puzzleteil vom Ganzen und so gibt es Menschen deren Funktion für den Kosmos eine höhere Bedeutung haben. Nichtsdestotrotz übt jede Seele Einfluss auf das Ganze aus. Jede Schwingung reagiert auf die andere Schwingung. Entweder reagiert sie konstruktiv oder destruktiv auf die, ihr entgegenkommende Schwingung. So dass jede Handlung von endscheidender Bedeutung ist. Nichts ist dem Zufall überlassen. Der Begriff »Zufall« ist ein Wort das lediglich den Zustand des nicht Einordnenkönnens definiert. Es gibt keinen Zufall, sondern lediglich das Zufallen eines Zustandes und deren Begriffes. Eine nicht berechenbare Situation.

Lincoln und Kennedy hatten scheinbar das gleiche Karma, sie verfolgten beide das gleiche Ziel. Sie wollten sich gegen eine Macht stemmen, die für die gesamte Menschheit eine existenzielle Gefahr darstellt. Da beide die Präsidenten der Vereinigten Staaten waren, also Persönlichkeiten mit großem Einfluss, und dass beide letztendlich getötet wurden, zeigt nur die Tragweite, die wirkliche Macht und deren Gefahr, die von denen (der Verschwörer) ausgeht. Wir haben es hier nicht mit ein paar gierigen Strauchdieben zu tun sondern mit einer gigantischen Gefährlichkeit für die gesamte Menschheit. Das wussten beide Präsidenten und bezahlten deswegen mit ihrem Leben. Die Präsidenten, die dann danach kamen, waren für die sog. »Elite« keine Gefahr mehr, sie alle gehören inzwischen zum Clan oder sind deren Marionetten. Doch aus dem Gesetz des Karmas kann niemand entfliehen, egal ob Mensch oder eine andere Spezies. Ein universelles Gesetz ist für jeden unausweichlich, dem kann sich niemand entziehen. David Wilcock beschreibt in seinem Buch *„Der Synchronizitäts-Schlüssel“* die Soziopathen. Menschen, die krankhaft nach Macht streben und Liebe als Schwäche abtun. Solche Soziopathen ernähren sich energetisch von der Angst und Schwäche anderer Menschen. Soziopathen sind selbstsüchtig und immer auf der Suche nach neuen Kicks. Das einzige was sie lieben sind sie selbst. Die meisten Soziopathen befinden sich in gehobenen Positionen, von wo aus sie andere Menschen beherrschen können. Wilcock geht davon aus, das die »Herrschende Elite« aus Soziopathen besteht. Ich dagegen behaupte, dass die gierige Macht, die uns führt, eine nichtmenschliche-emotionslose Rasse ist, die sich von den Ängsten anderer ernährt. Außerdem die Ressourcen unseres Planeten ausräubert und sich ein Dreck schert was aus uns Menschen passiert.

Aber unabhängig ob es nun Soziopathen oder eine nichtmenschliche Rasse ist, die uns ins Verderben zieht, beide haben nach dem Gesetz des Karmas ihre Reflexionen abzuarbeiten. Das heißt, sie können dem nicht entkommen. Sie müssen sich dem früher oder später stellen. Unsere Hoffnung sollte darin liegen, dass wir das Gesetz des Karmas und der Liebe kennen und wissen, dass, egal wie aussichtslos Situationen auch zu sein scheinen, am Ende sich ein jeder letztendlich selbst richtet. Nun klingt dies sehr pathetisch und wir könnten behaupten dass solche Worte uns nicht wirklich weiterhelfen?! Ich dagegen behaupte, dass es gerade wichtig ist, zu verstehen, dass es kosmische Gesetze gibt, die allgegenwärtig sind und sich niemand dem entziehen kann. Ich bin davon überzeugt, dass das Böse, im Innersten, von dieser »Kosmischen-Gesetzmäßigkeit« weiß, sie aber sie nicht akzeptieren will und kann und diese untereinander belächelt, um nur keine Schwäche nach außen zu zeigen. Im Inneren fühlen sie die absolute Leere. Egal welchen Aktivitäten sie nachgehen, sie fürchten die Liebe und werden dieser prinzipiell aus dem Weg gehen. Ihre wahre Angst ist, dass ihr gesamtes Weltbild, das auf Lügen aufgebaut ist, zusammenstürzen könnte. Betrachten wir den Kosmos als ein eigenständiges, universelles »lebendig-geistiges Wesen«, so könnte man sich die Photonen, die das Licht darstellen, als das sich »bewegend-aufbauend-Männliche«, und die Liebe, als das »alles-lenkend-Weibliche« vorstellen. Das ewig treibende männliche Licht, das durch die allgegenwärtige Liebe geleitet, in die richtigen Bahnen gelenkt wird, bekommt so eine Chance sich entwickeln zu können. Beides, Licht und Liebe, bilden eine Einheit oder auch Ganzheit und zeigen sich holographisch in materialistischer Form von Mann und Frau, im Männlichen und Weiblichen. Die Natur zeigt dies in allen Variationen. Überall finden wir das Abbild des Weiblichen und Männlichen. Bewegen wir uns jedoch zu lange nur auf der einen Seite, wird uns die andere irgendwann zwingend einholen. Dies ist das Gesetz des Karmas, dem können sich Nichts und Niemand entziehen. Alles wiederholt sich unentwegt nur in verschiedenen Facetten. Ab einem gewissen Lebensalter erkennen wir dies an der sich wiederholenden Mode, der aktuellen Filme, an den kulturellen Ereignissen und den politischen Floskeln. Waren vor 50 Jahren nicht die gleichen Probleme wie heute? Wurde da nicht von Friedensverträge zwischen Israel und Palästina, - und über der Brückentechnologie der Kernkraftwerke, - sowie der Hilfe für Afrika gesprochen? Sind solche Themen nicht zu generationsübergreifende Themen geworden, so nach dem Motto, jede Generation soll sie erleben. Mit dem älter werden kann uns dies bewusst werden. Dann erkennen wir die Synchronizität in der eigenen Lebensgeschichte, das Muster der Wiederholungen. Das Gesetz des Karmas bedeutet, die Wiederholungen sind die Voraussetzungen um sein Karma abarbeiten zu können. Dies bezieht sich natürlich auf alle Ebenen. Das einzige Ziel eines jeden Lebewesen ist letztendlich die Selbstfindung und Loslösung aus der gefangenen Ich-Welt.

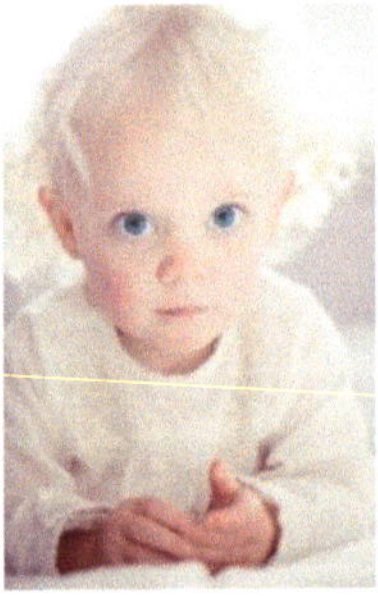

Das Ego		**Die Seele**
Das falsche Selbst		**Das wahre Selbst**
Ich		**Wir**
Trennung		**Einheit**
Schuldzuweisung		**Verständnis**
Feindseligkeit		**Freundlichkeit**
Missgunst		**Vergebung**
Stolz		**Liebe**
Beschwerde		**Dankbarkeit**
Eifersucht	**← VS. →**	**Mitfreude**
Ärger		**Glück**
Macht		**Bescheidenheit**
Materialismus		**Spiritualität**
Wahnsinn		**Weisheit**
Krieg		**Frieden**
Gefühllosigkeit		**Sympathie**
Vergangenheit/Zukunft		**Jetzt**
Intoleranz		**Toleranz**
Selbstsucht		**Gemeingefühl**
Egoismus		**Altruismus**
Selbstverleugnung		**Selbstakzeptanz**
Soziale Intoleranz		**Soziale Akzeptanz**
Sprunghaftigkeit		**Einfachheit/Sein**

Ich glaube, der Mensch hat, durch seinen alltäglichen Stress, den man ihn auch vorsätzlich auferlegt hat, verlernt, die natürlichsten Dinge, die um ihn herum geschehen, mit seinen eigenen Anliegen zu vergleichen. Ich meine damit, dass alles in Korrelation steht und die Gesetze in allem

gleich sind. Die meisten Menschen haben es entweder verlernt oder nie gelernt Zusammenhänge wirklich zu verstehen.
Wir bestehen aus mehr als 50 Billionen einzelnen Zellen die unseren Organismus, unsere Person ausmachen. Jede Zelle hat ihre Aufgabe und verfolgt den Plan des gesamten Organismus. Jede Zelle ist dennoch individuell. Wie Bruce Lipton durch mehr als 40 Jahren Zellforschung belegt. Lipton beschreibt u.a. in seinem Buch auch wie unserer Gedanken und Gefühle Einfluss auf jede einzelne Zelle ausübt.
Hier ein Auszug aus seinem Buch:
Intelligente Zellen - Der Geist ist stärker als die Gene KOHA Verlag

»Unser Denken und Fühlen sind es, die in jede Zelle hineinwirken und unser Leben bestimmen. Die Wahrnehmung der uns umgebenden Umwelt ist es, die unsere Gene kontrolliert. Geist und Materie korrespondieren und die starre Vorstellung von einer unveränderbareren Genetik und Erblast unserer Vorfahren führt zur Stagnation. Dass der Geist mit der richtigen Überzeugung und dem Glauben direkten Einfluss auf sein eigenes Schicksal hat, ermöglicht eine neue Sichtweise. Es eröffnet sich ein spirituelles Potenzial mit der Fähigkeit, sich selbst zu heilen und sein Schicksal selbst in die Hand zu nehmen.«

Und doch funktioniert sie, die Zelle innerhalb ihres Daseins, nach dem Plan des Ganzen. Die einzelne Leberzelle versteht mit Sicherheit nicht die komplette Zielsetzung der Leber und doch lebt sie deren Plan und verhält sich biologisch so wie sie mehr oder weniger programmiert ist. Und genau das macht dann die funktionierende Leber aus. Nun besteht eine einzelne Zelle ebenfalls aus etlichen Bauteilen, wie z.B. die Ribosomen, Golgi-Apparate, Mitochondrien und andere Kleinstorganismen, und diese stellen ebenso eigene Lebensformen in Miniaturform dar. Versteht z.B. dass Mitochondrien, das sich in jeder Zelle unzählige Male befindet und für den Energiehaushalt der Zelle zuständig ist, was das Ziel und der Plan der gesamten Zelle ist? Ich glaube dass die einzelne Lebensform prinzipiell den Gesamtplan, in dem es lebt nicht versteht. Es soll lediglich funktionieren. Dennoch gibt es da das große Überbewusstsein und darüber das weitere noch größere Überüberbewusstsein und so weiter. Und jedes manifestiert sich in einem anderen Hologramm der unendlichen manifestierten Wiederkehr. Licht (Photonen) und Liebe stellen die Grundlagen für das universelle Leben dar. Demnach suchen wir die Einheit beider Dinge um Ganzheitlich zu werden. Dazu ein Auszug aus meinem Buch:

Wer regiert uns wirklich und was wird aus unseren Kindern?

»Die Liebe könnte man mit einem universalen Kleister vergleichen, der alles zusammenhält. Quasi ein Klebstoff göttlicher Natur. Eine Steigerung der Lebensqualität. Wir Menschen sind ständig auf der Suche nach einem Ersatz zur Erfüllung der unbefriedigten Bedürfnisse. Das Leben wird uns prinzipiell den Idealfall verwehren. Wir werden immer auf der Suche nach der Befriedigung der natürlichen – notwendigen Bedürfnisse sein, nur sind wir uns dessen eben nicht bewusst. Die Sichtweise eines Menschen könnte man mit dem folgenden Beispiel erklären. Jeder kennt den Begriff der Resonanz (lat. resonare = zurückklingen) aus der Physik. Eine Stimmgabel schwingt bei einem Ton nur dann mit, wenn der Ton ihrer Eigenfrequenz entspricht. Sollte dies nicht der Fall sein, existiert dieser Ton für die Stimmgabel nicht, er ist nicht vorhanden, sie kann ihn nicht wahrnehmen. Nach der gleichen Gesetzmäßigkeit funktioniert die Wahrnehmung des Menschen. Er wird nur das wahrnehmen, worauf seine Resonanz oder auch Affinität anspricht. Dementsprechend entdecken wir nur Neues, wenn wir in der Lage sind, dieses Neue zu erkennen. Jeder Mensch kann nur jene Bereiche der Wirklichkeit wahrnehmen, für die er eine Resonanzfähigkeit besitzt. Dies bezieht sich auf die gesamte Erfassung der Wirklichkeit. Je nach Charakter und deren Möglichkeiten besitzen wir eine bestimmte Affinität für Dinge unterschiedlichster Art und werden dementsprechend danach handeln. Z.B. auf der Suche nach dem idealen Partner, einem, der uns die absolute Liebe und Befriedigung geben kann, der uns vereint mit uns selbst. Durch den Partner aber werden wir permanent mit unserem eigenen Ich konfrontiert. Da eine Konfrontation eine Herausforderung darstellt, werden wir von unserem Selbst herausgefordert, uns mit den eigenen Schwächen auseinanderzusetzen. Unsere einseitige Sichtweise führt zwangsläufig zum Selbstbetrug und mangelnder Einsicht. Der ersehnte Partner hält uns im Laufe der Zweisamkeit immer wieder den Spiegel vor das Gesicht und offenbart uns unsere Schattenseite, die wir allzu gerne in Verborgenheit halten. Nun benötigen wir das Außen, um nach innen reflektieren zu können. Wir nehmen das Außen durch das Atmen, Trinken, Essen sowie das Hören und Fühlen in uns auf. Dabei schieben wir das eine oder andere Unerwünschte ins Abseits, wir verdrängen es und schenken ihm keine weitere Aufmerksamkeit mehr. Um die wirklichen Bedürfnisse zu finden, brauchen wir aber die Bereitschaft für die Aufnahme des Ganzen. Akzeptieren wir das Außen und Innen nicht voll und ganz, wird es für den Betroffenen zum Problem. So können die natürlichen Bedürfnisse nicht vollständig gefunden bzw. empfunden werden. Man wird automatisch zu Alternativen greifen, ohne es zu begreifen. Die Suche nach der Befriedigung ist äquivalent zur Bewusstseinsentwicklung. Erst der Leidensweg lässt uns reifen und uns dessen bewusst werden, gezielt zu versuchen, dem Automatismus trotzend sein wahres Ich zu finden. Auf der spirituellen Ebene wie z. B. im Yoga wird die Suche nach dem wahren Ich bewusst mit Hilfe von speziellen Übungen angegangen. Der Suchende (Sadhaka, Lichtsuchende) durchläuft dabei acht Stufen. In einer Vorgehensweise des gezielten Suchens erlebt er Bewusstseinserfahrungen. So führt die Suche nach den natürlichen Bedürfnissen unweigerlich zum wahren Selbst – dem eigentlichen Ich. «

Wer regiert uns wirklich und was wird aus unseren Kindern?
André Raguse BuS Verlag

Es kann keine isolierte vereinzelte Gesetzmäßigkeit existieren. Alles ist miteinander vernetzt. Jeder der seine Augen und seinen Verstand wahrlich öffnet, kann nur zu diesem Ergebnis kommen. So wie wir die Luft des anderen, der sie ausatmet, einatmen so sind wir alle miteinander verflochten. Jedes Leben ist eine ständige Wiederkehr um letztendlich dem Ganzen zu dienen. Die Individualität sorgt dafür, dass wir die Liebe erkennen und uns der Ganzheit widmen. Diesen Weg muss allerdings jeder für sich gehen. Analog können wir dies mit der Zugehörigkeit einer Gemeinde vergleichen. Auch in dieser muss man sich durch Liebe und Anerkennung es verdienen, von dieser warmherzig aufgenommen und akzeptiert zu werden. Nicht anders ist es mit der »Kosmischen Gemeinde-Einheit«.

LEBEN

Ich,

losgelassen vom Ganzen, alleingelassen in der Einheit und verbannt aus dem Paradies. Einsam und völlig verirrt, bin ich auf der Suche nach der Wiedervereinigung mit dem Ganzen, dem Paradies, dem Walhalla, dem Nirwana. Ich und das Ego sind verwirrt, weil wir vergessen, immer wieder das Ganze zu sehen. Deswegen müssen wir den Weg Maya gehen. Den Weg der Irrtümer und Hindernisse und des Nichtverstehens. Ursache und Wirkung sind das Gesetz des Erfahrens, Verstehens und das Wiederfinden seines Selbst.

A. Raguse

Kapitel XIII.

Eine andere Welt

Im letzten Kapitel möchte ich Möglichkeiten vorstellen, die dazu beitragen könnten, sein eigenes Leben, aber auch das Leben seiner lieb gewonnenen Familienmitglieder und Freunde, in einer besseren Welt zu führen. Voraussetzung hierfür ist das Verständnis, durch die gewonnenen Erkenntnisse, sich aus der gegenwärtigen Matrix befreien zu wollen.

Alles beginnt mit der eigenen Bereitschaft, aus dem freien Willen (<u>frei</u>willig) heraus, eingepflanzte negative Gewohnheiten und Sichtweisen ablegen zu wollen. Allein der Wille dazu stellt schon den Anfang dar. Wenn wir das Gesetz des Karmas verstanden haben, wissen wir, dass schon kleinere Handlungen das Gesetz des Karmas, der Ursache und Wirkung unterliegen. Das bedeutet, jede kleinste Tat spiegelt sich adäquat in unserem Leben wider. Schon wenn wir über jemanden lästern, haben wir das kosmisch-karmische Gefüge in Bewegung versetzt und wir dürfen uns dann nicht wundern, wenn wir uns vielleicht beim Rasieren schneiden oder uns fällt die morgendliche Kaffeetasse aus der Hand. Es gibt unzählige kleine Echos über die wir uns dann aufregen, aber nicht erkennen, dass diese nicht ohne Grund geschehen. Diese karmische Erkenntnissprache wird meist als ungeschickt oder Zufall abgetan. Wird uns dies bewusst, werden wir automatisch etwas vorsichtiger mit unseren Handlungen. Dabei dürfen wir nicht vergessen, noch tiefer in das »Kosmische Gefüge« zu schauen. Auch unsere Gedanken sind nicht ausgenommen, das kosmisch-karmische Gefüge in Bewegung zu versetzen. Genaugenommen beginnt ja alles in unseren Gedanken. Aufgrund dessen macht es Sinn daran zu arbeiten, welche Gedanken ich akzeptiere und welchen ich nachgehe und welchen nicht. Gute Gedanken ziehen Gutes an und schlechte Gedanken ziehen Schlechtes an. So einfach das klingt, so einfach ist das Gesetz des Karmas. Wir säen, was wir ernten! Die einfachsten Beispiele belegen dies im täglichen Leben. Fühle ich mich gut und investiere Freude und Interesse, in dem was ich tue, gelingt es mir viel besser. Ich erfreue mich noch mehr an dem Erfolg und gehe mit noch mehr Elan an die nächste Aufgabe. Es ergibt sich eine positive Kettenreaktion. Meine Erfolgserlebnisse beflügeln mich und ich werde von Mal zu Mal stärker. In solchen Situationen kommen mir keine schlechten Gedanken, im Gegenteil ich sprudele so von guten Gefühlen. Zu gern teile ich meine Erfolgserlebnisse mit meinen Verwandten und Freunden, und das nicht um mich zu profilieren, sondern, um meine wahre Freude mit meinen Geliebten zu teilen. Wie heißt es so schön?

» Geteilte Freude ist doppelte Freude und geteiltes Leid ist halbes Leid! «

Einige könnten jetzt denken, dies sei alles so abgedroschen und hätte nicht wirklich etwas mit der wahren Realität zu tun. Aber dem möchte ich widersprechen. Denn in der Umgangssprache steckt mehr Weisheit, als die meisten Menschen zu verstehen glauben. Zu diesem Thema, lieber Leser, könnte ich ein anderes neues Buch schreiben. Deshalb belasse ich es lediglich mit ein paar einfachen Redewendungen. Wie z.B. – Beiß die Zähne zusammen! Was so viel bedeutet, dass wir unter zu starker Belastung diesen Druck, dem wir ausgesetzt sind, über den Kiefer ausleben. Wir beißen in lang anhaltenden Stresssituationen die Zähne zusammen und knirschen nachts sogar mit den Zähnen. Ein anderes Beispiel: - Wir leben in einer Ellenbogengesellschaft. – Unbewusst benutzt jeder Mensch, egal welchen Alters, seine Ellenbogen, um sich vor anderen, die einem zu nahe kommen, zu schützen. Probleme, die mit dieser Thematik zu tun haben, reflektieren sich über den Ellenbogen. Sich durchzusetzen im beruflichen, gesellschaftlichen oder privaten Bereich spiegelt sich immer auf die Ellenbogen nieder. Haben wir ein Problem uns durchzusetzen, wird es sich am Ellenbogen zeigen. Ein letztes Beispiel ist der legendäre »Kniefall«. Die Knie symbolisieren prinzipiell die Demut, auf die Knie gehen wir im Gebet, vor dem Sieger, vor Verzweiflung oder Trauer. Da wir aber in einer Polarität leben, ist das Gegenteil von Demut, gleich Hochmut. Und deswegen werden wir immer wieder mit dem Einen oder Anderen über unsere Knie konfrontiert.

Ich glaube unser Karma hat unzählige Möglichkeiten sich auszudrücken. Entscheidend ist zu verstehen, dass unser Körper so etwas wie ein materialistisches Hologramm unserer Seele darstellt, das logischer Weise mit den unsichtbaren Fäden des kosmisch-karmischen Gefüge verknüpft ist. Ein leichtes Berühren der Fäden verursacht schon Schwingungen, die sich auf alles auswirken.

Mit diesem Wissen können wir schon unsere eigene Realität beeinflussen bzw. verändern. Wir besitzen nun ein Werkzeug, mit dem wir uns aus dieser bisherig-falschen Matrix befreien können. Was wir des Weiteren benötigen ist der Mut und die Entschlossenheit, uns nicht beirren zu lassen. Wir dürfen den Pfad der Liebe nicht verlassen und wir sollten bemüht sein andere, die die Affinität dafür entwickelt haben, mit ins Boot zu nehmen. Denn letztendlich sind wir ausschließlich mit Seelenverwandten zusammen und wir wissen meist nur nicht, dass dieser neue Freund/in schon in anderen Leben zu unserem engeren Freundeskreis gehörte. Die besten Freunde oder auch Verwandten gehören schließlich dazu, damit wir gemeinsam unser Karma abarbeiten können. Jeder hat es schon erlebt: man lernt einen neuen Menschen kennen und blitzschnell hat man das Gefühl, dass man diesem Wesen einfach vertrauen kann. Wir fühlen uns sogar hingezogen und wir freuen uns auf ein Wiedersehen. So als würde man diesen Menschen schon lange kennen. Selbstverständlich gibt es auch unangenehme Menschen, mit denen wir auch aus anderen Leben des Öfteren konfrontiert werden. Solche Begegnungen empfinden wir als unangenehm und gegenüber dieser Person hegen wir, ohne zu wissen warum, eine regelrechte Antipathie. Mit denen müssen wir aber scheinbar so oft konfrontiert werden, bis sich deren und unsere Konflikte ausgesöhnt haben. In meinem Buch »Warum Leben und Sterben« habe ich zig Beispiele dieser Art beschrieben.

Mit Mut und Entschlossenheit und stets „auf dem Pfad der Liebe“ bleibend, wird es uns gelingen, diese Matrix verlassen zu können. Dennoch können uns unzählige Versuchungen davon abhalten und uns wieder zurück in die gewohnte Matrix schleudern. Der Weg der Konsequenz ist wahrlich nicht einfach, aber es ist die einzige Möglichkeit aus dieser Matrix zu entfliehen. Jedem, dem es gelingt dieser Pseudorealität zu entfliehen, der wird mit seinem Karma im Einklang sein. Er wird das Rad des Karmas anhalten und in eine höhere Sphäre gleiten. In eine Sphäre, in der es neue spirituelle Herausforderungen geben wird und wir uns mit der Kosmischen Allianz mehr und mehr vereinen werden. Wir werden unseren Planeten verlassen und nicht weiter diesen Schmerz und dieses Leid, der hier praktiziert wird, ertragen müssen. Ein Planet, der quasi als Umgebung (eine Welt) für die Entwicklung der Seelen angesehen werden kann. Vergleichbar mit dem Kindergarten, der Grundschule, der

Oberschule und dem Studium und alles was danach kommt. So wie sich der Geist entwickelt, verändert sich auch der Körper eines Menschen. Vom Kinde zum Heranwachsenden, bis zum Greis in einem Leben, so sollten wir die Reinkarnation als Ganzes betrachten. Ein Leben ist nur ein kleiner Ausschnitt meiner gesamten Lebenszeit, zu vergleichen mit einem Tag innerhalb eines Lebens. Alles spiegelt sich im Kleinen wider. Eigentlich brauchen wir nur die alltäglichen Dinge mit den großen kosmischen Dingen vergleichen Es herrschen die gleichen Regeln und Gesetze. Hierzu macht es Sinn auf ein paar Parallelen hinzuweisen.

Innerhalb eines Lebens durchlaufen wir in der Regel, wenn wir nicht vorzeitig sterben, Stufen der Entwicklung. Vom unselbstständigen Säugling, weiter zum Kleinkind, zum Schulkind, über die Pubertät zum Erwachsenen. Als Erwachsener entwickeln wir uns zu selbstständigen, allein oder mit Partner, lebenden Menschen. Wir gehen unseren Neigungen nach und werden mit jedem Jahr älter. Am Lebensabend schauen wir zurück auf das, was wir erlebt und geschafft haben. Dies macht jeder auf seine Art. Wir entscheiden welche Dinge für uns von Bedeutung waren und nähern uns langsam, wissentlich oder auch nicht, dem dies seienden Ende. Wir spielten unsere Rolle in der wir hineingeboren wurden bis zum Ende, ob uns diese nun gefallen hat oder nicht ist nicht relevant. Je nach Affinität waren meine Interessen ausgelegt. Ich entwickelte mich langsam oder auch schneller in meinem Bereich voran. In der Schule und späteren Arbeit war ich erfolgreich oder auch nicht, all das machte mein Leben aus.

Ähnlich wie an einem Tag, der ebenfalls abhängig ist von meinem Handeln, ich kann ihn ehrgeizig und voller Hingabe gestalten und mich dann am Abend über das, was ich geschafft habe, erfreuen oder ich kann den Tag völlig nutzlos abhängen und nur Unwichtiges konsumieren. Beim letzteren fühle ich mich am Abend leer und unbefriedigt. Beides ist legitim und hängt lediglich nur von der Entwicklung des eigenen Bewusstseins ab. Ein erfolgreicher Tag zieht einen nächsten Tag nach sich und ich profitiere vom Vortag und das geht dann so weiter. Nicht anders ist es mit dem anderen Beispiel Ich gehe unerfüllt ins Bett und wache nächsten Tag ohne große Veränderung auf. Meinem Tag fehlt es an Sinn und Aufgabe. Wieder werde ich versuchen, diese Leere zu füllen. Ich habe noch nicht verstanden, dass es Sinn macht, sich selbst zu entwickeln, sich weiterentwickeln zu wollen. Also werde ich mich mit unwichtigen Dingen ablenken. Mein Konsum wird sich prinzipiell auf Äußerlichkeiten beschränken. Und mein Frust wird von Tag zu Tag wachsen.

Nicht anders ist es mit jedem einzelnen Leben. Solange ein Mensch den wahren Sinn noch nicht verstanden hat, solange wird er ohne Frieden den Alltag, das Lebens ertragen müssen und das viele Leben voller Leid und Mühe.

In dem Moment, wo sich eine Seele bewusst wird, die Wahrheit nicht im Außen zu suchen sondern bei sich selbst, beginnt der große Wandel. Vergleichen wir dies mit der Entwicklung der Sprachfähigkeit. Mit jedem Wort was einem Kind besser gelingt, kann es sagen, was es möchte oder ihm nicht gefällt. Es gelingt ihm seine Bedürfnisse detaillierter zu beschreiben, so dass letztendlich dessen Anliegen befriedigender erfüllt werden können. Also mit jeder Verbesserung seiner Fähigkeiten wächst seine Entwicklungsqualität.

Mit dem Älterwerden beginnt ein Mensch sich über das Leben Gedanken zu machen, um es von seinem Standpunkt aus zu verstehen. Und genau so kann man die Parallelen von einem einzelnen Leben und der immer wiederkehrenden Reinkarnation ziehen. Wir können, wie ich schon zum Teil erwähnt habe, die Kita-, Schul-, Ausbildungs-, Studiums- und Erwachsenzeiten als Vergleich zur seelischen Entwicklung in Betracht ziehen. Das Leben ist ein sich ständiges Weiterentwickeln. Unsere Seele wächst aus der einen spirituellen Sphäre in die nächste, um sich irgendwann mit dem kosmischen Geist zu vereinen. Auch dies scheint dann nicht das Ende der Entwicklung zu sein, auch hier wird ein Überwesen existieren, mit dem wir uns vereinen werden. Betrachten wir jedoch die Größe aus dem Blickwinkel eines Menschen, dann verfallen wir einen Irrtum. Hier geht es nicht um Größe im Sinne von räumlicher Größe, sondern von sphärischer Bedeutung, die nicht unbedingt etwas mit mathematischer Größe zu tun hat.

Der Mikro- und Makrokosmos stellt wahrlich nur eine Illusion oder auch ein Wunschbild für unseren Geist dar. Die räumliche Größe ist, wie wir sie wahrnehmen, nur auf der Schwingungsebene zu verstehen. In der Wirklichkeit existieren nur unterschiedliche Schwingungen, die wir als Groß und Klein definieren bzw. wahrnehmen. Unsere subjektive Wahrnehmung spielt sich lediglich nur in unserem Gehirn ab. Das Zusammenspiel der Neuronen in unserem Gehirn spiegelt unsere sogenannte Realität wider. Wir glauben, das, was wir sehen und hören das wahre Abbild der angeblichen Außenwelt, die Wahrheit ist. Und auf Grund dessen entwickeln wir eine eigene Vorstellung von der sogenannten Realität. Wir sehen Farben, Formen und unterschiedliche Größen. Räume und Entfernungen spiegeln unsere Umwelt wider. Und doch sind das alles lediglich verschiedenste Schwingungen, die uns ein Bild vortäuschen. Ein Bild, das in unserem Gehirn kreiert wird. Eine spezielle Schwingung sehen wir als rot, eine andere als grün usw. Wir erschaffen in unserem Gehirn eine eigene Matrix. Eine Welt, die dazu dient, dass wir uns besser zurecht finden und uns entwickeln können. Wir benötigen diese, um uns die Finger zu verbrennen, um uns Beulen zu holen, um uns zu stoßen und um aus allen diesen Dingen zu lernen.

Welche Möglichkeiten haben wir nun, die dazu beitragen könnten unser eigenes Leben, aber auch das Leben unserer liebgewonnenen Familienmitglieder und Freunde in einer besseren Welt zu führen.

1. Das Verständnis, durch die gewonnenen Erkenntnisse, sich aus der gegenwärtigen Matrix befreien zu wollen.

2. Die eigene Bereitschaft, aus dem freien Willen heraus, eingepflanzte negative Gewohnheiten und Sichtweisen ablegen zu wollen. Allein der Wille dazu, stellt schon den Anfang dar.

3. Zu verstehen, dass das Karma-Gesetz vergleichbar mit einem Echo oder Spiegel ist.

4. Niemals zu vergessen, dass die Liebe die höchste Energiequelle im Universum ist.

5. Zu wissen, dass unsere Seele unsterblich ist, wir ein Teil vom Ganzen sind und nach der Einheit streben.

6. Das Böse nicht zu hassen, aber mit vollem Mitgefühl abzulehnen.

7. Probleme immer als Herausforderung zu sehen.

So pathetisch dies vielleicht klingt, so wahr und einfach ist das Leben als solches. Wir müssen solange den Weg Maya, den Weg der Irrtümer und Hindernisse und des Nichtverstehens gehen, bis wir geistig auferstanden und wir uns darüber bewusst geworden sind, was unser wahres Ziel ist.

Das letzte Kapitel soll uns die Chancen, die sich uns dadurch offenbaren, darlegen.

Kapitel XIV.
Eine wahre Chance

Sich selbst zu kennen, ist die erste aller Wissenschaften.
Plato

Ein ewiges Auf und Ab, Leid, Kummer und Sorgen, Verzweiflung und Hoffnungslosigkeit gehen einher mit der Liebe, Freude, Euphorie und Enthusiasmus. Es reißt uns mal nach links, mal nach rechts und mal nach oben und nach unten. Ständig müssen wir abwägen, womit es uns gut geht, und auch das gelingt uns wahrlich selten. Leben heißt prinzipiell sich zu winden, um eine bequeme Position zu finden. Wir kennen das aus unserem Bett. Wie oft verändern wir unsere Position, um endlich die Ruhe zu finden, um einschlafen zu können.

Nicht anders ist dies mit dem Leben allgemein zu vergleichen. Solange wir in dem Hier und Jetzt gefangen sind, solange werden wir uns ständig winden müssen. Die wirkliche Harmonie ist leider nicht von Dauer.

Erinnern wir uns daran das letztendlich alles nur aus Energie besteht, die sich in unterschiedlichsten Frequenzen ausdrückt. Lebendiges und auch Nicht- Lebendiges besteht aus energetischen Wellen mit unterschiedlichen Schwingungszahlen. Was bedeutet, so wie jeder seinen eigenen Fingerabdruck besitzt, so hat auch jeder seine eigene individuelle Schwingung. Musiker kennen das ganz besonders, wenn sie mit anderen Musikern eine Session machen wollen. Bei einer Session geht es nicht um abgesprochene Songs, sondern um das gemeinsame musikalische Finden durch freie Improvisationen (Kommunikation). Dabei versucht jeder Musiker die Frequenzen des anderen zu empfinden und darauf einzugehen. Gelingt es den Musiker die Grundharmonie (das Thema) zu finden, entsteht ein Gleichklang und die Session wird harmonisch. Nicht anders ist es im Alltag. Wir werden jeden Tag mit den unterschiedlichsten Situationen konfrontiert, ähnlich einer Session. Schaffen wir es diese ausgeglichen aufzunehmen, verläuft alles in Harmonie und es geht uns soweit gut. Doch leider ist dies meist nur von kurzer Dauer. Unzählige Ereignisse reißen uns wieder aus der Harmonie. Es ist ein immerwährendes Auf und Ab.

Ist unser Bewusstsein so weit entwickelt, dass wir das alles verstehen, dann sollte es kein Zurück mehr geben. Dann liegt es nur noch an uns, der sog. Realität der Matrix zu entweichen. Nichts sollte uns mehr aufhalten dem Hier und Jetzt ein Ende zu setzen. Natürlich ist es nicht leicht das Hamsterrad zu verlassen. Das Alltägliche hinter uns zu lassen und einen neuen Weg einzuschlagen. Dennoch ist es die einzige Möglichkeit eine neue, höhere Sphäre zu erreichen. Nach demselben Prinzip wie in einer Schule wollen wir von einer Klasse in die nächste kommen und erfreuen uns über die eigenen Fortschritte. Alles ist von der Bestimmung her gleich, egal ob es sich im Großen oder Kleinen, in kurzer oder langer Zeit abspielt. Die Regeln sind universell. Haben wir es einmal wirklich verstanden, gibt es kein Zurück mehr. Wir können dann nicht mehr den alten Zustand der Unwissenheit rückgängig machen. Wir sind gereift und aus dem Alten herausgewachsen. Die Jacke ist uns zu klein geworden, sie passt uns einfach nicht mehr. Nun muss zwangsläufig etwas Neues entstehen. Und genau an dieser Stelle, in der wir uns dessen bewusst werden, dass wir ein Wandel vor uns haben, ist unser Einsatz gefragt. In solch einer Situation müssen wir Handeln. Es ist unmöglich einfach so weiter zu machen wie bisher. Der Mensch, gefangen in seinem Hamsterrad, tut sich schwer aus seinen täglichen Gewohnheiten heraus etwas Neues zu beginnen. Eine Routine ist zum einen praktisch, aber zum anderen auch bremsend. Um unsere täglichen Aufgaben zu erledigen ist eine gewisse Routine äußerst praktisch, aber genauso ist sie wiederum störend, wenn es darum geht etwas Neues anzufangen. Jeder von uns hat diesbezüglich seine eigenen Erfahrungen gemacht. Es kann toll sein, wenn wir zum Teil mit professioneller Routine unsere Arbeit verrichten, aber wie störend sind dann plötzliche neue Veränderungen in unserer Arbeit. Nicht anders ist es im privaten Bereich.

Die zweite Seite der Medaille. Es gibt immer zwei Seiten. Nicht anders ist es mit der routinierten (erfahrenen) Gewohnheit und der Trägheit der Veränderung. Beziehen wir dies analog auf den Wandel unseres Bewusstseins, haben wir die gleiche Problematik. Zum einen sind wir gefangen in dieser endlosen Gewohnheit und zum anderen haben wir eine völlig neue Erkenntnis gemacht, die uns aus dem Alten herausreißt. Eingerollt und zugedeckt in unserer bequemen Decke müssen wir nun, wie morgens in der Frühe, aufstehen. Vielleicht ist es auch noch kalt und wir müssen das kuschelige warme Bett verlassen, um tatkräftig den neuen Tag zu bestreiten. Ein Unterfangen, das wohl jeder kennt. Wie oft habe ich morgens überlegt einfach noch weiter zu schlafen und den heutigen Tag anders zu gestalten, einfach so bequem wie möglich. Und Gott sei Dank habe ich gelernt nicht meiner Bequemlichkeit zu folgen, sondern meinen Verstand und meiner Disziplin. All das ist natürlich ein Teil der zur Bewusstseinsentwicklung gehört und jeder Mensch, aber auch jede andere Spezies, wird diese Entwicklung individuell durchlaufen. Das entscheidende daran ist lediglich, das Loslassen können vom Alten, um in die nächst höhere Sphäre zu gelangen. Und dieser Prozess ist wohl für jeden eine individuelle Herausforderung, der man sich zu stellen hat.

In der Kindheit können wir solche Entwicklungen beobachten. Kein Kind würde freiwillig, wenn es mit Stolz eingeschult wurde, ungezwungen wieder zurück in den Kindergarten gehen wollen. Diesen Platz lassen sie dann zu gerne hinter sich. Sie erfreuen sich an ihrer gewachsenen Stufe. Nicht anders ist es mit den unterschiedlichen Ausbildungen oder Studien, mit denen wir im Leben konfrontiert werden. Mit jedem abgeschlossenen Kapitel kommen wir automatisch einen Lebensabschnitt weiter. Der einzige aber wesentliche Unterschied ist, dass diese Prozesse noch keine alltägliche Routine verursachen. Das bedeutet, ein Kind, das die Schulzeit und dann die Ausbildung/Studium durchläuft, befindet sich noch in der Findungsphase. Dies ist eine Lebensphase, in der sich der Alltag noch nicht zur monotonen, ewig wiederholenden Eintönigkeit entwickelt hat. Was so viel heißt, dass es noch kein wirkliches Hamsterrad gibt, in dem wir dann im Alltag gefangen sind. Erst wenn sich die Tage und deren Aufgaben stets wiederholen entsteht eine permanente Monotonie, die auch unsere Sichtweise zu meist verschwimmen lässt. Von da an sind wir voll und ganz gefangen in dieser allgegenwärtigen Matrix. Wir sehen nur noch das, was man uns zeigen will. Wir vergessen mit unseren eigenen Augen zu sehen, mit unseren eigenen Ohren zu hören und mit unserem eigenen Geist zu denken. Ins Koma gedrängt verlieren die meisten Menschen den Bezug zum wahren Leben. Aber darüber habe ich schon in vorherigen Kapiteln ausreichend berichtet und brauche dem nichts weiter hinzuzufügen.

Die größte Chance besteht nun darin, sich aus diesen Karma befreien zu können. Um aufzusteigen in eine neue Welt.

Eine Welt, in der die alten Regeln der Gewalt, des Ausbeutens, der Versklavung und der Kriege keine weitere Bedeutung mehr haben.

Eine Welt, in der die Spiritualität einen anderen Stellenwert hat und unser Dasein höhere Ziele als bisher verfolgen kann. In solch einer Welt entstehen zwar neue Herausforderungen, aber wir verlassen die Alten. So wie wir aus der Kita herausgewachsen sind, weil wir in die Schule kamen. Betrachten wir gelegentlich irgendwelche Menschen, die noch einfacher im Verhalten sind als wir selbst, weil sie z.B. noch Zigaretten rauchen und anderen Süchten nachgehen, weil sie das glauben, was in den Medien verbreitet wird und weil sie sich noch nicht über die wahren Dinge unterhalten können. Wegen des Nicht- Verstehens, empfinden wir mehr Mitgefühl als Hohn, denn wir sehen in ihnen jüngere Seelen, die in ihrer Entwicklung um einiges zurückliegen. Nicht anders betrachten wir Kinder verschiedenen Alters. Ich kann einen 60 jährigen Mann anschauen, dessen seelische Entwicklung vergleichbar mit der eines Teenager ist. Beide verhalten sich lediglich unerfahren. Nur das der Teenager in diesem Leben um die 16 Jahre alt ist und das der 60 Jährige in seinem Gesamtalter noch ein Teenager ist. Hierfür bedarf es eines anderen - neuen Blickes, um die Reinkarnation in den Alltag mit einfließen zu lassen. Naivität und Dummheit kann man nach der Reinkarnation mit Unerfahrenheit und Unwissenheit vergleichen. Da gibt es die weiterentwickelten Seelen, die sich je nach ihrer Affinität mit ihres Gleichen bewegen und die weniger Entwickelten, die sich mit Ihresgleichen zusammentun. Quasi eine altersgerechte Zusammenkunft. So wie sich altersgerechte Kinder oder auch Erwachsene zusammentun. Daraus entstehen logischerweise auch Interessengemeinschaften im positiven, wie im negativen Sinne.

Betrachten wir diese Gesetzmäßigkeit auf allen Ebenen, erkennen wir schnell, dass jedes Gesetz letztendlich einer universellen Ordnung unterliegt. Einer göttlich-kosmischen Bestimmung, dem sich Nichts und Niemand entziehen kann.

Eine wirkliche Chance aus diesem Leid, was uns täglich umgibt zu entfliehen, besteht darin, dies alles nicht nur rational zu erkennen, sondern auch danach zu handeln. Es reicht nicht unzählige Bücher darüber zu lesen, täglich darüber zu diskutieren oder Vorträge zu halten. Erst das eigene aktive, in Angriff nehmen, verändert die reale Situation. Wollen wir die Welt verbessern, müssen wir ohne Wenn und Aber bei uns beginnen. Die Wahrnehmung der vorhandenen Matrix beginnt in unseren Geist und dem eigenen Gefühl. Betrachten z.B. mehrere Menschen ein und dasselbe Gemälde, wird jeder dies aus seiner eigenen Wahrnehmung heraus beurteilen. Der eine kann sich über das Bild erfreuen, dem anderen scheint das Gemälde völlig egal zu sein, ein weiterer ärgert sich regelrecht über so viel missratene Kunst und wieder ein anderer möchte dieses Bild unbedingt haben. Ein und dasselbe Bild kann so viele unterschiedliche Emotionen auslösen. Und doch handelt es sich lediglich nur um ein bewegungsloses Gemälde. Nicht anders ist es mit den Aussagen, Meinungen, Berichten, Filmen, Musik, Mode, Politik und Religionen. All das gehört zu unserer Matrix, aus der wir entfliehen sollten, wenn wir eine höhere Bewusstseinsstufe erreichen wollen. Zu glauben, dass eine Veränderung von Außen stattfindet, ist eine Fehleinschätzung. Eine Matrix lässt sich nur von Innen knacken.

Mit diesem Wissen möchte ich dieses Kapitel beenden, im Glauben, dass es noch genug Seelen gibt, die das Gute nicht verloren haben.

Kapitel XV.
Zusammenfassung und Hintergründe

Das vorliegende Buch »Vorsicht Lügen« soll in erster Linie den Leser zum Denken anregen und klar machen, dass wir in einer Scheinwelt (Matrix) gefangen gehalten werden. In einer künstlich erzeugten Matrix, die allein dazu dient, uns von der wahren Welt abzulenken. Und damit dies gelingt, werden wir ausschließlich mit Lügen überhäuft. Wir werden in der Geschichte, der Wissenschaft, Religion, Psychologie, Politik, Medizin, Wirtschaft und letztendlich in allen anderen Gebieten belogen. Die Wahrheit wird quasi kastriert und als Märchen abgetan.

Es liegt mir sehr viel daran, dass meine Leser prinzipiell nichts von dem, was ich schreibe, einfach nur so akzeptieren. Vielmehr sollten sie sich selbst davon überzeugen. Ich wünsche mir von mündigen Menschen, dass sie ebenso Interesse zeigen, sich mit solchen Themen auseinanderzusetzen. Vielleicht auch gewisse Recherchen vorzunehmen, um Zusammenhänge besser verstehen zu können. Natürlich ist es leichter einfach ein Buch zu lesen oder eine Doku zu sehen und dann dessen Meinung anzunehmen oder abzulehnen. Doch es ist viel spannender Themen selbst zu hinterfragen, um dann diese eigenständig nachzugehen.

Wer die Matrix richtig deutet, sollte verstanden haben, dass es sehr gefährlich ist „aufgetafeltes" Wissen einfach als die Wahrheit abzutun oder dieses als Irrational abzutun. Denn genau nach solch einem Schema wird eine künstliche Realität kreiert. Man soll nur noch konsumieren und nichts mehr hinterfragen. Und nach diesem Gesetz möchte ich keine Informationen verbreiten. Deshalb liegt mir sehr viel daran, dass all das, was ich geschrieben habe, auch hinterfragt wird.

Außerdem möchte ich daran erinnern, dass vorsätzlich unzählige Unwahrheiten als Wahrheiten, in Form von Büchern oder Videos, ins Netz gestellt werden. Der Konsument soll verwirrt werden, um die wahren Hintergründe nicht zu verstehen. Es existiert eine regelrechte Verwirrungsstrategie, um das Verstehen der wirklichen Zusammenhänge zu erschweren. Ein Beispiel ist die Mondlandung, die so nie stattgefunden hat, wofür es, wie schon berichtet, unzählige Beweise gibt. Doch um dem etwas entgegenzusetzen, werden vorsätzlich gefälschte Videos oder Fotos ins Netz gesetzt, auf denen man u.a. Astronauten auf den Mond sieht, die staunend vor einer verlassenen Alien Basis stehen. Angeblich seien dies geheime Aufnahmen von der NASA. Mit solchen Videos oder Fotos soll die Mondlandung zum einen belegt werden und zum anderen erzeugt man den Eindruck, der Mond sei ein völlig verlassener Trabant. Und zu guter Letzt erzeugt man eine totale Verwirrung in den Köpfen derer, die sich mit solchen Themen gerne beschäftigen. Nicht anders ist es mit „Gesundheitstipps". Schon lange ist Krebs keine Krankheit mehr die tödlich enden muss. Jeder aufgeklärte Mensch weiß inzwischen, dass hinter der sog. „Krebsforschung" eine Verschwörungslobby existiert, die weder daran interessiert ist das gemeine Volk vom Krebs, das künstlich durch extrem hohen Zuckerkonsum und anderen Giftstoffen erzeugt wird, geheilt werden soll. Das Gegenteil ist der Fall. Man verdient durch die Gelder, die jährlich vom Staat durch unsere Steuergelder für die Krebsforschung freigegeben werden. Da sind 35 Milliarden Euro jährlich nur für Deutschland die Norm und zeigen wie Unsummen veruntreut werden. Im Internet kann man inzwischen viele wirkungsvolle Alternativen, wie Krebs unkompliziert geheilt werden kann, finden.

Aber die Pharmaindustrie setzt im Gegenzug dafür eine Lügen- und Verwirrungspropaganda ins Netz. Alternativheilungen werden als Scharlatanerie abgetan und zum Teil verteufelt. Ja sogar strafrechtlich verfolgt.

Interessant ist, das Krebs sich sehr arttypisch Verhält. Patienten mit Krebsgeschwüren, sog. Maligne Tumoren, denen man ein leicht radioaktives Präparat (PET) - das Isotop Fluor 18 enthält - injiziert, zeigen in Röntgenaufnahmen immer das Gleiche. Maligne Tumore verraten sich durch einen besonders starken Stoffwechsel, was sich zum Nachweis durch radioaktiv- markierte organische Stoffe ausnutzen lässt. Man verabreichte Krebspatienten Zucker mit dem Isotop Fluor 18. Dieser wiederum wurde zu 100% fast gierig vom Tumor aufgenommen. Der Tumor ernährte sich regelrecht vom Zucker. Patienten denen man den Zucker während der Behandlung verwehrte, bekamen regelrechte Entzugserscheinungen und wurden aggressiv und ausfallend. So als würde das Geschwür aus dem Patienten sprechen. Hielt man den konsequenten Zuckerentzug durch, schrumpfte der Tumor, bis er am Ende starb und verschwand. Der Patient war krebsfrei.

Obwohl dies bekannt ist, wird dem Krebspatienten von ärztlicher Seite aus empfohlen, die Essgewohnheiten nicht groß zu verändern, weil sonst angeblich das seelische Gleichgewicht noch mehr aus dem Gleichgewicht fällt. Was bedeutet, der Patient wird nicht darauf hingewiesen am besten auf Zucker zu verzichten. Dies ist nur ein kleiner Beitrag zur medizinischen Krebsbekämpfung. Ich möchte mit diesen Beitrag nicht behaupten, dass nun alle Ärzte gewissenlose Menschen sind. Nein - auf keinen Fall. Sondern sie sind ebenfalls nur Opfer der Pharmaindustrie, denn die Ärzte wissen von solchen Ergebnissen so gut wie nichts. Ähnlich wie Zahnärzte davon überzeugt sind, das Fluor gut für die Zähne ist. Hier noch ein anderes Beispiel.

Man denke da an Dr. Geerd Hamer, der durch seine These »Die fünf biologischen Naturgesetze« belegte, dass Krebs und alle anderen Erkrankungen lediglich ein Produkt natürlicher Reflexionsprozesse sind, die durch Konfliktsituationen erst entstehen. Und das solche Erscheinungen, die wir als Krankheit bezeichnen, in Wirklichkeit geistige (seelische) Genesungsprozesse sind, die sich über den Körper ausdrücken. Die ärztliche Medizin hält aber diese Heilungsprozesse durch ihre „Behandlungen" eher auf. Seine Heilerfolge waren über 90% erfolgreich, was man wohl von der herkömmlichen Medizin nicht sagen kann. Dr. Hamer wurde in den Mainstream Medien zerrissen und man versuchte ihm Strafrechtliches anzuhängen. Er wurde wegen angeblicher Fehldiagnosen und Falschbehandlungen verurteilt und letztendlich verfolgt. Er musste Deutschland verlassen. Hamer wurde am 8. April 1986 die deutsche Approbation entzogen. Wer mehr Interesse an „Die fünf biologischen Naturgesetze" hat, sollte sich unbedingt mal seine Seite anschauen.
https://www.germanische-heilkunde.at/.

Widmen wir uns nun der Kunst, denn diese soll das letzte Thema der großen Lügen und Intrigen sein.

Seit ewigen Zeiten beschäftigt sich der Mensch mit der Kunst und diese sei bekanntlicher Weise ja nun mal frei. Zumindest wird das oft dann zum Argument, wenn wir ein wenig fassungslos und verwirrt vor einem neuen künstlerischen Akt stehen, den man moderne Kunst nennt. Ich gebe zu ebenfalls solche Momente schon selbst erlebt zu haben. Nicht immer fiel es mir leicht solche »Kunstwerke« als solches zu betrachten. Aber befindet man sich eben in einer großen anerkannten Kunstausstellung oder in einem Museum, dann müssen das wohl hochwertige Kunstwerke sein. Betrachten wir hierzu das hochgelobte Museum Brandhorst in München, in dem die Werke moderner Künstler wie, Andy Warhol, Cy Twombly und Jeff Koons zu sehen sind. Die *Welt am Sonntag* veröffentlichte am 14. Oktober 2012 ein Loblied auf die heiligen Hallen der modernen Kunst: Die Architekten hätten es fertiggebracht, »ein Gebäude zu zaubern, das alle mögen und in dem sich alle wohlfühlen; das die Bedürfnisse des Sammlers Udo Brandhorst ebenso wie die Vorstellung dort ausstellender Künstler zufriedenstellt«. Er freue sich schon, wenn er nur die Fassade sehe, zitiert die *Welt* einen Fan. Wie die Architekten hier »mit einer quietschbunten Mikado-Optik das triste Pinakotheken-Viertel aufgemischt haben: wunderbar«.

Und natürlich sollten wir uns hier mit freuen, denn ehrliche Kritik an moderner Kunst ist hierzulande schon seit längerer Zeit verpönt. Egal was auf dem Kunstmarkt gezeigt wird, es muss einfach super sein. Und wenn es sogar der Urin der Künstler ist. Und damit will ich nicht polemisch werden, denn Andy Warhols Mitarbeiter urinierten tatsächlich hierzu auf mit Kupfer-Pigment präparierte Leinwände. Durch die chemische Reaktion entstanden zufällige, grünlich-oxidierte Effekte. Damit habe Warhol »die Idee der ›Piss-Paintings‹ der Sechziger wieder aufgegriffen, als Besucher seines Ateliers am Boden liegende Leinwände bepinkelten«. *(Spiegel Online 17.2. 2004) Warum widmet z.B. das Museum Brandhorst dem »Künstler« Cy Twombly, mit seiner »Seeschlacht von Lepanto«, einen eigenen riesigen Saal. Obwohl beim Betrachten der sog. »Werke« nichts weiter zu sehen ist als wirre Linien. Oder betrachten sie seine »Werke« namens ›Bacchus‹. Dieses besteht aus unzähligen, planlos gezeichneten Kreisen. Warum bezeichnet man so

etwas als Kunst und widmet dem ganze Museumssäle? Wer scheint daran Interesse zu haben, die Kunst als solche zu diffamieren? Jemand muss großes Interesse daran haben, dass wir »solches« als Kunst bezeichnen. Gleichwertig mit anderen wirklich großen künstlerischen Werken.
Erinnern wir uns an den Flexner Report, an Einstein, Darwin, Freud und Marx, die alle das gleiche Ziel verfolgen, uns eine künstliche Welt vorzugaukeln. Selbstverständlich steckt hinter diesen Personen eine wahre Welt-Verschwörungslobby (die sog. Elite), die daran arbeitet uns so zu manipulieren, dass auch deren Pläne funktionieren. Erinnern wir uns auch daran, wie stark Emotionen und der Glaube auf die menschliche Physis wirken. Da die Kunst aber so etwas wie manifestierte Liebe ist, verkörpert sie die wahre Leidenschaft, das versteht jeder ehrliche Künstler. Voller Hingabe hören wir musikalische Werke von Mozart, Bach, Beethoven, Pachelbel und anderen genialen Musikern. Mit welcher Freude betrachten wir Bilder, Skulpturen oder Bauwerke von Michelangelo, Rubens, Raffael, Rembrandt und andere hochkarätige Künstler. All jene verkörperten in ihren Kunstwerken harmonisch-organisierte Strukturen in Klang, Linien und Farben. Welche wir, die Betrachter, als angenehme Bereicherung empfinden und aufnehmen. Denn unsere Wahrnehmung sucht organisierte Strukturen, um sich selbst in Harmonie zu reflektieren.
Hierzu möchte ich gerne eine sog. »moderne« Interpretation über die Kunst, aus dem Internet, zeigen.

»Die antike Theorie von der Kunst als bloße Nachahmung der Natur wurde u.a. von G. E. Lessing aufgegriffen und wirkte bis in den Naturalismus nach; der Sturm und Drang fasste Kunst als die schöpferische Äußerung des Originalgenies auf, das die traditionelle Regelhaftigkeit durchbricht;

die Romantik begriff die Kunst als eine sinnliche Darstellung des Übersinnlichen im Symbol. Die moderne Anschauung ist uneinheitlich: infolge der Erweiterung des Kunstbegriffs (u. a. durch J. Beuys) sind allgemeinverbindliche Aussagen nicht möglich. Die Gliederung der gesamten Kunstausübung richtet sich einmal nach den Gestaltungsmitteln, mit denen sich der Künstler äußert (z. B. Tonkunst oder Musik, die darstellenden und ausdeutenden Künste des Schauspielers, des Musikers, des Tänzers u. a.), zum andern nach dem Zweck der Kunst (Gebrauchskünste: Architektur, Gebrauchsgrafik, Gartenkunst, Kunstgewerbe; die freien Künste: Malerei, Literatur, Musik)«. Auszug aus:
wissen.de

Dieser oberflächlichen, fast verwirrenden Aussage eines sog. Wissensportals möchte ich gerne etwas entgegen setzen.

Auf einer Inschrift in der Frankfurter Oper heißt es: »Doch wie man weiß, sucht der Mensch ursprünglich nach dem Wahren, Schönen, Guten«. Treffen wir mit dieser Aussage nicht eher den Punkt. Ist es nicht so, dass der Mensch prinzipiell nach der Harmonie, nach dem perfekten Gleichnis sucht? Und versucht er dieses nicht durch seine kreative Art selbst darzustellen? Und ist es nicht so, dass je strukturierter eine Kunst ist, desto mehr kann er sich mit ihr identifizieren. Und je mehr Identifikation, desto mehr Glücksgefühl entsteht beim Hören oder Betrachten eines Kunstwerkes.

Kommen wir zurück zu denen, die für die sogenannte moderne Kunst verantwortlich sind. Die, die die Macht haben sog. Künstler wie Andy Warhol, Cy Twombly, Mike Kelly, Dan Flavin, Jeff Koons und andere so zu puschen, dass man ihnen ganze Säle zur Verfügung stellt und deren Ausstellungen mit einer riesigen PR in den Mainstream medienmäßig unterstützt.

Wir wissen, dass die »Elite« u.a. aus einem Netz von Geheimdienstlern wie z.B. der CIA besteht. Die CIA (Central Intelligence Agency) ist eine Geheimdienst Agentur (Unternehmen), die weltweit mehr als 20.000 Mitarbeiter beschäftigt, von denen die meisten untereinander nicht einmal wissen, dass sie Kollegen sind. Doch die sogenannte »Intelligence Community« beschäftigen laut *Washington Post* 854.000 Mitarbeiter mit der Top-Secret-Freigabe. Insgesamt dürften also weit mehr als eine Million Menschen geheimdienstlich für die USA (»der Elite«) tätig sein. Diese Dienste repräsentieren eine nationale und globale Geheimregierung, welche die Welt systematisch steuert – insbesondere die Welt nach dem zweiten Weltkrieg. Ab dann wurden, streng nach der NWO (Neue Weltordnung), die Regeln gestrafft. Diese Neuorganisation betraf nicht nur die Politik, sondern auch die Kultur und alle bedeutsamen Bereiche des öffentlichen Lebens. Ein besonderes Augenmerk hatte der US-Auslandsgeheimdienst auf die Auflösung der gegenständlichen Kunst. Wirklichkeitsnahe Maler, wie z.B. Edward Hopper, spürten die plötzliche Begünstigung der »abstrakten Kollegen« und schlossen sich zusammen, um sich gegen diese Bedrohung zu wehren. Der britische Independent schrieb 1995:

»Die Central Intelligence Agency nutzte die moderne amerikanische Kunst – einschließlich der Werke von Künstlern wie Jackson Pollock, Robert Motherwell, Willem De Kooning und Mark Rothko – als Waffe im Kalten Krieg. Die CIA hegte und pflegte den abstrakten amerikanischen Expressionismus mehr als 20 Jahre lang rund um die Welt« (The Independent, 22. 10. 1995).

Mit der Absicht, den unbeugsamen sozialistischen Realismus etwas entgegen zu setzen. Anders wären viele der abstrakten Künstler auch nie erfolgreich geworden. Die International Organisations Division (IOD) der CIA unter Tom Braden tat sich besonders hervor. Sie förderte Zeichentrickfilme, amerikanische Jazzmusiker und vor allem »Amerikas anarchistische Avantgarde-Bewegung, den abstrakten Expressionismus« (*The Independent*, a.a.O.). Und genau diese Handschrift erkennen wir auch im Münchner Museum Brandhorst wieder. Die Sammlung Brandhorst ist nichts weiter als ein Sammelbecken für solche Künstler, die direkt oder indirekt (oft ohne ihr Wissen) von den US Diensten gefördert wurden oder vom CIA-geförderten Kunstmarkt profitierten. Nicht zufällig stehen in der Sammlung laut Brandhorst-Website einschlägige US-Künstler ganz oben:

Cy Twombly, Andy Warhol, James Le Byars, Bruce Nauman, John Chamberlain, Dan Flavin, Mike Kelley und Jeff Koons.

Über Brandhorst schreibt Gerhard Wisnewski in seinem Buch »Verheimlicht-Vertuscht-Vergessen“ - Das Jahrbuch 2013 folgendes:

»Waschpulver und Kunst

Um eine solche Sammlung zusammenzutragen, braucht es natürlich jede Menge »Pulver« - genauer gesagt: Waschpulver. Die Werke wurden von Udo und Anette Brandhorst, einer Enkelin des Waschmittel-Tycoons Hugo Henkel (»Persil«), gesammelt. Wer allerdings mehr über die beiden in Erfahrung bringen will, beißt auf Granit. Selbst anlässlich der Museumseröffnung im Jahr 2009 war nichts Näheres über den Stifter Udo Brandhorst (seine Frau war bereits 1999 verstorben) zu erfahren. Udo Brandhorst gilt als äußerst öffentlichkeitsscheu und Informationen sind so gut wie nicht zu bekommen über den Mann, der München das schönste Geschenk dieses Frühlings machte«, notiert damals die Boulevard-Zeitung ***tz*** unter der Überschrift » Der große Unbekannte« (Online-Ausgabe 18.05.2009). Die Wahrheit ist: Für eine öffentlich so wirksame Person, nach der sogar ein riesiges Museum benannt wird, ist Udo Brandhorst der reinste Dunkelmann. Sein Leben ist eine reine Black-Box. Ein Wikipedia-Eintrag existiert nicht, über seine Herkunft hat selbst das renommierte *Munzinger-Archiv* nur eine dürre Zeile zu bieten: »Udo Brandhorst wurde 1939 geboren. Als Geburtsort nennen verschiedene Quellen Köln.« Nicht einmal sein genauer Geburtstag oder Ort stehen also fest, von sonstigen Details ganz zu schweigen. Auch die Website des Museums informiert den Besucher nicht über seinen geheimnisvollen Gründer und Namensgeber. Während jedem ausgestellten Künstler eine kurze Biografie gewidmet ist, gibt es über Udo und Anette Brandhorst nichts. Weiß der Freistaat Bayern also nicht einmal, wem er auf diese Weise für 48 Millionen Euro ein Denkmal setzte? Weiß man es im Museum? Die Öffentlichkeit soll es jedenfalls nicht erfahren dürfen. «

Und in ein weiteres Kapitel schreibt Wisnewski:

Das »Museum of Modern CIA«

Aber die Kunst ist doch frei! Natürlich ist sie das. Aber die Meinungsäußerung ist auch frei (jedenfalls zum Teil). Und deshalb wird man doch mal nach dem Ursprung und Zweck bestimmter Entwicklungen fragen dürfen. Das weltberühmte New Yorker Museum of Modern Art war laut *Independent* auf vielfältige Weise mit der CIA verbunden. Einige der Gründungsväter der »Agency« saßen in der Museumsleitung oder fungierten gar als Vorsitzende (John Hay Whitney). CIA-Mann und IOD-Chef Tom Braden waren gleichzeitig Geschäftsführer des Museums. Schließlich hing die abstrakte Kunst in den Marmorhallen von Banken, in Flughäfen, in Rathäusern, Vorstandsetagen und großen Galerien. Für die kalten Krieger, die sie förderten, waren diese Gemälde ein Markenzeichen, eine Signatur für ihre Kultur und ihr System, das sie an allen maßgeblichen Plätzen zeigen wollten, so der *Independent*. Die wirren Linien eines Twombly oder die nichtssagenden Farbflächen eines Rothko »ein Markenzeichen« für die von der CIA angestrebte Kultur und ihr angestrebtes »System«? Ein Satz, den man sich einprägen sollte. Denn die Desorganisation der gegenständlichen Kunst hörte mit den Kalten Krieg nicht auf. Inzwischen feiern die »Kunstwerke« Welterfolge und erhalten eigene Museen, wie etwa die Sammlung Brandhorst«.

G. Wisnewski Verheimlicht-Vertuscht-Vergessen - Das Jahrbuch 2013

Erinnern wir uns daran welchen Zweck die Kunst hat. Die Kunst ist so etwas wie manifestierte Liebe, sie verkörpert die wahre Leidenschaft und wirkt auf unsere Emotionen und unseren Glauben, sowie auf die menschliche Physis. Bei der Betrachtung wahrer Kunst wird uns warm ums Herz und das ist der einzige Sinn ehrlicher Kunst. Je organisierter und strukturierter, desto mehr können wir uns mit dem identifizieren. Wir erkennen die Schöpfung, die wir auch als göttliche Schöpfung verstehen. Wir verspüren eine Ordnung, an der wir Gefallen finden und an der wir uns bereichern. Nun wird diese Harmonie vorsätzlich durch eine »moderne« Kunst deformiert und das gezielt und professionell. Hier soll in Wirklichkeit die Kunst aufgelöst werden.

Ein wichtiger Bereich für den Menschen, um positive Energie auszutauschen. Es soll kein Bereich ausgelassen werden, in dem man uns beeinflussen (manipulieren) will.

Dies waren nur ein paar Beispiele wie man Tatsachen verdrehen kann. Und das Internet, der einzige Pool aus dem man noch wahre Informationen erhalten kann, ist voll von verwirrungsstrategischen Unwahrheiten. So das man sagen kann, „Na ja, das Internet. Dem kann man eh nicht glauben." Auch hier soll suggeriert werden, dass wir uns schon noch auf die Mainstream Medien verlassen können, aber auf keinen Fall auf das Internet. So ist es heute auch noch für viele Leser unseriös, wenn ein Autor in seinem Quellenregister angibt, dass diese oder jene Information aus dem Internet stammt. Dabei können wir uns glücklich schätzen, dass es ein Medium wie das Internet überhaupt gibt. Eine umfangreichere Plattform der Kommunikation wie das Internet existiert nicht. Sie ist das einzige Forum, in dem jeder Mensch noch die Chance hat, seine eigene Meinung zu veröffentlichen. Natürlich gibt es unzählige Beiträge deren Inhalt in Frage zu stellen sind, aber das sollte prinzipiell in der allgemeinen Kommunikation selbstverständlich sein. Nicht alles muss uns gefallen oder unserem Niveau entsprechen. Auch ist es normal, dass wir mit Unwahrheiten konfrontiert werden. Im täglichen verbalen Austausch sind Lügen meist nur kleine, persönlichkeitsbezogene Dinge von geringer Bedeutung. Anders ist es aber mit der vorsätzlichen Verwirrung im Internet. Dort wird gezielt mit Lügen gearbeitet, um eine völlige Desorientierung zu erzeugen. In jedem Bereich werden durchdachte Gegenargumente regelrecht erfunden, so dass am Ende jede Diskussion bei den meisten Menschen ins Chaos führt. Für jeden sachlich guten Bericht wird extra ein Gegenbericht erfunden und ins Netz gestellt.

Betrachten wir das Thema Chemtrails und deren zum Teil sehr professionellen Berichte im Internet, sehen wir gleichzeitig eine sehr wirkungsvolle Gegenfront, die ins Leben gerufen wurde. Da spielt sich ein gewisser Herr Jörg Kachelmann auf. Ein ehemaliger Hobbymeteorologe, der es „erstaunlicherweise" geschafft hat, für das ARD Fernsehen den Wetterbericht zu präsentieren. Dieser wurde regelrecht zur Gegenfront herangezüchtet. Erst wird er durch seine lässige und zum Teil unorthodoxe Art hier in Deutschland in der ARD als Wetterfrosch bekannt, dann wurde seine Popularität durch diverse andere Sendungen angehoben. Er moderierte 1996 die Sendung »Vorsicht Blöff«, war von 1999 bis 2004 und von 2007 bis 2009 Moderator der Talkshow »Riverboat« und versuchte sich 1998 an der Quiz-Show »Einer wird gewinnen«. Von 2002 bis 2008 war er Gastgeber seiner eigenen Talkshow im MDR mit dem Titel »Kachelmanns Spätausgabe«. Ende 1990 gründete Kachelmann die MeteoGroup Schweiz AG, ein Wetterdienst-Unternehmen, welches sich seit 2013 Meteomedia AG nennt. MeteoGroup ist ein Unternehmen für Wettervorhersagen. Es ist das größte Unternehmen dieser Art in Europa mit Büros in Belgien, Deutschland, Frankreich, Irland, Italien, den Niederlanden, Polen, Schweden, Singapur, Spanien, den Vereinigten Staaten von Amerika und England. Seit 2014 gehört MeteoGroup der US-amerikanischen Private-Equity-Gesellschaft General Atlantic. Zu den Dienstleistungen von MeteoGroup gehören laut eigener neben Wettervorhersagen für Privatpersonen, auch diverse Prognosen und Modelle für die Bauwirtschaft, Versicherungen, Landwirtschaft, Freizeit, Wassermanagement, Straßenverkehr, Bahn, Luftfahrt, Seeschifffahrt, Energiehandel, Netzbetreiber und Lastprognosen. In diesem Zusammenhang sollte man die Tragweite erkennen, in der man quasi einen

„Laien“ oder Hobbymeteorologen puscht, um ihn für spätere Zwecke zu missbrauchen.

Die geborene Erfolgsleiter eines Autodidakten. Denn sein Studium in Geographie, Mathematik und Physik, sowie im ersten Nebenfach Meteorologie, brach er 1983 ab. Nichtsdestotrotz wurde er in den Mainstream Medien zur bekannten Person. Bis es 2010 zu einer prekären Situation kam. Kachelmann wurde nachgesagt, dass er seine Nebengeliebte vergewaltigt und sich außerdem an ihr brutal vergriffen haben soll. Er wurde wegen Vergewaltigung und Körperverletzung angeklagt. Nach einigen Prozessprozeduren wurde er letztendlich wegen mangelnder Beweise freigesprochen. Interessant ist, dass er ab diesem Zeitpunkt systematisch als „Wetterexperte“ eingesetzt wurde, um gegen die Chemtrailbewegung im Internet vorzugehen. Und dies tut er mit großem Eifer. Sogar so, dass er jedem Chemtrailsgegner öffentlich an den Pranger stellt und als Rechte, Neonazi und Spinner abtut. Auch dafür musste er inzwischen ein Bußgeld in Kauf nehmen. Das höchst wahrscheinlich andere für ihn bezahlt haben. Kachelmann schreibt Bücher über den Wahnsinn der Chemtrails-Verschwörung und versucht jeden lächerlich zu machen, der nur das Wort Chemtrails öffentlich in den Mund nimmt. Welche Tragweite solch ein Thema wie die Chemtrails, das ein regelmäßiges Besprühen von Schwermetallen in Form von Feinstaub über unsere Köpfe mit sich bringt, zeigen die regelmäßigen Reaktionen von Aktivisten auf der Straße und im Internet, in dem ein Forum mit den Namen »sauberer Himmel« entstand. Dieses Forum wurde von Physikern, Chemikern, Biologen und freien Meteorologen gegründet. Ein weiteres Beispiel soll zum Denken anregen.

Nun wurde, für alle ganz überraschend, der bekannte und beliebte Diplom-Meteorologe Ben Wettervogel (Benedikt Vogel) am 2. Februar 2015 in seiner Berliner Wohnung aufgefunden. Ben Wettervogel, wie er sich selbst gern nannte, arbeitete fast zehn Jahre für das ZDF-Morgenmagazin. Er war beliebt durch seine lebendige Art das Wetter zu verkünden. Todesursache: Suizid. Zumindest lautete so die öffentliche Diagnose aller gleichgeschalteten Medien und das obwohl es noch keine offizielle polizeiliche Stellungnahme gab. Wikipedia schrieb gleich vom Suizidtod des Benedikt Vogel ohne abzuwarten, was die polizeilichen Ermittlungen ergaben. Paradoxer Weise soll er sich in seiner Wohnung erschossen haben. Und um seine Nachbarn nicht zu stören bzw. damit sie seinen Freitod nicht mitbekommen sollen, hatte er sich für eine Pistole mit einen Schalldämpfer entschieden.

Also noch einmal kurz zusammengefasst. Ben Wettervogel, der als lebenslustiger Wetterfrosch bekannt war und fast zehn Jahre als beliebter und angesehener Kollege beim ZDF tätig war, nimmt sich, nur weil er keine Vertragsverlängerung beim ZDF bekam, das Leben. Als Begründung für seinen Freitod wurde von allen Medien gleichgeschaltet behauptet, er hätte Alkoholprobleme gehabt. Ja sogar einen Alkoholentzug war geplant, aber dieser wurde von Wettervogel nicht eingehalten.

Interessant bei der ganzen Geschichte ist aber, dass Benedikt Vogel unter seines Gleichen auch bekannt war, Dinge anzusprechen, die in den öffentlichen Medien als Tabu-Thema galten. Vogel war nicht der klassische angepasste Jasager, sondern, trotz seiner fröhlichen Natur, auch ein Querkopf. Er soll die sog. Kondensstreifen am Himmel in

Frage gestellt und auch die angebliche Klimaerwärmung dezent hinterfragt haben.

Auszug aus dem „Spiegel" August 2011

»Vogel ging mit seiner Zunft zuweilen streng ins Gericht. In einem Interview mit dem „Spiegel" im Sommer 2011 sagte er zu den damaligen Prognosen eines heißen Hochsommers: „Da wollten wohl ein paar Wetterleute ein bisschen Aufmerksamkeit erhaschen. Die hauen einfach mal was raus, und weil es hinterher ohnehin keiner kontrolliert, kann denen ja auch nichts passieren. «

Damals räumte der Diplom-Meteorologe ein, dass langfristige Wetterprognosen selten stimmten und höchstens einmal Zufallstreffer sein könnten. Vielleicht sind das die Gründe, weshalb Vogel keine Vertragsverlängerung beim ZDF bekam. Aber ungeachtet dessen soll er sich ja selbst erschossen haben, weil er des Lebens müde war. Dafür besorgte er sich eine Pistole und einen Schalldämpfer (wegen der Nachbarn) und beendet so sein Leben. Also wenn ich ein lebensmüder Mensch wäre und noch unter Alkoholismus litt, dann würde ich mein Leben in einer Kurzschlusshandlung mit ausreichend Schlaftabletten und einer Flasche Whiskey oder Wodka beenden. Aber Benedikt Vogel besorgte sich erst einmal illegal eine Pistole und noch illegaler einen Schalldämpfer. Nun wer dem Glauben schenkt, dem kann man nicht mehr helfen. So viel zur Gegenfront der Wahrheit über die Chemtrails und deren wahren Bedeutung. Nämlich, dass man bei solch einem Thema auch mal über Leichen geht, wenn es sein muss.

Nicht anders ist es mit der Freien Energie, die inzwischen wissenschaftlich mehrfach von unterschiedlichsten Physikern belegt wurde. Man denke da z.B. an Professor Dr.

Claus Turtur und andere, die derzeit sehr aktiv sind, um die Nutzung der Freien Energie im Internet und mit Büchern bekannt zu machen. Aber unzählige Gegendokus von angeblichen Fachleuten, wollen belegen, dass eine effiziente Nutzung nicht möglich sei. Das sich die geringe Ausbeute lediglich nur im Milliampere Bereich bewegt. Die Energielobby lässt grüßen. Es wird alles getan, um die Menschen von der Wahrheit fernzuhalten.

So entstand im Internet extra ein Blog mit dem Namen „Psiram“ in dem prinzipiell jede kritische Äußerung oder jeder der sich kritisch (eben als Verschwörungstheoretiker) outet in die rechte Szene geschoben wird. Es lohnt sich mal die Seite »www.psiram.com« anzuschauen. Man findet da so gut wie jeden der sich kritisch ins Netz stellt. Dort werden Personen total deformiert und generell als verkappte Nazis eingestuft. Die sog. Nazikeule, die in den Mainstream Medien immer noch als Waffe funktioniert zeigt seine Wirkung, denn niemand möchte als Nazi betitelt und so angesehen werden. Mit dieser Waffe kann man den braven Bürger einschüchtern, quasi mundtot machen. Warum das so gut funktioniert, hat ja wohl etwas mit der Deutschen Vergangenheit zu tun, oder?

Oder gehört auch das schon zu einen lange durchdachten Plan, den Deutschen quasi zu kastrieren? An dieser Stelle möchte ich nochmals daran erinnern, dass es leider Themen gibt, die man als Autor nicht offiziell ansprechen darf, weil man sich deswegen strafbar macht. Ja, in einer „Demokratie“ kann man belangt werden, wenn man bestimmte Themen öffentlich anspricht und/oder in Frage stellt. Aus diesem Grunde habe ich auch einen ganzen Untertitel aus diesem Buch entfernt. Soviel zur angeblichen Demokratie.

Aber trotz alledem bin ich davon überzeugt, dass es nur noch eine Frage der Zeit ist, dass wir die Deutschen, uns aus diesen Sumpf befreien werden. Eine echte Souveränität zurück erhalten und die Brüsseler EU Diktatur nicht länger bestehen bleibt. Jedes Land in Europa hat eine eigene Geschichte und eine eigene Identität. Wir benötigen keine Fremddiktatur, die noch nicht mal etwas mit den wahren Interessen der Europäer zu tun hat. Hier geht es wahrlich nur um macht-strategische Interessen einer fraglichen Elite. Und diese Elite interessiert sich nicht für die Belange des kleinen Menschen, sondern nur für die konzeptionelle Ausbeutung unseres Planeten.

Die große Frage, die sich uns nun auftut lautet: Was können wir tun, um dem entgegenzuwirken? Das nächste Kapitel soll uns die Möglichkeit geben, eigene Sichtweisen und Handlungen zum Instrument werden zu lassen. Wir sind nicht hoffnungslos verloren, nein wir sind immer in der Lage gewesen etwas zu ändern. Nur das es die meisten nie wussten. Wir können unsere Welt, dass bedeutet selbstverständlich auch, unsere Wahrnehmung komplett beeinflussen und zu einen globalen Weltfrieden verhelfen.

Kapitel XVI.
Der Verschwörung ein Ende setzen und das letzte Szenarium

Wir wissen inzwischen, dass wir in eine Matrix gepresst werden, die auf Lügen aufgebaut ist. Das es im gewissen Sinne eine, für den auf der Erde lebenden Menschen, große Verschwörung gibt. Eine Verschwörung oder auch eine Geheimhaltung des wahren Wissens. Wir verstehen auch, dass jeder, der diese Verschwörung aufdecken will, als Verschwörungsspinner betitelt wird und dass der Begriff „Verschwörungstheoretiker" oder auch „Verschwörungsspinner" inzwischen zur Waffe wurde, um jeden kritisch Denkenden Menschen den Wind aus den Segeln zu nehmen.

Auch sollten wir verstanden haben, dass eine reale Parallelgesellschaft existiert, die ohne uns, auf und außerhalb unseres Planeten, agiert. Das der gesamte Kosmos voll ist von den unterschiedlichsten Lebensformen und diese in verschiedenen Allianzen operieren. Und das alles dafür spricht, dass wir Menschen sehr wahrscheinlich von einer Fremdrasse beherrscht werden. Zugleich sollte uns bewusst sein, dass wir Menschen in unserer Entwicklung vorsätzlich gebremst werden, damit wir unser wahres spirituelles Potential niemals erfahren sollen. Ein Potential das weit über unserem jetzigen Istzustand hinausgeht. Wir wissen auch, dass dafür unzählige Gifte eingesetzt werden, die man in Lebensmitteln, in der Kosmetik, in der Luft, sowie der Medikamente und den Impfstoffen macht. All diese Gifte dienen nur dazu, uns zu entkräften und zu minimieren.

Trotz allem sollten wir nicht den Kopf in den Sand stecken und kapitulieren, nein, denn das wäre das Ende bzw. der Untergang der Menschheit. Genau das Gegenteil sollte der

Fall sein. Ich glaube wir befinden uns derzeit in der größten Herausforderung der menschlichen Rasse, nur das es leider zu wenig Menschen erkennen. Welche Möglichkeiten haben wir dem etwas entgegenzuwirken? Haben wir überhaupt noch eine Chance etwas zu ändern?

Ich glaube schon!

Das erste was wir machen sollten ist, sich nicht durch Parolen wie Links oder Rechts, oder unterschiedliche Glauben und Nationalitäten beeinflussen zu lassen. Wir sollten prinzipiell nichts aus den Mainstream Medien glauben und diese nur bedingt verfolgen. Es ist nicht verkehrt ab und zu mal die sog. „Nachrichten" anzuschauen. Denn so können wir schon mal im Vorfeld erfahren, was die Pläne der mächtigen Elite sind. Wir entwickeln durch das Anschauen solcher Sendungen auch einen Blick dafür, hinter die Kulissen zu schauen.

Das zweite was wir machen sollten ist, Menschen, die die Affinität besitzen, aufmerksam zu machen und zu informieren, bzw. durch Gespräche zu mobilisieren.

Das dritte was wir machen sollten ist, sich selbst durch Yoga und ähnliche Praktiken zu stärken, genug Energie zu entwickeln, um für das, was auf uns negativ einwirkt reagieren zu können.

Das vierte was wir machen sollten ist, sich und seine Geliebten darauf vorzubereiten, dass es zu schweren Zeiten kommen kann. Um nicht plötzlich überrascht zu werden.

Das fünfte was wir machen sollten ist, darauf zu achten, was wir an Nahrung zu uns nehmen, um uns nicht zusätzlich mit zu viel chemischen Giften zu betäuben. Und außerdem sollten wir niemals unsere Kinder impfen lassen.

Auch Ärzte zu konsultieren, sollten wir ebenfalls versuchen zu vermeiden.

Das sechste was wir machen sollten ist, langsam aber sicher die wichtigsten Vorräte anzulegen. Nicht panisch, aber kontinuierlich. Vielleicht auch an gewisse Sicherheit zu denken. Also z.B. ein oder zwei Waffen zu organisieren. Um sich gegebenenfalls auch vor räuberischen Überfällen verteidigen zu können.

Das siebente was wir machen sollten ist, sich auf die zukünftige Kommunikation vorzubereiten. Z.B. durch CB Funk oder Walky-Talky, also Funkgeräte und gegebenenfalls einen Weltempfänger zu organisieren. Denn alles andere wird am Tag X nicht mehr funktionieren. Am Tag X werden alle Handys, alle Computer und die Mainstream Medien zeitgleich schweigen.

Der Tag X ist der Tag, an dem alles Offizielle zusammenbricht. Ein Zeitpunkt der mit größter Wahrscheinlichkeit schon vorausgeplant ist. Auch wenn wir nicht wissen, wann dieser Tag kommen wird, aber er wird kommen. Für die sog. „Elite" gehört er zum Plan. Mit diesen Tag beginnt eine neue Ära. Jede Art der Kommunikation wird zusammenbrechen, alle Menschen werden aus ihren Gewohnheiten herausgerissen. Es wird keine Informationen mehr geben, weder über die Mainstream Medien noch über das Internet. Handys und Festnetz Telefone werden nicht mehr funktionieren. Die Geschäfte, Discounter und Kaufhäuser werden nicht mehr öffnen. Nach kürzester Zeit und damit meine ich, ein bis zwei Tage, wird das reale Chaos in den Großstädten ausbrechen. Als erstes werden die Discounter, Geschäfte und Einkaufszentren von der rasenden Masse geplündert. Die städtische Polizei wird sich zuerst zurückhalten, weil sie selbst von dieser Situation betroffen und nicht handlungsfähig ist. Letztendlich haben sie ja auch eine Familie, um die sie sich zu kümmern haben. Die „Elite" braucht in dieser Situation nichts weiter zu tun als abzuwarten, bis sich die meisten Menschen gegenseitig das Leben zur Hölle machen. In solch einer Lage wird es unzählige Tote geben. Jede Ordnung wird quasi zusammenbrechen. Völlig orientierungslos werden die Menschen sich nach einer zivilisierten Reglung sehnen. Denn das Chaos wird den Alltag beherrschen. Es wird Banden geben, die die Städte räuberisch vereinnahmen werden. Gesetze, wie wir sie kennen, wird es nicht mehr geben.

Der Plan geht auf. Denn in solch einer Situation sind die Menschen bereit alles zu akzeptieren, damit es endlich wieder friedlich und kultiviert zugeht. Sie werden jede Art von Regierung anerkennen. Auch eine Regierung, die jeden Menschen zum absoluten gläsernen Bürger werden lässt und sklavenähnliche Bedingungen erwartet und verlangt. Die Menschen werden Chips unter der Haut, kein Bargeld mehr und die totale Überwachung akzeptieren. Der perfekte Faschismus wäre in so einer Zeit geboren.

Ist das unsere nahe Zukunft? Oder besteht noch Hoffnung dem etwas entgegenzusetzen?

Mein letztes Kapitel soll Hoffnung - also Licht - in diese Finsternis bringen.

Kapitel XVII.

Wir können nicht verlieren!

Gott sei Dank siegen am Ende die Lieben (die Liebe). Ein Prozess, der deswegen nicht geleugnet werden kann, weil sonst nichts existieren würde. Alles entsteht letztendlich aus Liebe. Das Böse dagegen ist zerstörend, die Liebe aufbauend. Dass das selbstverständlich nach einem »Klischee Denken« erinnert, ist mir bewusst. Und doch möchte ich so mit meinem letzten Kapitel beginnen.

Jede Lebensform reproduziert sich letztendlich durch den Prozess des sich Vereinens. Und diese Vereinigung wird prinzipiell immer nach den gleichen Kriterien gehandhabt. Die beiden Geschlechter hegen Interesse für einander. Aus rein biologischer Sicht erkennen sie (vielleicht nicht rational), dass sie eine günstige genetische Konstellation ausmachen. Emotional entsteht dort ein Gefühl der Gemeinsamkeit, Zugehörigkeit und/oder auch der Liebe. Der gesamte Mikro- und Makrokosmus besteht aus PHOTONEN (Lichtpartikeln) die das männlich-bewegende darstellen, und aus der LIEBE (die Gravitation), die das weibliche-anziehende darstellt. In Kapitel XII. habe ich dies genauer beschrieben. Diese kosmisch-göttliche Gesetzmäßigkeit ist allgegenwärtig. Sie allein lässt Leben entstehen und das überall im kosmisch-göttlichen Gefüge. Parallel existiert, aufgrund der Polarität, eine negative Entwicklung, nämlich die des Bösen. Die Macht des Bösen verfolgt ebenfalls das Ziel sich weiter zu entwickeln. Denn die Dynamik des sich »weiter entwickeln zu wollen« ist ein Teil der kosmisch-göttlichen Gesetzmäßigkeit. So existieren parallel zwei Entwicklungen, die des Guten und die des Bösen. Beide sind legitim und machen die wahre Realität aus. Die eine sorgt für das Gedeihen und die andere für das Zerstören. Beide gestalten das Universum. Beide gehören letztendlich zusammen.

Dass die Liebe das wichtigste im Universum ist, zeigt sich täglich in unserem Leben. Nicht nur in fast jedem Buch, Theaterstück oder Film spielt sie die größte Rolle, sondern auch in alltäglichen Dingen können wir die Liebe über die Kinder zu ihren Eltern oder Geschwistern, eben über die Familie sehen. In anderen Bereichen zeigt sie sich ebenfalls, z.B. in der Liebe zur Kunst. Man denke da an die Musik, den Tanz und das Malen, sowie jegliche Art von in Liebe ausgeführter Kreativität. Aufgrund der unendlichen Wirkungskraft der Liebe befindet sich das Böse auf einer quasi untergeordneten Position. Von der es permanent versucht in den Vordergrund zu kommen. Natürlich könnte man jetzt argumentieren, dass es immer und überall zu Ausbeutungen und zu Kriegen kam. Das ist auch leider richtig, aber vergleicht man die Energie der allgegenwertigen Liebe und die des Bösen, so zieht die böse Energie immer den Kürzeren. Auch wenn es momentan schlecht aussieht. Unser Planet ist krank durch Umweltgifte, krank durch eine Energie des Schreckens und des Todes, krank durch zu viele Kriege, die derzeit global forciert und durchgeführt werden. Dennoch überwiegt die positive Energie der Liebe. Die Ärmsten der Armen, die Schwächsten der Schwachen werden trotzdem zueinander Liebe empfinden, egal wie sehr sie ausgebeutet werden. Da wird auch kein Gender Programm Erfolg haben, das das Ziel verfolgt den Familiensinn zu zerstören. Das Interesse sich zusammenzutun, eine Familie zu gründen, um Nachwuchs zu zeugen, wird niemals vergehen. Die Liebe ist ein kosmischer Bestandteil, den man nicht löschen kann. Das wäre so als würde man das Licht (die Photonen) für immer aus dem Universum verbannen wollen.

Nein, das funktioniert nicht. Die Angst vor der ewigen Finsternis soll lediglich dazu dienen uns einzuschüchtern. Und das gelingt bei den meisten Menschen. In den Religionen wird von Himmel und von der Hölle gesprochen. Der Himmel soll als das göttliche Licht und die Hölle als das brennende Feuer oder auch als Finsternis gesehen werden. Hier wird vorsätzlich mit den Ängsten gespielt, um den Menschen weit weg vom wahren Wissen zu lenken. Die größten Religionen, wie das Katholische-, Orthodoxe- und Protestantische Christentum sowie der Sunnitische-, Schiitische- und die anderen Gruppen des Islams, bilden die Mehrzahl aller Menschen auf unserem Planeten. In beiden Haupt-Religionen wird vom Himmel und der Hölle gepredigt. Von der ewigen Wiedergeburt (der Reinkarnation) wird in diesen Religionen nichts gelehrt. Im Gegenteil. Sie wird regelrecht abgelehnt. Nur ein geringer Prozentsatz von vielleicht 9 % aller Menschen auf unseren Planeten glauben an die Wiedergeburt. Die meisten Menschen, die daran glauben, stammen aus dem asiatischen Raum. Andersdenkende, also Menschen die von der Reinkarnation überzeugt sind und in unserer sog. zivilisierten Welt leben, betitelt man als »Esoteriker« und diese werden prinzipiell in eine Schublade mit den Verschwörungstheoretikern geschoben. Der Grund ist natürlich der, dass solche Menschen sich auch mit Dingen beschäftigen, die nicht nur aus der »Main Stream Welt« stammen.

Wer dieses Buch bis hier aufmerksam gelesen hat, der wird verstehen worauf ich hinaus will. Es gibt die (Matrix) eine Welt, die uns vorgegaukelt wird und es existiert eine reale Welt, die man uns vorenthält. Die wahre Welt wird für immer mehr achtsame und interessierte Menschen langsam sichtbar und die Scheinwelt wird langsam immer mehr transparenter. Das weiß auch die sog. »Elite«. Diese weiß auch, dass die LIEBE die stärkste Macht im Universum ist und niemals bezwungen werden kann. Dennoch tut sie, die »Elite«, fast schon verkrampft alles nur Mögliche, um uns weiter zu versklaven und Kriege zu führen. Die Argumente, die wir täglich in den Nachrichten der Main Stream Medien hören, klingen beim genauen hinhören schon fast lächerlich und kraftlos. Abgekämpft und widerlegt werden die ewig gleichen politischen Parolen wiederholt. Wer aufmerksam zuhört erkennt deren Schwäche und empfindet schon fast Mitleid. Gebetsmühlenartig versuchen sie uns immer das Gleiche zu vermitteln.

Du bist angeblich frei und lebst in einer Demokratie, die du durch deine Stimme alle vier Jahre mit beeinflussen kannst. Du kannst alles selbst entscheiden, weil du in einer ehrlichen und gerechten Welt lebst. Die Politiker bemühen sich für das Volk da zu sein und deren Wünsche ehrlich nachzugehen. Die Wirtschaft arbeitet nur für uns und die Wissenschaft ist bestrebt, Errungenschaften zum Wohl der Menschheit zu erzielen. Wie z.B. die Pharmaindustrie, die nur daran interessiert ist, dass wir gesund sind und das es uns gut geht. Die jeweiligen Minister eines Amtes (Minister kommt aus dem lateinischen und heißt so viel wie Diener) dienen letztendlich natürlich nur uns. Gleichzeitig wird uns immer wieder durch die Medien gezeigt, wie grausam und ungerecht die Welt ist. Da gibt es unentwegt Gefahren, denen wir ausgesetzt sind. Viren, Zecken, Krankheiten, Kriminelle, Nazis, Linksautonome oder Terroristen.

Das dies alles - langsam aber sicher - von immer mehr Menschen in Frage gestellt wird, zeigt sich durch die vielen Aktivitäten und Beiträge im Internet. Ob es nun die Sozialen Netzwerke sind oder die immer größeren öffentlichen Veranstaltungen von Menschen, die ihre Unzufriedenheit kundtun. Auch, wenn diese dann gerne gegeneinander von der „Elite" ausgespielt werden. All das zeigt uns aber, dass es so nicht mehr lange weitergehen kann. Die sog. „Elite" weiß das ebenfalls und setzt in solch einen Fall, wie sie es schon in vergangenen Zeiten getan hat, auf das Altbewährte, nämlich auf den großen Krieg. Der Krieg soll prinzipiell dazu dienen, völliges Chaos und Zerstörung zu verursachen, um anschließend den Neuaufbau anzukurbeln, die Anzahl der Menschen zu dezimieren und Angst und Hoffnungslosigkeit zu erzeugen und zu verbreiten. Dabei werden alte Regelungen, Gesetze und Ordnungen entfernt und neue Installiert. Gleichzeitig verdient der eigentliche Gewinner, wie immer daran, alles wieder neu aufzubauen und neu zu definieren. Wir stehen heute wieder kurz vor solch einem Szenarium, einem den wir schon wenigstens zweimal in den letzten hundert Jahren hatten, vor einen Weltkrieg.

Im Vorfeld werden wieder Völker regelrecht verschoben und ausgewechselt. Durch künstlich-inszenierte Kriege in deren Ländern, werden diese Menschen entwurzelt und ausgetauscht. Riesige Flüchtlingszuwanderungen nach Europa, die noch professionell forciert werden, sind dann das Ergebnis eines überfluteten Europas. Mit Argumenten wie, wir brauchen mehr Fachkräfte im eigenen Land, soll uns heute weisgemacht werden, dass wir selbst nicht mehr fähig sind dies zu bewältigen. Für die Steigerung der Geburtenraten, der eigenen deutschen oder auch der anderen europäischen Bevölkerung, wird nichts getan. Im Gegenteil, durch die familienfeindliche EU Politik wird durch das Gender-Programm dafür gesorgt, dass durch die Abtreibung, die Antibabypille, Verhütungsmittel wie Kondome, die aus Angst vor Geschlechtskrankheiten benutzt werden sollen und durch die Gleichstellung der Homosexuellen und

Transsexuellen, die Geburtenrate der eigenen Bevölkerung drastisch zurückgeht. Wir brauchen also ausländische Fachleute. Nur so kann die Migrantenpolitik in den Medien begründet werden. Vor 60 Jahren gab es noch Überlegungen wie man durch eine positive Geburtenregelung und einer familienfreundlichen Bildungspolitik sogenannte Fachkräfte aus der eigenen Bevölkerung für die Zukunft heranziehen kann. Heute werden natürliche Geburtenvorgänge der eigenen Bevölkerung gebremst und man spricht prinzipiell nur noch von Migranten-Fachkräften, die man unbedingt von außen benötigt. Hier wird der gewollte Austausch von Menschen deutlich sichtbar.

Dennoch sollten wir nicht vergessen wie mächtig die universelle Liebe ist. Ziel eines Jeden sollte es <u>nicht</u> sein, Menschen gegenüber Feindseligkeit entgegen zu bringen. Vielmehr sollten wir bemüht sein, mit Liebe und Geduld, für permanente Aufklärung zu sorgen. Jeder Mensch möchte ein Gefühl der Geborgenheit wahrnehmen und sein Zuhause als seine Heimat betrachten können. Menschen, die auf der Flucht sind, sollte man prinzipiell helfen und schützen, aber soweit deren Not gelindert ist, sollten wir gemeinsam dafür sorgen, dass deren kulturelle Heimat wieder bewohnbar und lebenswert gestaltet wird. Denn jeder liebt seine eigenen Heimat, seine Wurzeln aus der er und seine Familie und Freunde stammen. Dazu gehört es auch kriegstreibende Elemente, die für solche Unruhen verantwortlich sind, zur Rechenschaft zu ziehen. Die Staaten, die für deren Elend verantwortlich sind, müssen unbedingt zur Verpflichtung gezogen werden. Und das funktioniert nur, wenn die Menschen aufgeklärt werden. Wenn ihnen bewusst gemacht wird, wer schuld an all dem Übel ist, wer die wahren Drahtzieher sind, die man wirklich zur Verantwortung ziehen sollte. Einzelne Menschen, die die Wahrheit sagen, werden entweder lächerlich oder mundtot gemacht. Aber je mehr Menschen aufwachen und sich zur Wehr setzen, desto schwieriger wird es für die sog. »Elite«. Jeder einzelne Mensch, der das versteht, sollte sich zur Pflicht machen, dies zu verkünden. Entgegen der sogenannten »modernen« Bildungspolitik der EU, wie z.B. deren aktuellste Streich der Inklusion, die angeblich für die Gleichberechtigung aller Menschen sei, insbesondere für die geistig- und/oder körperlichen Menschen. Aber in Wirklichkeit wird die Inklusion nur dafür benutzt, um die allgemeine Schulbildung noch mehr abzubauen. Eine echte Aufklärung der Bevölkerung sollte prinzipiell für alle, die das verstanden haben, zur obersten Priorität werden. Für die Zukunft unserer Kinder und die der eigenen Wiederkehr sollten wir unbedingt dafür kämpfen, unseren Planeten nicht völlig kaputt gehen zu lassen. Im dem Fall ist es egal, ob die sog. Elite aus einer nichtmenschlichen Rasse besteht oder, ob es sich um einen verschworenen Familienclan irgendeiner Religion (Sekte) handelt. Fakt ist, dass die menschliche Spezies so keine Zukunft mehr haben wird.

Am Anfang dieses Kapitels habe ich von der Kraft der Liebe und deren Verhältnismäßigkeit zur bösen Macht geschrieben. Ich beschrieb u.a., dass die Liebe niemals verlieren kann, weil sie den größten und entscheidendsten Baustein des kosmisch-göttlichen Universums darstellt. Damit war aber nicht gemeint, dass diese Kraft ohne unser Wirken so unendlich stark bleibt. Nein, ausnahmslos muss ein jeder dazu beitragen, dass diese positive Energie erhalten bleibt. Egal ob ich eine Familie habe oder nicht, egal ob ich an die Wiedergeburt glaube oder nicht. Ich bin ein Teil des Ganzen und habe mehr Aufgaben als nur einfach da zu sein. Ich weiß, dass dies für viele nicht leicht nachzuvollziehen ist, weil schließlich jeder sich in seinem Hamsterrad bewegt, aus dem es schwer ist, einen anderen Blickwinkel zu entwickeln. Dennoch ist das die einzige und wichtigste Aufgabe eines jeden wirklich denkenden Menschen. Zum einen soll unser eigenes Bewusstsein wachsen und zum anderen sollten wir stets dafür sorgen, dass die Allgemeinheit eine wahre Chance bekommt, sich ebenfalls weiter entwickeln zu können. Das unsere und aber auch andere Kinder eine Zukunft erhalten, die lebenswert ist.

Das sog. Bildungsprogramm sorgt lediglich nur dafür, dass die Menschen mit dem Notwendigsten ausgebildet werden. Sie sollen gerade mal die Werbung und die Wahlplakate lesen können, um gut zu konsumieren und alle vier Jahre, im Glauben, sie seien freie Menschen, ihre Stimme abzugeben. Prinzipiell sollen die Menschen dumm gehalten werden. Die »Elite« hat Angst vor der wahren spirituellen Entwicklung des Menschen, deshalb unternimmt sie alles nur Mögliche, um uns geistig zu bremsen.

Kommen wir zurück zur Liebe!

Die meisten Menschen sind gefangen in einer Welt, in der es ihnen äußerst schlecht geht. Sie sind unglücklich und mit ihrem Leben nicht zufrieden. Sie sind zu Sklaven der Norm geworden, die nur nicht negativ auffallen wollen. Immer schön mit der Allgemeinheit schwimmen. Ansonsten wird man als Spinner, Außenseiter, Rechter, Linker, Autonomer, Radikaler, Verschwörungstheoretiker oder sogar als Terrorrist abgestempelt. Und niemand möchte zu denen gehören. Man will ja akzeptiert und gemocht werden. Andersdenkende werden sehr schnell zu unsympathischen und unbeliebten Personen abgestempelt. Die Medien tun da ihr Bestes.

Dem zu trotzen ist nur möglich, wenn wir mit großer Liebe dem entgegenstehen. Das bedeutet dann, erkannt zu haben, den größten Augenmerk auf die Liebe und unseren eigenen Verhalten zu richten. Das heißt, je mehr wir geben und investieren, desto mehr bekommen wir zurück. Es sollte uns egal sein was die anderen denken. Sollten die über unser Verhalten lachen, so könnten wir über deren angepasstes Verhalten lachen. Wir sollten uns nicht mehr über unsere, für die meisten eine andere, Denkweise schämen, sondern genau das Gegenteil sollte für uns im Vordergrund stehen. Wir sollten stolz sein auf unsere gewonnene Fähigkeit, die Welt mit anderen Augen sehen zu können. Unsere Augen haben mit Hilfe der Liebe einen völlig neuen Blick entwickelt. Wir sehen Dinge, die wir vorher überhaupt nicht gesehen haben. Dinge, für die wir vorher noch keine Affinität hatten, die für uns quasi unsichtbar waren. Es eröffnete sich für uns ein neuer Horizont. Mit dieser Fähigkeit sind wir in der Lage, andere Entscheidungen treffen zu können und dementsprechend anders zu handeln. Wir haben eine echte Chance dem zu trotzen, andere Menschen aufzuklären und eine Gegenbewegung mit zu unterstützen. Eine Gegenbewegung die unausweichlich ist, wenn wir dieser jetzigen Entwicklung etwas entgegen setzen wollen. Wir müssen nur noch aktiv werden und das jeder nach seinen individuellen Möglichkeiten. Ich glaube der größte Irrtum ist zu denken, dass es einem zu schlecht geht, um anderen helfen zu können. Ich bin davon überzeugt, dass das gerade der Schlüssel zum eigenen Glück ist. Für eine bessere Welt zu kämpfen bedeutet, seine eigene Sichtweise aus einem anderen Blickwinkel zu betrachten.

Das, was wir als »Glück« bezeichnen, ist das Resultat einer positiven Handlung, derer wir uns nicht bewusst waren. Es ist die Ausbeute einer guten Aktion von uns selbst.

Und das, was wir als »Pech« bezeichnen, ist das Resultat einer negativen Handlung, derer wir uns vielleicht nicht bewusst waren. Es ist die Ausbeute einer schlechten Aktion von uns selbst.

Wir sind unseres eigenes Glückes Schmied!

Nachwort
oder
Das Glücksprinzip

Meine eigene (erlangte) Sichtweise scheint der kosmische Schlüssel zur wahren Liebe und Harmonie zu sein. Jedes Ärgernis was mich bewegt, ist lediglich das Resultat meiner Betrachtungsweise. Wenn ich verstanden habe, dass ich von Geburt an in eine künstliche Matrix voller Lügen gepresst wurde, dann finde ich den Ausgang aus dieser Welt nur in mir selbst.

Betrachten wir hierfür, um dies zu verdeutlichen, die Geschäftslogik eines gewinnbringenden Unternehmens. Jedes große Unternehmen investiert, egal ob es schon weltbekannt ist oder nicht, mindestens 10-20% ihrer Einnahmen für die Werbung. McDonalds investierte in den Spitzenzeiten bis zu 18,2 % seines Einkommens für das Marketing und der Werbung. Und das obwohl jeder ausnahmslos McDonald kennt. Nicht anders ist es mit anderen großen Konzernen. Werbung bedeutet im geschäftlichen Gebaren »Ich gebe (investiere), also werde ich bekommen(verdienen)«. Und genau nach diesem Prinzip ist das Dasein einer jeden Lebensform aufgebaut. Das bedeutet alles, aber auch wirklich alles, funktioniert nach diesem Plan.

Jeder kennt Sätze wie: »So wie es in den Wald rein ruft, so schallt es heraus«, oder »Wir ernten das, was wir säen« oder »Ohne Fleiß kein Preis«. Der Volksmund drückt solche Weisheiten in einfachen, aber wahren Sätzen aus. Weil sie letztendlich die absolute Wahrheit beinhalten. Auch Investitionen von Firmen sind vergleichbar mit der richtigen Vorgehensweise. Denn nichts anderes ist mit unseren persönlichen Leben. Meist sind wir voller finanzieller Sorgen und kämpfen ständig darum, wie wir sämtliche Ausgaben stemmen können. Zu oft driften unsere Gedanken wegen des Geldes wieder ab, obwohl wir genug andere Dinge haben, die uns wahrlich beschäftigen. Wir glauben wirklich, dass das Geld der ausschlaggebende Grund ist, der uns vom wahren Glück abhält. Wir werden so manipuliert, dass ein jeder von dem überzeugt ist. Überzeugt davon, dass wir nur zufrieden sein können, wenn das finanzielle abgesichert ist. Dafür wird auf allen Ebenen gesorgt. »Ein Hoch auf den Materialismus.« Dabei ist es, wenn man es erst einmal verstanden hat, so einfach sich von dem alten, behafteten Denkmuster zu lösen.

Auf allen Ebenen bestehen die gleichen kosmischen Gesetze. Ob wir es aus der biologischen, physikalischen, chemischen, psychologischen, philosophischen, soziologischen, mathematischen, technischen, kulturellen oder anderen Gesichtspunkten heraus betrachten, spielt keine Rolle. Wir erfahren prinzipiell die gleichen Muster. Einige Beispiele sollen dazu dienen, dies besser verständlich werden zu lassen.

Auf der biologischen Ebene können wir dieses Phänomen in der einfachen Verhaltensstruktur eines Babys sehen. Es schreit aus vollem Halse nach der Nahrung, weil es Hunger hat oder weil es ein Unbehagen fühlt. Sogleich wird dafür gesorgt, dass es dem Baby besser geht. Ursache und Wirkung. Das Baby investiert erst einmal mit der Kraft seiner Stimme und seiner Atmung, die zum Schreien notwendig sind, um das zu bekommen, was es haben will. Genauso müssen wir erst trainieren, um körperlich fit zu werden und nicht umgekehrt. Wir können niemals ein Musikinstrument spielen, wenn wir nicht vorher viele Stunden, Wochen und sogar Jahre für das Erlernen dieses Instrumentes investieren. Dinge, mit denen wir täglich konfrontiert werden, zeigen uns immer die gleichen Prinzipien. Ich möchte eine gute Mahlzeit zubereiten, also muss ich erst einmal gute ausgewogene Zutaten einkaufen und diese dann mit Liebe zubereiten. Nur so entsteht ein wahrer Festschmaus.

Wir investieren unsere körperlich-geistige Kraft, was wir Arbeit nennen, um Geld zu verdienen. Dafür werden wir entlohnt. Das dieser Lohn meistens zu niedrig gehalten wird ist vorsätzlich - das ist uns allen bekannt. Das die meisten aber nun glauben, dass es damit nun wettgemacht sei, ist ein grundsätzlicher Irrtum. Wir haben hier zwar die gleiche Gesetzmäßigkeit: »Erst geben, dann nehmen«. Dennoch wird hier zu kurz gedacht. Ich arbeite und bekomme dafür einen mickrigen Lohn und den muss ich noch zusammenhalten, um irgendwie klarzukommen. Mit dieser Denkweise hält man uns an der kurzen Leine, wir drehen uns ständig im Kreis und haben aufgrund dessen permanent existentielle Sorgen bzw. Probleme.

»Wer wagt der gewinnt«. Man stelle sich vor man investiert genauso wie große Unternehmen 10-20% seines Einkommens für die Werbung. Nur wir nennen unsere Investition nicht Werbung, sondern »Eigenhilfe«. Wir sind bereit mit diesem Geld anderen zu helfen, um letztendlich uns selbst zu fördern. Ein »Harz IV Empfänger« hat ca. 400,- € monatlich zum Leben, das ist verdammt wenig. Investiert er dennoch davon 10%, also 40,- € für andere Bedürftige, würde er nach dem kosmischen Gesetz viel mehr zurückbekommen und er hätte ein aufrichtiges und ehrliches Glücksgefühl. Das hört sich für jemanden, der das Glücksprinzip nicht verstanden hat ziemlich verrückt an, aber es ist das wahre und einzige Gesetz, um glücklich zu werden. Man stelle sich vor, nur jeder vierte Mensch, und damit meine ich selbstverständlich nicht nur »Harz IV Empfänger«, sondern Menschen aus alle finanziellen Schichten, würden dies verstehen. Wir hätten auf diesen/unseren Planeten keine Armut mehr. Wie aber können wir es erreichen, dass jeder vierte Mensch dies versteht und umsetzt.

Als erstes müssen wir damit selbst beginnen. Wir sollten damit anfangen, regelmäßig einen kleinen Betrag unseres eigenen Budgets - und wenn der noch so gering ist - an andere hilfebedürftige Menschen zu verteilen. Es gibt genug Menschen, die auf den Straßen oder in der U- und S-Bahn betteln. Wenn wir jedem etwas geben, und wenn das nur wenige Cent sind, entwickelt sich um uns ein karmischer Reflex. Dieser Reflex wird noch mehr verstärkt durch unser positives Verhalten, wie z.B. Hilfsbereitschaft, ehrliches Lächeln, freundliche und aufmunternde Gespräche führen und selbst vorbildlich sein, auch dann, wenn man uns weniger freundlich entgegentritt. Wenn wir es erst verstanden haben, dass letztendlich die meisten Menschen verirrt und orientierungslos sind, dann sollte es uns nicht schwer fallen für diese Menschen mehr Mitleid zu haben. Unser eigenes Leben bekommt einen neuen Sinn, wenn wir anfangen das Reflexionsprinzip nicht nur zu verstehen, sondern auch zu leben. Wir sollten unbedingt in die Offensive gehen, anderen zu helfen und aufzuklären, um unser eigenes Karma zu verbessern. Es sollte uns nicht nur beflügeln, weil wir alles Gute zurückbekommen, sondern, weil wir so aktiv das Leben aller Menschen mitgestalten. Wir kreieren quasi an der wahren Matrix, wir verändern die momentane Welt.

Wie schön ist es, von einen Menschen angelächelt zu werden, wenn dieses Lächeln ehrlich ist. Wie erfrischend ist es, mit anderen herzhaft zu lachen. Wie aufmunternd ist es, von anderen ehrbar gelobt zu werden. Wie wichtig ist es, wahre Freundschaft zu pflegen. Und letztendlich wie wichtig ist es, wahre Liebe für andere zu empfinden.

In einer Welt voller Lügen, in einer Welt, in der der Mensch versklavt und zum Narren gehalten wird, sollte es die oberste Pflicht eines Jeden, der dies erkannt hat sein, aktiv dem entgegen wirken zu wollen.

Zum einen, nach dem Motto:

»Geben bedeutet nehmen, empfangen. Je mehr ich gebe, desto mehr werde ich erhalten«.

Und zum anderen:

»Helfe ich anderen, so helfe ich mir«.

Ich verändere mein eigenes Karma.

Zum Abschluss bleibt mir noch dieses Gedicht, was ich von einem unbekannten Autor im Internet fand. Diese Zeilen belegen, dass sich alles lediglich nur immerfort wiederholt. Nach einem Schema der Synchronizität. Nichts ist nur einmal!

Ende

Gedicht von 1853

Herr, setze dem Überfluss Grenzen
Und lasse die Grenzen überflüssig werden.

Lasse die Leute kein falsches Geld machen,
aber auch das Geld keine falschen Leute!

Nimm den Ehefrauen das letzte Wort
Und erinnere die Ehemänner an ihr erstes.

Schenk unseren Freunden mehr Wahrheit
Und der Wahrheit mehr Freude.

Bessere unsere Beamten, Geschäfts- und Arbeitsleute,
die wohl tätig, aber nicht wohltätig sind.

Gib den Regierenden ein besseres Deutsch
Und den Deutschen eine bessere Regierung.

Herr, sorge dafür,
dass wir in den Himmel kommen,
aber nicht sofort.

(Unbekannter Autor)

QUELLEN:

SEITE	
6	mongos-weisheiten.blogspot.com/ Big Brother is watching..
27	„Diktatur als Chance“ BuS Verlag - André Raguse
32	welt-online Juni 2011
34	Pravda TV 27.04.2013
36	www.vaccsecure.com
38	http://agenda-leben.de
41	ARD Nov. 2005 „Tödliche Pillen“
41	„Der Spiegel“ (Nr. 39 / 1982, S. 248/249)
43	Internet: Versuch eines neuen Denkansatzes / Matthias Härtel
54	http://www.buetzer.info/fileadmin/pb/pdf-Dateien/ Sauerstoff.pdf
58	https://www.biooekonomie-bw.de
67	www.lernhelfer.de/schuelerlexikon/biologie/ artikel/cyanobakterien
69	Mathias Härtel
86	Das Federal Reserve System: Wikipedia / Interpretation
98	Gerhard Wisnewski - Buch „Geheimakte 11 Sept. Wie der Globus gekidnapped wurde“
125	André Raguse – Buch „Wer regiert uns wirklich und was wird aus unseren Kindern?“ BuS Verlag
129	Zeitung „Die Welt“ 24. Aug. 2011
132	http://wiki.yoga-vidya.de/Bewusstsein
138	Erklärende Aufzählungen von: Sabine Friedrichs und Mario Kienappel
150	www.paranormal.de/paramirr/local/area51/area51.htm
155	erstkontakt.wordpress.com/2016/04/27/disclosure-bezueglich-des-geheimen-weltraumprogramms/
164	http:// allesschallundrauch.blogspot.com/2008/12dergroßeplan-was-sie-mit-uns-vor.html#jxzz39NKcWBUT
178	Internetseite „Equapio“
184	Von den dunklen Energien zur Liebesfrequenz - Internet
191	http://killerbeesagt.wordpress.com/seltensodeutliche-wortegelesen
198	http://www.staatsfeind.net/Die_Akte/38G.HTM
209	http://www.youtube.com/watch?v=GR5m1- 5ksj0[/youtube]
216	„Der Synchronizitäts Schlüssel“ Buch von David Wilcock
225	Wikipedia: https://de.wikipedia.org/wiki/Karma
232	Intelligente Zellen - Der Geist ist stärker als die Gene KOHA Verlag
235	Wer regiert uns wirklich und was wird aus unseren Kindern? BuS Verlag

253 Spiegel Online 17.2. 2004
256 https://www.germanische-heilkunde.at/.
259 Wissen .de
263 Gerhard Wisnewski Ausgabe 2013 Verheimlicht-Vertuscht …
268 *tz* »Der große Unbekannte« Online-Ausgabe 18.05.2009
290 Unbekannter Autor - Internet

Bilder:

25 Fotolia
29 André Raguse
122 Tesla „Freie Energie" mongos-weisheiten.blogspot.com
149 www.paranormal.de/paramirr/local/area51/area51.htm
156 erstkontakt.wordpress.com/2016/04/27/disclosure-bezueglich-des-geheimen-weltraumprogramms/
160 erstkontakt.wordpress.com/2016/04/27/disclosure-bezueglich-des-geheimen-weltraumprogramms/
161 erstkontakt.wordpress.com/2016/04/27/disclosure-bezueglich-des-geheimen-weltraumprogramms/
192 mongos-weisheiten.blogspot.com
197 André Raguse / Olaf Kostbar
224 André Raguse
227 mongos-weisheiten.blogspot.com und Fotolia
290 Fotolia

Papier aus verantwortungsvollen Quellen
Paper from responsible sources
FSC® C105338